국가공인
"한자자격시험" 지침서
최고의 적중률을 자신합니다!!

국가공인
한자 자격시험
3급

www.hanja114.org

초판 29쇄 | 2021. 02. 01
펴 낸 곳 | 주식회사 형민사
지 은 이 | 국제어문능력개발원
인터넷구매 | www.hanja114.co.kr
구입문의 | TEL. 02-736-7693~4, FAX.02-736-7692
주   소 | ㈜ 100-032 서울시 중구 수표로 45, B1 101호(저동2가, 비즈센터)
등록번호 | 제2016-000003호
정   가 | 18,000원
ISBN 89-955423-6-5

- 이 책에 실린 모든 편집 내용에 대한 저작권은 '주식회사 형민사'에 있으므로 무단으로 복사, 복제할 수 없습니다.
- 파손된 책은 바꾸어 드립니다.

한자 자격 시험 안내

01 한자자격시험
- 주 관 : 사단법인 한자교육진흥회
- 시 행 : 한국 한자실력평가원

02 한자자격시험 일시
- 연 6회 실시
- 매2월, 4월, 5월, 8월, 10월, 11월시행(사정에 따라 변경될 수 있음)
- 응시 자격 : 제한 없음

03 한자자격시험 준비물 및 입실 시간
- 접수 준비물 : 기본인적사항, 응시원서, 응시료, 반명함판 사진(3㎝×4㎝ 2매)
- 시험 준비물
  ① 수험표
  ② 신분증(학생증, 주민등록증, 운전면허증, 여권 - 초등학생과 미취학아동은 건강보험증 또는 주민등록등본(복사본 가능))
  ③ 검정색 펜(7,8급은 연필사용 가능)
  ④ 수정테이프
- 고사장 입실 시간 : 시험 시작 20분 전까지

04 합격자 발표 및 문의처
- 합격자 발표 : 시험 종료 약 1개월 후
- 홈페이지 : http://www.hanja114.org 또는 한글인터넷주소 : 한자자격시험
- 기타 문의 : 한국 한자실력평가원(전화 02-3406-9111, 팩스 02-3406-9118)

05 한자자격시험 급수별 출제 범위

구분		공인급수				교양급수							
		사범	1급	2급	3급	준3급	4급	준4급	5급	준5급	6급	7급	8급(첫걸음)
평가한자수	계	5,000자	3,500자	2,300자	1,800자	1,350자	900자	700자	450자	250자	170자	120자	50자
	선정한자	5,000자	3,500자	2,300자	1,300자	1,000자	700자	500자	300자	150자	70자	50자	30자
	교과서·실용한자어	-	500단어(이상)	500단어(이상)	500자(436단어)(이상)	350자(305단어)(이상)	200자(156단어)(이상)	200자(139단어)(이상)	150자(117단어)(이상)	100자(62단어)(이상)	100자(62단어)(이상)	70자(43단어)(이상)	20자(13단어)(이상)

* 한자자격시험은 사범~8급까지 총 12개 급수로 구성
* 1급과 2급은 직업분야별 실용한자어, 3급 이하는 교과서 한자어를 뜻함
* 3급 이하의 교과서 한자어에서는 한자쓰기 문제를 출제하지 않음 (자세한 사항은 홈페이지를 참조하시기 바랍니다.)
* 巾(수건 건)자는 교육부지정 선정한자 (1,800자)에서 제외된 글자이나, 실생활에 자주 활용되고 部首자이므로 준5급에 추가하여 80+1자가 되었음

06 급수별 출제 문항 수 및 출제기준

구분			사범	1급	2급	3급	준3급	4급	준4급	5급	준5급	6급	7급	8급(첫걸음)
출제기준		문항수 합계	200	150	100	100	100	100	100	100	100	80	50	50
	주관식	문항수	150	100	70	70	70	70	70	70	70	50	20	20
		비율(%)	75% 이상	65% 이상	70% 이상	70% 이상	70% 이상	70% 이상	70% 이상	70% 이상	70% 이상	60% 이상	40% 이상	40% 이상
		한자쓰기 (비율%)	25	25	25	20	20	20	20	20	20	10	–	–
	객관식	문항수	50	50	30	30	30	30	30	30	30	30	30	30
문항별 배점			2	2	2	2	1	1	1	1	1	1.25	2	2
만점 (환산점수:100점 만점)			400 (100)	300 (100)	200 (100)	200 (100)	100	100	100	100	100	100	100	100

07 급수별 합격기준

구분	사범	1급	2급	3급	준3급	4급	준4급	5급	준5급	6급	7급	8급(첫걸음)
합격기준 (문항수 기준)	80% 이상	70% 이상	70% 이상	70% 이상	70% 이상	70% 이상	70% 이상	70% 이상	70% 이상	70% 이상	70% 이상	70% 이상

* 각 급수별 합격 기준 이상의 점수를 얻어야 합격할 수 있음

08 급수별 시험시간, 출제 유형별 비율(%)

구분			사범	1급	2급	3급	준3급	4급	준4급	5급	준5급	6급	7급	8급(첫걸음)
시험시간			120분	80분	60분	60분	60분	60분	60분	60분	60분	60분	60분	60분
출제유형·비율(%)	급수별선정한자	훈음	25	25	25	15	15	15	15	15	15	20	25	25
		독음	35	35	35	15	15	15	15	15	15	20	25	25
		쓰기	25	25	25	20	20	20	20	20	20	10	-	-
		기타	15	15	15	15	15	15	15	15	15	15	15	15
		소계	100	100	100	65	65	65	65	65	65	65	65	65
	교과서한자어	독음	-	-	-	15	15	15	15	15	15	15	15	15
		용어뜻	-	-	-	10	10	10	10	10	10	10	10	10
		쓰기	-	-	-	0	0	0	0	0	0	0	0	0
		기타	-	-	-	10	10	10	10	10	10	10	10	10
		소계	-	-	-	35	35	35	35	35	35	35	35	35
합계			100	100	100	100	100	100	100	100	100	100	100	100

한자 자격 시험 안내

09 원서접수 방법

〈방문 접수와 인터넷 접수 가능〉

- 방문 접수 : 지역별 원서접수처를 직접 방문하여 접수하는 경우
  - 응시급수 선택 : 한자자격시험 급수별 출제범위를 참고하여, 응시자에 알맞은 급수를 선택
  - 원서 접수 준비물 확인 : 응시자 성명(한자) / 생년월일 / 학교명,학년,반 / 전화번호 / 우편번호,주소 / 반명함판 사진2매(3×4cm) / 응시료
  - 원서 작성·접수 : 한자자격시험 지원서를 작성 후 접수
  - 수험표 확인 : 수험표의 응시급수, 수험번호, 성명, 생년월일, 고사장명, 고사장 문의전화, 시험일시를 재확인

- 인터넷 접수 : 한자자격시험 홈페이지에 접속하여 원서를 접수
  (홈페이지 : http://www.hanja114.org, 또는 한글인터넷주소 : 한자자격시험)

10 국가공인 한자자격 취득자 우대

- 자격기본법 제23조 3항에 의거 국가자격 취득자와 동등한 대우 및 혜택
- 정부기관에서 공무원 직무능력 향상의 수단으로 권장
- 육군 간부, 군무원의 인사고과 반영
- 공공기관과 기업체 채용, 보수, 승진과정에서 우대하며 대학의 입학전형에 반영
  ※ 반영 비율 및 세부 사항은 기업체 및 각 대학 입시 요강에 따름
- 2005학년도 대학수학능력시험부터 '漢文'을 선택과목으로 채택
- 한국방송통신대학교 중어중문학과 졸업논문 대체인정(1급 이상)
- 대상 급수 : 한자실력 사범, 1, 2, 3급

▶▶ 이 책은 국가공인 한자자격시험 관리·운영기관인 사단법인 한자교육진흥회 주관으로 한국 한자실력 평가원에서 시행하는 [국가공인 한자자격시험] 3급을 대비하기 위한 수험서로 만들어졌습니다.

▶▶ 여기에서는 한자평가원의 3급 한자 1,800자(3급 선정한자 1,300자+교과서 한자 500자로 구성)를 주제별로 배치하여 학습할 수 있도록 하고 있습니다.

▶▶ 주제별로 구성된 단원구조는 '스스로 학습'을 이끌어 주는 과학적 학습유도장치로, 이는 학교 현장에서 수년간 학생들을 지도하면서 체험한 효과적 학습방법을 구조화시킨 것이며 교사들의 보이지 않는 진실한 노력과 고뇌가 녹아 있는, 한자 학습 능률을 극대화할 수 있는 매우 유용한 방법입니다.

▶▶ 지금까지의 한자학습이 '한자의 글자 수' 암기력을 테스트한 것이었다면, [한자자격시험]은 한자 암기는 물론, 초·중·고의 학교급별 교과서에 쓰이고 있는 한자어를 읽고, 쓰고, 뜻을 알게하는 하는 과정을 통해 우리말의 어휘력과 사고력, 문제의 핵심을 파악하게 하는 능력 등을 높여 자연스럽게 교과학습 성취도를 높일 수 있게 하는 잠재적 목표까지 설정하고 있습니다.

이 책의 짜임새

이 책은 [국가공인 한자자격시험] 3급에 출제되는 한자(어)를 크게 주제별로 다섯 단원으로 구조화하였으며 학습과정에서 연상활동을 자극하여 한자 및 한자어 등을 단계적으로 쉽게 익힐 수 있게 구성하였다.

- 제1주제 단원에서는 '자연, 수학, 환경'과 관계 깊은 한자를 다루고 있고, 수학이나 과학 교과서에 자주 등장하는 한자어를 익힐 수 있도록 하였다.
- 제2주제 단원에서는 '언어의 세계'라는 주제 속에서 관련 한자를 익히면서, 국어 등의 교과서에 자주 등장하는 한자어를 익힐 수 있도록 하였다.
- 제3주제 단원에서는 '사회, 정치, 경제'라는 주제 속에서 관련 한자를 공부하면서, 사회 교과서 등에 자주 등장하는 한자어를 익힐 수 있도록 하였다.
- 제4주제 단원에서는 '역사, 지리'라는 주제로 관련 한자를 다루면서, 역사와 지리 교과서에 자주 등장하는 한자어를 익힐 수 있도록 하였다.
- 제5주제 단원에서는 '나와 우리'라는 주제로 민주적 생활 태도 및 공동체 생활 등과 관련된 한자를 다루면서, 도덕, 사회 교과서 등에 자주 등장하는 한자어를 익힐 수 있도록 하였다.
- 주제별 각 단원은 선정한자 익히기, 교과서 한자어 자세히 알기, 알아두면 유익한 한자성어, 단원 마무리 연습문제로 구성되어 있다.
- 「선정한자 익히기」에서는 3급 선정 한자를 쓰면서, 훈·음, 부수, 총획 수 등을 알게 하였고, 또한 도움말을 통해 글자의 자원을 알 수 있게 하여 글자에 대한 깊이 있는 이해를 돕고, 용례를 제시해 어떻게 그 글자가 쓰이는지도 알도록 하고 있다.

이 책의 짜임, 활용

- 「교과서 한자어 자세히 알기」에서는 주제별 관련 교과서에 등장하는 한자어의 훈·음과 뜻을 익히고, 어떻게 쓰이는지를 알게 하고 있다. 이 과정은 자연스럽게 우리말의 어휘력 신장에도 도움을 주도록 구성되어 있다.
- 「알아두면 유익한 한자성어」에서는 고사성어를 통해 한자에 대한 흥미를 찾게 하고, 한자성어 익히기를 통해 한자와의 친근감을 높임과 동시에 바른 인성을 자극하고 있다.
- 각 주제의 끝 부분에 배치되어 있는「단원 마무리 연습문제」는 그 단원에서 배운 내용을 총 정리해 볼 수 있도록 하여 학습 효과를 배가시키고 있다. 특히 문제의 지문이나 보기 등에 제시된 단어 하나하나까지도 교육적 의미를 생각하여 배치하고 있다.
- 마지막 6단원에서는 연습문제 10회분과 최근 기출문제를 실어 [국가공인 한자자격시험] 3급에 대비할 수 있게 하였다.

이 책의 활용

선정한자 익히기 편에서는

- 큰 소리로 훈(뜻)과 음을 읽어 보세요!

교과서 한자어 자세히 알기 편에서는

- 제시된 단어를 큰 소리로 읽고, 훈과 음을 읽은 후 풀이를 몇 차례 읽어봅니다. 그리고 쓰임을 읽으면서 빈 칸에 한자어를 정자로 또박 또박 써 나갑니다.

알아두면 유익한 한자성어 편에서는

- 제시된 한자성어를 읽고 이어서 각 글자의 훈과 음을 읽어본 다음, 뜻을 큰 소리로 읽고 나서 빈 칸에 한자성어를 써 나갑니다.

단원 마무리 연습문제 편에서는

- 각 주제의 끝 부분에 주관식과 객관식의 40문제가 함께 섞여 구성된 평가 문항들을 풀어보면서 앞에서 배운 한자와 한자어 등을 다시 생각해 보고, 혹 잘 모르는 문제가 있다면 본문을 다시 살펴서 완전히 익히고 다음 단계로 넘어가기 바랍니다.

※ 참고문헌 : 이재전, ≪최신 한자교본≫, (도서출판 에코노미, 2002)
　　　　　　장형식, ≪부수해설≫, (한국 한자실력평가원, 2000)
　　　　　　홍순필, ≪한선문 신옥편-정음옥편 한글판≫, (보문관, 1917)
　　　　　　≪大漢韓辭典≫, (교학사, 1998) 등

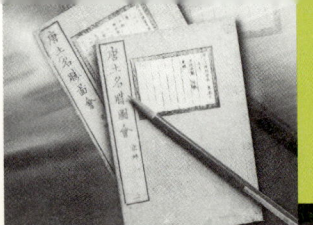

한 자 자 격 시 험 3 급

03 한자자격시험 안내
06 이 책의 짜임, 활용
10 급수별 선정한자 일람표
23 3급 교과서 한자어 일람표

 **자연, 수학, 환경**

30   1-1. 선정 한자 익히기
38   1-2. 교과서 한자어 자세히 알기
55   1-3. 알아두면 유익한 한자성어
62   1-4. 단원 마무리 연습문제

 **언어의 세계**

68   2-1. 선정 한자 익히기
76   2-2. 교과서 한자어 자세히 알기
94   2-3. 알아두면 유익한 한자성어
101   2-4. 단원 마무리 연습문제

 **사회, 정치, 경제**

106   3-1. 선정 한자 익히기
114   3-2. 교과서 한자어 자세히 알기
133   3-3. 알아두면 유익한 한자성어
140   3-4. 단원 마무리 연습문제

차 례

역사, 지리 4

146	4-1. 선정 한자 익히기
154	4-2. 교과서 한자어 자세히 알기
172	4-3. 알아두면 유익한 한자성어
179	4-4. 단원 마무리 연습문제

나와 우리 5

184	5-1. 선정 한자 익히기
192	5-2. 교과서 한자어 자세히 알기
209	5-3. 알아두면 유익한 한자성어
216	5-4. 단원 마무리 연습문제

연습문제 및 최근 기출문제 6

220	연습문제 (01회~05회)
250	최근 기출문제
259	정답
264	색인

급수별 선정한자 일람표

*표시는 길게 발음된 글자. #표시는 장음 단음 두 가지로 발음된 글자임
( )안은 간체자. (=) 표시는 동자

8급 선정 한자

한자	훈	음	
一	한	일	
二	두	이	*
三	석	삼	
四	넉	사	*
五	다섯	오	*
六	여섯	륙	
七	일곱	칠	
八	여덟	팔	
九	아홉	구	
十	열	십	
日	날	일	
月	달	월	
火	불	화	#
水	물	수	
木	나무	목	
上	위	상	*
中	가운데	중	
下	아래	하	*
父	아버지	부	
母	어머니	모	*
王	임금	왕	
子	아들	자	
女	계집	녀	
口	입	구	#
土	흙	토	
山	메	산	
門	문	문(门)	
小	작을	소	*
人	사람	인	
白	흰	백	

7급 선정 한자

江	강	강	
工	장인	공	
金	쇠	금	
男	사내	남	
力	힘	력	
立	설	립	
目	눈	목	
百	일백	백	
生	날	생	
石	돌	석	
手	손	수	#
心	마음	심	
入	들	입	
自	스스로	자	
足	발	족	
川	내	천	
千	일천	천	
天	하늘	천	
出	날	출	
兄	맏	형	

6급 선정 한자

東	동녘	동(东)	
西	서녘	서	
南	남녘	남	
北	북녘	북	
方	모	방	
向	향할	향	*
內	안	내	*
外	바깥	외	*
同	한가지	동	
名	이름	명	
靑	푸를	청	
年	해(=秊)	년	
正	바를	정	#
文	글월	문	
主	주인	주	
寸	마디	촌	*
弟	아우	제	*
夫	지아비	부	
少	적을	소	*
夕	저녁	석	

준5급 선정 한자

歌	노래	가	
家	집	가	
間	사이	간(间)	#
車	수레	거(车)	
巾	수건	건	
古	예	고	*
空	빌	공	
敎	가르칠	교	*
校	학교	교	*
國	나라	국	
軍	군사	군	
今	이제	금	
記	기록할	기(记)	
氣	기운	기(气)	
己	몸	기	
農	농사	농	
答	대답	답	
代	대신할	대	*
大	큰	대	*
道	길	도	
洞	골	동	*
登	오를	등	
來	올	래(来)	#
老	늙을	로	*
里	마을	리	*
林	수풀	림	
馬	말	마(马)	
萬	일만	만(万)	*
末	끝	말	
每	매양	매	#

한 자 자 격 시 험 3 급

面	낯	면		全	온전할	전		根	뿌리	근	
問	물을	문(问)	*	祖	할아비	조		急	급할	급	
物	물건	물		左	왼	좌	*	多	많을	다	
民	백성	민		住	살	주	*	短	짧을	단	#
本	근본	본		地	땅	지		當	마땅할	당(当)	
不	아닐	불		草	풀	초		堂	집	당	
分	나눌	분	#	平	평평할	평		對	대답할	대(对)	*
士	선비	사	*	學	배울	학(学)		圖	그림	도(图)	
事	일	사	*	韓	나라이름	한(韩)	#	度	법도	도	*
色	빛	색		漢	한수	한(汉)	*	刀	칼	도	
先	먼저	선		合	합할	합		讀	읽을	독(读)	
姓	성씨	성	*	海	바다	해	*	冬	겨울	동	#
世	세상	세	*	孝	효도	효	*	童	아이	동	*
所	바	소	*	休	쉴	휴		頭	머리	두(头)	
時	때	시(时)						等	무리	등	*
市	저자	시	*	**5급 선정 한자**				樂	즐거울	락(乐)	
食	먹을	식						禮	예도	례(礼)	*
植	심을	식(植)		各	각각	각		路	길	로	*
室	집	실		感	느낄	감	*	綠	푸를	록(绿)	
安	편안할	안		強	강할	강	#	理	다스릴	리	*
羊	양	양		開	열	개(开)	*	李	오얏(자두)	리	*
語	말씀	어(语)	*	去	갈	거		利	이로울	리	*
午	낮	오	*	犬	개	견		命	목숨	명	*
玉	구슬	옥		見	볼	견(见)	*	明	밝을	명	
牛	소	우	*	京	서울	경	*	毛	털	모	
右	오른	우	*	計	셀	계(计)		無	없을	무(无)	
位	자리	위		界	지경	계	*	聞	들을	문(闻)	#
有	있을	유	*	苦	괴로울	고		米	쌀	미	
育	기를	육		高	높을	고		美	아름다울	미	#
邑	고을	읍		功	공	공		朴	순박할	박	
衣	옷	의		共	함께	공		反	돌이킬	반	*
耳	귀	이	*	科	과목	과		半	절반	반	*
字	글자	자		果	과실	과	*	發	필	발(发)	
長	긴	장(长)	#	光	빛	광		放	놓을	방	#
場	마당	장(场)		交	사귈	교		番	차례	번	
電	번개	전(电)	*	郡	고을	군	*	別	다를	별	
前	앞	전		近	가까울	근	*	病	병	병	*

한자자격시험 3급

步	걸음	보	*	英	꽃부리	영		通	통할	통	
服	옷	복		勇	날쌜	용	*	貝	조개	패(贝)	#
部	거느릴	부		用	쓸	용	**	便	편할	편	#
死	죽을	사	*	友	벗	우	*	表	겉	표	
書	글	서(书)		運	움직일	운(运)	*	品	물건	품	*
席	자리	석		遠	멀	원(远)	*	風	바람	풍(风)	
線	줄	선(线)		原	언덕, 근본	원		夏	여름(=昰)	하	*
省	살필	성		元	으뜸	원		行	다닐	행	#
性	성품	성	*	油	기름	유		幸	다행	행	*
成	이룰	성		肉	고기	육		血	피	혈	
消	사라질	소		銀	은	은(银)		形	모양	형	
速	빠를	속		飲	마실	음(饮)		號	이름	호(号)	*
孫	손자	손(孙)	#	音	소리	음		花	꽃	화	
樹	나무	수(树)		意	뜻	의	*	話	말씀	화(话)	
首	머리	수		者	놈	자		和	화할, 화목할	화	
習	익힐	습(习)		昨	어제	작		活	살	활	
勝	이길	승(胜)		作	지을	작		黃	누를	황	
詩	글	시(诗)		章	글	장	*	會	모일	회(会)	*
示	보일	시	*	在	있을	재	*	後	뒤	후	*
始	처음	시	*	才	재주	재					
式	법	식		田	밭	전					
神	귀신	신		題	제목	제(题)					

준4급 선정 한자

身	몸	신		第	차례	제	*	價	값	가(价)	
信	믿을	신	*	朝	아침(=晁)	조		加	더할	가	
新	새로울	신		族	겨레	족		可	옳을	가	*
失	잃을	실		晝	낮	주(昼)		角	뿔	각(角)	
愛	사랑	애(爱)	*	竹	대	죽		甘	달	감	
野	들	야		重	무거울	중	*	改	고칠	개	*
夜	밤	야	*	直	곧을	직(直)		個	낱	개(个)	#
藥	약	약(药)		窓	창문	창(窓)		客	손님	객	
弱	약할	약		淸	맑을	청		決	결단할	결	
陽	볕	양(阳)		體	몸	체(体)		結	맺을	결(结)	
洋	큰바다	양		村	마을	촌	*	輕	가벼울	경(轻)	
魚	물고기	어(鱼)		秋	가을	추		敬	공경할	경	*
言	말씀	언		春	봄	춘		季	철	계	*
業	일	업(业)		親	친할	친(亲)		固	굳을	고	
永	길	영	*	太	클	태		考	상고할	고	#

告	알릴	고	*	料	헤아릴	료	#	星	별	성
曲	굽을	곡		流	흐를	류		城	재	성
公	공변될	공		亡	망할	망		誠	정성	성(诚)
課	매길	과(课)		望	바랄	망	*	洗	씻을	세	*
過	지날	과(过)	*	買	살	매(买)	*	歲	해	세(岁)	*
關	관계할, 빗장	관(关)		妹	아랫누이	매	*	送	보낼	송	*
觀	볼	관(观)		賣	팔	매(卖)	#	數	셈	수(数)	*
廣	넓을	광(广)	*	武	굳셀	무	*	守	지킬	수
橋	다리	교(桥)		味	맛	미		宿	잠잘	숙
求	구할	구		未	아닐	미	#	順	순할	순(顺)	*
君	임금	군		法	법	법		視	볼	시(视)	*
貴	귀할	귀(贵)	*	兵	군사	병		試	시험	시(试)	#
極	다할	극(极)		報	갚을	보(报)	*	識	알	식(识)
給	줄	급(给)		福	복	복		臣	신하	신
期	기약할	기		奉	받들	봉	*	實	열매	실(实)
技	재주	기	#	富	부자	부	*	氏	성씨	씨
基	터	기		備	갖출	비(备)	*	兒	아이	아(儿)
吉	길할	길		比	견줄	비	*	惡	악할	악(恶)
念	생각	념	*	貧	가난할	빈(贫)		案	책상, 생각	안	*
能	능할	능		氷	얼음	빙		暗	어두울	암	*
談	말씀	담(谈)		仕	벼슬할	사	*	約	맺을	약(约)
待	기다릴	대	*	思	생각	사	#	養	기를	양(养)	*
德	덕	덕		師	스승	사(师)		漁	고기잡을	어(渔)
都	도읍	도		史	역사	사	*	億	억	억(亿)
島	섬	도(岛)		使	하여금	사		如	같을	여
到	이를	도	*	産	낳을	산(产)	*	餘	남을	여(余)
動	움직일	동(动)	*	算	셈	산	*	然	그럴	연
落	떨어질	락		賞	상줄	상(赏)		熱	더울	열(热)
冷	찰	랭	*	相	서로	상		葉	잎	엽(叶)
兩	두	량(两)	*	商	장사	상		屋	집	옥
良	어질	량		常	항상	상		溫	따뜻할	온
量	헤아릴	량		序	차례	서	*	完	완전할	완
歷	지낼	력(历)		船	배	선		要	구할	요	#
領	옷깃	령(领)		仙	신선	선		雨	비	우	*
令	하여금, 명령할	령	#	善	착할	선	*	雲	구름	운(云)
例	법식	례	*	雪	눈	설		園	동산	원(园)
勞	수고로울	로(劳)		說	말씀	설(说)		願	원할	원(愿)	*

한 자 자 격 시 험 3 급

由	말미암을	유		支	지탱할	지		**4** 급 선정 한자			
義	옳을	의(义)	*	進	나아갈	진(进)	*				
醫	의원	의(医)		眞	참	진(真)		街	거리	가	#
以	써	이	*	質	바탕	질(质)		假	거짓	가	*
因	인할	인		集	모일	집		佳	아름다울	가	*
姉	맏누이	자		次	버금	차		干	방패	간	
再	두	재	*	參	참여할(셋 삼)	참(参)		看	볼	간	
材	재목	재		責	꾸짖을	책(责)		減	덜	감	*
財	재물	재(财)		鐵	쇠	철(铁)		甲	껍질, 갑옷	갑	
爭	다툴	쟁(争)		初	처음	초		擧	들	거(举)	
低	낮을	저	*	祝	빌	축		巨	클	거	*
貯	쌓을	저(贮)	*	充	채울	충		建	세울	건	*
的	과녁	적		忠	충성	충		乾	하늘	건	
赤	붉을	적		致	이를	치	*	更	다시	갱	
典	법	전	*	他	다를	타		慶	경사	경(庆)	*
戰	싸움	전(战)	*	打	칠	타	*	競	다툴	경(竞)	*
傳	전할	전(传)	*	宅	집	택		耕	밭갈	경	
展	펼	전	*	統	거느릴	통(统)	*	景	볕	경	#
店	가게	점	*	特	특별할	특		經	지날, 글	경(经)	
庭	뜰	정		敗	패할	패(败)	*	庚	천간, 별	경	
情	뜻	정		必	반드시	필		溪	시내	계	
定	정할	정	*	河	물	하		癸	천간	계	*
調	고를	조(调)		寒	찰	한		故	연고	고	#
助	도울	조	*	害	해칠	해	*	谷	골	곡	
鳥	새	조(鸟)		香	향기	향		骨	뼈	골	
早	이를	조	*	許	허락할	허(许)		官	벼슬	관	
存	있을	존		現	나타날	현(现)	*	救	구원할	구	*
卒	군사	졸		好	좋을	호	*	究	궁구할	구	
終	마칠	종(终)		湖	호수	호		句	글귀	구	
種	씨	종(种)	#	畫	그림	화(画)		舊	예	구(旧)	*
罪	허물	죄		化	될, 변화할	화	#	久	오랠	구	*
注	물댈	주	*	患	근심	환	*	弓	활	궁	
止	그칠	지		回	돌	회		權	권세	권(权)	
志	뜻	지		效	본받을	효	*	均	고를	균	
知	알	지		訓	가르칠	훈(训)		禁	금할	금	*
至	이를	지		凶	흉할(=兇)	흉		及	미칠	급	
紙	종이	지(纸)		黑	검을	흑		其	그	기	

起	일어날	기		復	돌아올	복	*	辛	매울	신	
乃	이에	내	*	否	아닐	부	*	申	펼, 지지	신	
怒	성낼	노	*	婦	지어미, 며느리	부		眼	눈	안	*
端	바를	단		佛	부처	불		若	같을, 만약	약	
丹	붉을	단		悲	슬플	비	*	與	더불, 줄	여(与)	*
單	홑	단(单)		非	아닐	비	*	逆	거스를	역	
達	통달할	달(达)		鼻	코	비	*	硏	갈	연	*
徒	무리	도		巳	뱀, 지지	사	*	榮	영화	영(荣)	
獨	홀로	독(独)		謝	사례할	사(谢)	*	藝	재주	예(艺)	*
斗	말	두		私	사사로울	사		誤	그릇될	오(误)	*
得	얻을	득		絲	실	사(丝)		往	갈	왕	
燈	등잔	등(灯)		寺	절	사		浴	목욕할	욕	
旅	나그네	려		舍	집	사		容	얼굴	용	
連	이을	련(连)		散	흩어질	산	*	遇	만날	우	*
練	익힐	련(练)	*	想	생각	상	*	雄	수컷	웅	
烈	매울, 뜨거울	렬		選	가릴	선(选)	*	危	위태할	위	
列	벌일	렬		鮮	고울	선(鲜)		偉	클	위(伟)	
論	논할	론(论)		舌	혀	설		爲	할	위(为)	*
陸	뭍	륙(陆)		聖	성스러울	성(圣)	*	遺	남길	유(遗)	
倫	인륜	륜(伦)		盛	성할	성	*	酉	닭, 지지	유	
律	법	률		聲	소리	성(声)		恩	은혜	은	
滿	찰	만(满)	*	細	가늘	세(细)	*	乙	새	을	
忘	잊을	망		勢	권세	세(势)	*	陰	그늘	음(阴)	
妙	묘할	묘	*	稅	세금	세	*	應	응할	응(应)	*
卯	토끼	묘	*	笑	웃음	소	*	依	의지할	의	
務	힘쓸	무(务)	*	續	이을	속(续)		異	다를	이(异)	*
尾	꼬리	미		俗	풍속	속		移	옮길	이	
密	빽빽할	밀		松	소나무	송		益	더할	익	
飯	밥	반(饭)		收	거둘	수		引	끌	인	
防	막을	방		修	닦을	수		印	도장	인	
房	방	방		受	받을	수	#	寅	범	인	
訪	찾을	방(访)	*	授	줄	수		認	알	인(认)	
拜	절	배	*	純	순수할	순(纯)		壬	천간, 북방	임	*
伐	칠	벌		戌	개, 지지	술		將	장수	장(将)	#
變	변할	변(变)	*	拾	주울	습		適	맞을	적(适)	
丙	남녘	병	*	承	이을	승		敵	원수	적(敌)	
保	지킬	보	#	是	옳을	시	*	節	마디	절(节)	

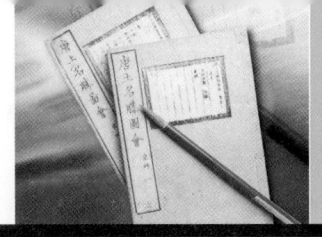

한 자 자 격 시 험 3 급

接	이을	접		波	물결	파		警	경계할	경	*
停	머무를	정		判	판단할	판		驚	놀랄	경(惊)
井	우물	정		片	조각	편	#	境	지경	경
精	정기	정		布	베, 펼	포	#	戒	경계할	계	*
政	정사	정		暴	사나울	포		鷄	닭	계(鸡)
除	덜	제		筆	붓	필(笔)		階	섬돌	계(阶)
祭	제사	제	*	限	한정	한	*	繼	이을	계(继)	*
製	지을	제(制)		解	풀	해	*	庫	곳집	고(库)
兆	조	조		鄕	시골, 마을	향(乡)		孤	외로울	고
造	지을	조	*	協	도울	협(协)		穀	곡식	곡(谷)
尊	높을	존		惠	은혜	혜	*	困	곤할	곤	*
坐	앉을	좌	*	呼	부를	호		坤	땅	곤
走	달릴	주		戶	지게문	호	*	具	갖출	구	#
朱	붉을	주		婚	혼인할	혼		球	공	구
衆	무리	중(众)	*	貨	재화	화(货)	*	區	나눌	구(区)
增	더할	증		興	일어날	흥(兴)	#	局	판	국
持	가질	지		希	바랄	희		群	무리	군
指	손가락	지						窮	다할	궁(穷)
辰	별, 지지	진						宮	집	궁(宫)
着	붙을	착		**준3급 선정 한자**				勸	권할	권(劝)	*
察	살필	찰						卷	책	권
唱	부를	창	*	脚	다리	각		歸	돌아갈	귀(归)	*
冊	책	책		渴	목마를	갈		規	법	규(规)
處	곳, 살	처(处)	*	敢	감히	감	*	勤	부지런할	근	#
聽	들을	청(听)		監	볼	감(监)		級	등급	급(级)
請	청할	청(请)		鋼	강철	강(钢)		器	그릇	기
最	가장	최	*	降	내릴	강	*	旗	기	기
蟲	벌레	충(虫)		康	편안할	강		幾	몇	기(几)
取	가질	취	*	皆	다	개		旣	이미	기(既)
治	다스릴	치		居	살	거		暖	따뜻할(=煖)	난	*
齒	이	치(齿)		健	건강할	건	*	難	어려울	난(难)	#
則	법칙	칙(则)		件	사건	건		納	들일	납(纳)
針	바늘, 침(=鍼)	침(针)	#	檢	검사할	검(检)	*	努	힘쓸	노
快	쾌할	쾌		儉	검소할	검(俭)	*	斷	끊을	단(断)
脫	벗을	탈		格	격식	격		但	다만	단	*
探	찾을	탐		堅	굳을	견(坚)		團	둥글	단(团)
退	물러날	퇴	*	潔	깨끗할	결(洁)		壇	제단	단(坛)
				鏡	거울	경(镜)	*			

16 급수별 선정한자 일람표

段	층계	단		罰	벌할	벌(罚)		雖	비록	수(虽)
隊	무리	대(队)	*	凡	무릇	범		秀	빼어날	수
導	인도할	도(导)	*	犯	범할	범	*	淑	맑을	숙
豆	콩	두		寶	보배	보(宝)	*	叔	아재비	숙
羅	벌일	라(罗)		伏	엎드릴	복		術	재주	술(术)
卵	알	란	*	逢	만날	봉	#	崇	높일	숭
覽	볼	람(览)		扶	도울	부		乘	탈	승
浪	물결	랑	*	浮	뜰	부		施	베풀	시
郎	사내	랑		副	버금	부	*	息	숨쉴	식
略	간략할	략		朋	벗	붕		深	깊을	심
涼	서늘할	량		飛	날	비(飞)		甚	심할	심	*
露	이슬	로		祕	숨길	비(秘)	*	我	나	아	*
錄	기록할	록(录)		費	쓸	비(费)	*	顔	얼굴	안(颜)	*
留	머무를	류		社	모일	사		巖	바위	암(岩)
類	무리	류(类)	#	寫	베낄	사(写)		央	가운데	앙
柳	버들	류	#	射	쏠	사	#	仰	우러를	앙	*
莫	없을	막		査	조사할	사		哀	슬플	애
晚	늦을	만	*	殺	죽일	살(杀)		也	어조사	야
忙	바쁠	망		狀	모양	상(状)	*	揚	날릴, 떨칠	양(扬)
麥	보리	맥(麦)		傷	상할	상(伤)		讓	사양할	양(让)	*
免	면할	면	*	霜	서리	상		於	어조사	어
眠	잠잘	면		尚	오히려	상		憶	생각할	억(忆)
勉	힘쓸	면	*	喪	초상	상(丧)	#	嚴	엄한	엄(严)
鳴	울	명(鸣)		象	코끼리	상		余	나	여
暮	저물	모		床	평상(=牀)	상		汝	너	여	*
牧	칠	목		暑	더울	서	*	亦	또	역
墓	무덤	묘	*	惜	아낄	석		域	지경	역
茂	무성할	무	*	昔	예	석		煙	연기	연(烟)
戊	천간	무	*	設	베풀	설(设)		悅	기쁠	열
舞	춤출	무	*	掃	쓸	소(扫)	#	炎	불꽃	염
墨	먹	묵		素	흴	소	#	營	경영할	영(营)
勿	말	물		束	묶을	속		迎	맞이할	영
班	나눌	반		損	덜	손(损)	*	烏	까마귀	오(乌)
倍	갑절	배	*	愁	근심	수		悟	깨달을	오	*
背	등	배	*	誰	누구	수(谁)		吾	나	오
杯	잔	배		須	모름지기	수(须)		瓦	기와	와	*
配	짝	배	*	壽	목숨	수(寿)		臥	누울	와(卧)	*

한 자 자 격 시 험 3 급

曰	가로	왈		災	재앙	재(灾)		借	빌릴	차	*
謠	노래	요(谣)		著	나타날	저	*	此	이	차	
欲	하고자할	욕		積	쌓을	적(积)		創	비롯할	창(创)	*
憂	근심	우(忧)		轉	구를	전(转)	*	昌	창성할	창	#
尤	더욱	우		錢	돈	전(钱)	*	菜	나물	채	*
又	또	우	*	專	오로지	전(专)		採	캘	채(采)	*
于	어조사	우		絕	끊을	절(绝)		妻	아내	처	
宇	집	우	*	切	끊을, 간절할	절		尺	자	척	
云	이를	운		點	점	점(点)	#	泉	샘	천	
源	근원	원		靜	고요할	정(静)		淺	얕을	천(浅)	*
圓	둥글	원(圆)		貞	곧을	정(贞)		晴	갤	청	
怨	원망할	원	*	淨	깨끗할	정(净)		招	부를	초	
員	인원	원(员)		丁	장정	정		總	거느릴	총(总)	*
院	집	원		頂	정수리	정(顶)		推	밀	추	
威	위엄	위		制	마를	제	*	追	쫓을	추	
猶	같을	유(犹)		諸	모든	제(诸)		丑	소	축	
遊	놀	유		際	사이	제(际)		就	나아갈	취	*
柔	부드러울	유		帝	임금	제	*	吹	불	취	*
儒	선비	유		操	잡을	조	#	層	층	층(层)	
幼	어릴	유		宗	마루	종		卓	높을	탁	
唯	오직	유		鐘	쇠북	종(钟)		炭	숯	탄	*
乳	젖	유		從	좇을	종(从)	#	泰	클	태	
吟	읊을	음		州	고을	주		討	칠	토(讨)	
泣	울	읍		酒	술	주	#	痛	아플	통	*
矣	어조사	의		宙	집	주	*	投	던질	투	
議	의논할	의(议)		準	법도	준(准)	*	破	깨뜨릴	파	*
而	말이을	이	*	卽	곧	즉(即)		板	널빤지	판	
易	쉬울	이	*	曾	일찍	증		篇	책	편	
已	이미	이	*	證	증거	증(证)		閉	닫을	폐(闭)	*
仁	어질	인		枝	가지	지		包	쌀	포	#
忍	참을	인		之	갈	지		抱	안을	포	*
任	맡길	임	#	只	다만	지		票	표	표	
慈	사랑	자		智	지혜	지		豐	풍년	풍(丰)	
壯	씩씩할	장(壮)	*	職	벼슬	직(职)		皮	가죽	피	
腸	창자	장(肠)		盡	다할	진(尽)	*	彼	저	피	*
栽	심을	재	*	執	잡을	집(执)		疲	피곤할	피	
哉	어조사	재		且	또	차		匹	짝	필	

한 자 자 격 시 험 3 급

漢字	訓	音		漢字	訓	音		漢字	訓	音	
何	어찌	하		傑	뛰어날(=杰)	걸(杰)		祈	빌	기	
賀	하례할	하(贺)	*	劍	칼	검(剑)	*	欺	속일	기	
閑	한가할	한(闲)		激	부딪칠	격		娘	아가씨	낭	
恨	한할	한	*	缺	이지러질	결		耐	견딜	내	*
恒	항상	항		兼	겸할	겸		奴	종	노	
亥	돼지	해		硬	굳을	경		腦	뇌	뇌(脑)	
虛	빌	허(虚)		傾	기울	경(倾)		茶	차	다	
驗	시험	험(验)	*	械	기계	계		淡	맑을	담	*
革	가죽	혁		係	맬	계(系)	*	擔	멜	담(担)	
賢	어질	현(贤)		契	맺을	계	*	畓	논	답	
刑	형벌	형		系	이어맬	계	*	黨	무리	당(党)	
虎	범	호	*	姑	시어미	고		帶	띠	대(带)	#
乎	어조사	호		稿	원고	고	*	貸	빌릴	대(贷)	*
或	혹	혹		恭	공손	공		倒	넘어질	도	*
混	섞을	혼	*	孔	구멍	공	*	逃	달아날	도	
紅	붉을	홍(红)		貢	바칠	공(贡)	*	盜	도둑	도	
華	빛날	화(华)		供	이바지할	공	*	督	감독할	독	
歡	기쁠	환(欢)		攻	칠	공	*	毒	독	독	
皇	임금	황		冠	갓	관		豚	돼지	돈	
候	기후	후	*	貫	꿸	관(贯)	#	突	갑자기	돌	
厚	두터울(=㝗)	후	*	管	대롱	관		銅	구리	동(铜)	
胸	가슴	흉		慣	버릇	관(惯)		亂	어지러울	란(乱)	*
吸	숨들이쉴	흡		較	견줄	교(较)		糧	양식	량(粮)	
喜	기쁠	희		構	얽을	구(构)		慮	생각	려(虑)	
				苟	진실로	구	*	戀	사모할	련(恋)	*

3 급 선정 한자

漢字	訓	音		漢字	訓	音		漢字	訓	音	
				券	문서	권	#	蓮	연꽃	련(莲)	
				拳	주먹	권	*	聯	잇닿을	련(联)	
暇	겨를	가	*	菌	버섯	균		嶺	고개	령(岭)	
架	시렁	가	*	克	이길	극		鹿	사슴	록	
覺	깨달을	각(觉)		斤	도끼	근		了	마칠	료	
刻	새길	각		謹	삼갈	근(谨)	*	龍	용	룡(龙)	
姦	간사할	간(奸)	*	畿	경기	기		輪	바퀴	륜(轮)	
刊	책펴낼	간		奇	기이할	기		栗	밤	률	
講	익힐	강(讲)	*	企	꾀할	기		離	떠날	리(离)	*
介	낄	개	*	機	베틀	기(机)		履	밟을	리	*
距	떨어질	거		紀	벼리	기(纪)		梨	배	리	
拒	막을	거	*	寄	부칠	기		吏	아전	리	*

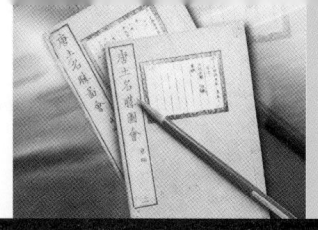

한 자 자 격 시 험 3 급

臨	임할	림(临)		付	부칠	부	*	額	이마	액(额)
麻	삼	마	#	負	질	부(负)	*	樣	모양	양(样)
妄	망령될	망	*	粉	가루	분		壤	흙	양
梅	매화	매		奔	달릴	분		役	부릴	역
盲	눈멀	맹		紛	어지러울	분(纷)		驛	역마	역(驿)
孟	맏	맹	*	拂	떨칠	불		延	끌	연
盟	맹세	맹		批	비평할	비	*	鉛	납	연(铅)
銘	새길	명(铭)		肥	살찔	비	*	沿	물따라내려갈	연	*
募	모을	모		司	맡을	사		緣	인연	연(缘)
模	법	모		捨	버릴	사(舍)		宴	잔치	연	*
慕	사모할	모	*	詐	속일	사(诈)		演	펼	연	*
某	아무	모	*	斯	이	사		映	비칠	영	#
睦	화목할	목		祀	제사	사		泳	헤엄칠	영
貿	무역할	무(贸)	*	償	갚을	상(偿)		銳	날카로울	예(锐)	*
敏	재빠를	민		祥	상서로울	상		辱	욕될	욕
博	넓을	박		像	형상	상		慾	욕심	욕
薄	엷을	박		索	찾을	색		羽	깃	우	*
返	돌아올	반	*	署	관청	서	*	優	넉넉할	우(忧)
般	일반	반		庶	여러	서	*	愚	어리석을	우
髮	터럭	발(发)		恕	용서할	서	*	郵	우편	우(邮)
芳	꽃다울	방		宣	베풀	선		援	도울	원	*
邦	나라	방		涉	건널	섭		委	맡길	위
妨	방해할	방		蔬	나물	소		胃	밥통	위
輩	무리	배(辈)	*	頌	기릴	송(颂)	*	圍	에울	위(围)
繁	번성할	번		訟	송사할	송(讼)	*	衛	지킬	위(卫)
範	법	범(范)	*	刷	인쇄할	쇄		裕	넉넉할	유	*
壁	벽	벽		囚	가둘	수		悠	멀	유
邊	가	변(边)		輸	보낼	수(输)		維	벼리	유(维)
辯	말잘할	변(辩)		熟	익을	숙		儀	거동	의(仪)
補	기울	보(补)	*	巡	순행할	순		宜	마땅	의
普	넓을	보		旬	열흘	순		疑	의심	의
譜	족보	보(谱)		述	지을	술		姻	혼인할	인
複	겹칠	복		雅	바를	아	#	逸	편안	일
腹	배	복		亞	버금	아(亚)	#	姿	맵시	자	*
卜	점	복		餓	주릴	아(饿)	*	資	재물	자(资)
峰	봉우리(=峯)	봉		岸	언덕	안	*	殘	남을	잔(残)
府	관청	부	*	涯	물가	애		雜	섞일	잡(杂)

獎	권면할	장(奖)	*	陳	늘어놓을	진(陈)	#	鬪	싸울	투(斗)	
裝	꾸밀	장(装)		珍	보배	진		派	물갈래	파	
障	막을	장		鎭	진압할	진(镇)	#	版	판목	판	
張	베풀	장(张)		陣	진칠	진(阵)		販	팔	판(贩)	
丈	어른	장	*	姪	조카	질(侄)		評	평론할	평(评)	*
帳	휘장	장(帐)		秩	차례	질		肺	허파	폐	*
抵	거스를	저	*	差	어긋날	차		浦	물가	포	
底	밑	저	*	贊	도울	찬(赞)	*	捕	잡을	포	*
績	길쌈	적(绩)		倉	곳집	창(仓)	#	胞	태보	포	#
賊	도둑	적(贼)		債	빚	채(债)	*	爆	터질	폭	
籍	문서	적		策	꾀	책		被	입을	피	*
占	점칠	점		拓	넓힐	척		避	피할	피	*
整	가지런할	정	*	踐	밟을	천(践)	*	咸	다	함	
訂	바로잡을	정(订)	*	賤	천할	천(贱)	*	抗	겨룰	항	*
亭	정자	정		哲	밝을	철		項	목	항(项)	*
廷	조정	정		妾	첩	첩		航	배	항	*
征	칠	정		超	넘을	초		港	항구	항	*
齊	가지런할	제(齐)		礎	주춧돌	초(础)		享	누릴	향	*
濟	건널	제(济)	*	聰	귀밝을	총(聪)		響	소리	향(响)	*
提	끌	제		築	쌓을	축(筑)		憲	법	헌(宪)	*
堤	둑	제		側	곁	측(侧)		險	험할	험(险)	*
照	비칠	조	*	測	헤아릴	측(测)		絃	줄	현(弦)	
條	조목	조(条)		値	값	치(值)		亨	형통할	형	
弔	조상할	조(吊)	*	置	둘	치(置)	*	昏	저물	혼	
租	조세	조		恥	부끄러울	치(耻)		弘	클	홍	
潮	조수	조		浸	적실	침		確	굳을	확(确)	
組	짤	조(组)		侵	침노할	침		環	고리	환(环)	
座	자리	좌	*	稱	일컬을	칭(称)		丸	알	환	
株	그루	주		妥	평온할	타	*	悔	뉘우칠	회	*
柱	기둥	주		濯	씻을	탁		劃	그을	획(划)	
周	두루	주		歎	탄식할	탄(叹)	*	揮	휘두를	휘(挥)	
舟	배	주		彈	탄알	탄(弹)	*				
俊	준걸	준	*	塔	탑	탑					
症	증세	증		態	모양	태(态)	*				
誌	기록할	지(志)		擇	가릴	택(择)					
池	못	지		澤	못	택(泽)					
織	짤	직(织)		吐	토할	토	*				

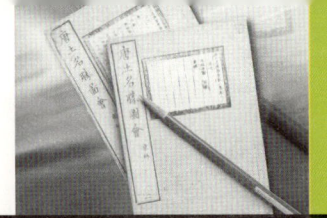

한 자 자 격 시 험 3 급

음과 뜻이 여럿인 한자

8급
父 1. 아비 부
　 2. 남자미칭 보

7급
金 1. 쇠 금
　 2. 성 김

6급
內 1. 안 내
　 2. 여관(女官) 나
北 1. 북녘 북
　 2. 달아날 배

준5급
車 1. 수레 거
　 2. 수레 차
分 1. 나눌 분
　 2. 푼 푼
不 1. 아닐 불
　 2. 아닐 부
食 1. 밥 사
　 2. 먹을 식
合 1. 합할 합
　 2. 홉 홉

5급
見 1. 볼 견
　 2. 뵐 현
度 1. 법도 도
　 2. 헤아릴 탁
讀 1. 읽을 독
　 2. 구절 두
洞 1. 골 동
　 2. 꿰뚫을 통
樂 1. 즐거울 락

　 2. 풍류 악
　 3. 좋아할 요
省 1. 살필 성
　 2. 덜 생
便 1. 편할 편
　 2. 똥오줌 변

준4급
告 1. 알릴 고
　 2. 뵙고청할 곡
說 1. 말씀 설
　 2. 달랠 세
　 3. 기쁠 열
數 1. 셈 수
　 2. 자주 삭
　 3. 빽빽할 촉
宿 1. 잠잘 숙
　 2. 별자리 수
識 1. 알 식
　 2. 기록할 지
氏 1. 성씨 씨
　 2. 나라이름 지
惡 1. 악할 악
　 2. 미워할 오
葉 1. 잎 엽
　 2. 땅이름 섭
參 1. 참여할 참
　 2. 석 삼(三)
宅 1. 집 택
　 2. 집 댁
畫 1. 그림 화
　 2. 그을 획

4급
乾 1. 하늘 건
　 2. 마를 간(건)
更 1. 다시 갱
　 2. 고칠 경
丹 1. 붉을 단
　 2. 꽃이름 란
復 1. 돌아올 복

　 2. 다시 부
否 1. 아닐 부
　 2. 막힐 비
寺 1. 절 사
　 2. 관청 시
拾 1. 주울 습
　 2. 열 십(十)
若 1. 같을(만약) 약
　 2. 절 야
辰 1. 별, 지지 진
　 2. 때 신
則 1. 법칙 칙
　 2. 곧 즉
布 1. 펼 포
　 2. 펼 보(속음)
暴 1. 사나울 포
　 2. 드러낼 폭
　 3. 사나울 폭

준3급
降 1. 내릴 강
　 2. 항복할 항
狀 1. 모양 상
　 2. 문서 장
於 1. 어조사 어
　 2. 탄식할 오
易 1. 쉬울 이
　 2. 바꿀 역
積 1. 쌓을 적
　 2. 저금할 자
切 1. 끊을, 간절할 절
　 2. 온통 체
殺 1. 죽일 살
　 2. 덜 쇄

3급
複 1. 겹칠 복
　 2. 거듭 부
亨 1. 형통할 형
　 2. 드릴 향

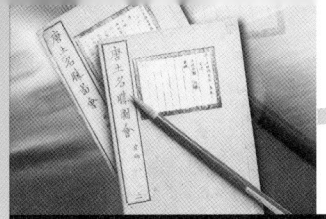

3급 교과서 한자어 일람표

※ 아래 한자어들은 교과서에 있는 단어(한자어) 중 자주 쓰이거나 꼭 알아두어야 할 한자어입니다.
교과서 한자어의 한자 쓰기 문제는 출제되지 않습니다.

가축	家畜	광인	狂人	기만	欺瞞
간단	簡單	괘도	掛圖	기소	起訴
간언	諫言	괴뢰	傀儡	기아	飢餓
갈등	葛藤	교묘	巧妙	기압	氣壓
개념	概念	교수	絞首	기탄	忌憚
개선	凱旋	교외	郊外	기호	嗜好
개탄	慨歎	교정	矯正	긴장	緊張
갱도	坑道	교착	膠着	나태	懶怠
건조	乾燥	교체	交替	납치	拉致
검열	檢閱	교편	教鞭	낭송	朗誦
게양	揭揚	교환	交換	내빈	來賓
격려	激勵	교활	狡猾	냉각	冷却
격차	隔差	구릉	丘陵	노예	奴隷
결정	結晶	구사	驅使	노옹	老翁
결핍	缺乏	구속	拘束	녹봉	祿俸
결함	缺陷	굴복	屈伏	농도	濃度
겸손	謙遜	궁궐	宮闕	뇌전	雷電
경각	頃刻	궁전	宮殿	누각	樓閣
계몽	啓蒙	권태	倦怠	누명	陋名
고민	苦悶	궤도	軌道	누선	淚腺
고분	古墳	귀신	鬼神	누전	漏電
고사	枯死	규방	閨房	다한증	多汗症
고용	雇傭	근간	根幹	단군	檀君
고취	鼓吹	근거	根據	단련	鍛鍊
공격	攻擊	근린	近鄰	담낭	膽囊
공란	空欄	근육	筋肉	답사	踏查
공헌	貢獻	금수	禽獸	대본	臺本
공황	恐慌	금수	錦繡	대작	對酌
과년	瓜年	금슬	琴瑟	대지	垈地
과장	誇張	금융	金融	도감	圖鑑
과점	寡占	급등	急騰	도공	陶工
관료	官僚	긍정	肯定	도배	塗褙
관용	寬容	긍지	矜持	도약	跳躍
관청	官廳	기도	祈禱	도작	稻作
광물	鑛物	기로	岐路	도하	渡河

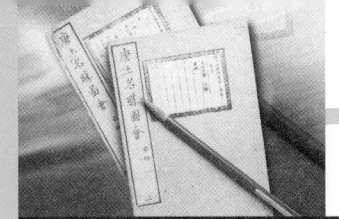

3급 교과서 한자어 일람표

돈독	敦篤	미필	未畢	비방	誹謗
돈오	頓悟	민담	民譚	비속어	卑俗語
동굴	洞窟	박물관	博物館	비유	比喩
동량	棟梁	반려	伴侶	비율	比率
동사	凍死	발굴	發掘	빈도	頻度
둔각	鈍角	발췌	拔萃	사당	祠堂
둔전	屯田	방어	防禦	사막	沙漠
마찰	摩擦	배상	賠償	사면	赦免
막	幕	배우	俳優	사양	斜陽
만	灣	배척	排斥	사이비	似而非
매장	埋藏	백록담	白鹿潭	사전	辭典
매체	媒體	백미	白眉	사족	蛇足
맥락	脈絡	백부	伯父	사지	四肢
맹수	猛獸	번뇌	煩惱	사찰	寺刹
맹아	萌芽	번역	飜譯	사치	奢侈
면역	免疫	범람	氾濫	삭망월	朔望月
면직	綿織	벽지	僻地	산악	山岳
멸망	滅亡	변별	辨別	살포	撒布
멸시	蔑視	병동	病棟	삼강	三綱
명부	冥府	병렬	竝列	삼림	森林
명사	名詞	보국	輔國	삽화	挿畫
명예	名譽	보호	保護	상위권	上位圈
모방	模倣	복개	覆蓋	상징	象徵
모순	矛盾	복지	福祉	상호	相互
모옥	茅屋	봉건	封建	상황	狀況
모의	謀議	봉밀	蜂蜜	생식	生殖
모험	冒險	부고	訃告	서술	敍述
목욕	沐浴	부록	附錄	서약	誓約
몰입	沒入	부속	附屬	서찰	書札
몽매	蒙昧	부임	赴任	서한	書翰
묘목	苗木	분만	分娩	서행	徐行
묘사	描寫	분발	奮發	선박	船舶
무영	無影	분석	分析	선종	禪宗
무용	舞踊	분열	分裂	선회	旋回
미모	美貌	붕괴	崩壞	섬유	纖維
미분	微分	비강	鼻腔	섭취	攝取
미신	迷信	비명	碑銘	소개	紹介

소외	疏外	영결	永訣	응고	凝固
소원	疏遠	영양	令孃	이면	裏面
소위	所謂	영하	零下	이윤	利潤
소음	騷音	영혼	靈魂	익명성	匿名性
수렴	垂簾	예금	預金	익일	翌日
수렴	收斂	오류	誤謬	인후	咽喉
수렵	狩獵	오만	傲慢	임금	賃金
수뢰	受賂	오염	汚染	임신	姙娠
수면	睡眠	옥토	沃土	입자	粒子
수모	受侮	완화	緩和	자괴	自愧
수사	搜査	왜곡	歪曲	자력	磁力
수요	需要	왜란	倭亂	자문	諮問
수치	羞恥	외경	畏敬	잠수	潛水
수필	隨筆	요도	尿道	잠시	暫時
순간	瞬間	요람	搖籃	장애	障碍
순수	純粹	요새	要塞	장원	莊園
순음	脣音	요절	夭折	장인	匠人
순장	殉葬	요통	腰痛	재앙	災殃
습도	濕度	용해	溶解	재판	裁判
승화	昇華	우열	優劣	전도	顚倒
신뢰	信賴	우익	右翼	절규	絶叫
신중	愼重	우화	寓話	점포	店鋪
신탁	信託	운반	運搬	정서	情緒
심의	審議	울창	鬱蒼	제휴	提携
악마	惡魔	월식	月蝕	조각	彫刻
악취	惡臭	위도	緯度	조제	調劑
안녕	安寧	위로	慰勞	족벌	族閥
애도	哀悼	위조	僞造	졸고	拙稿
액운	厄運	위협	威脅	종묘	宗廟
여론	輿論	유대	紐帶	종횡	縱橫
여정	旅程	유적	遺蹟	주말	週末
역할	役割	유치	幼稚	주조	鑄造
연령	年齡	유혹	誘惑	주축	主軸
연민	憐憫	윤곽	輪廓	준법	遵法
연소	燃燒	융성	隆盛	중용	中庸
염산	鹽酸	음란	淫亂	증산	蒸散
염세	厭世	음운	音韻	증여	贈與

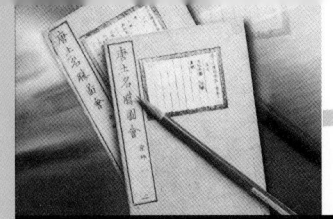

3급 교과서 한자어 일람표

증오	憎惡	충돌	衝突	하자	瑕疵
지방	脂肪	취기	醉氣	학대	虐待
지옥	地獄	취미	趣味	한발	旱魃
지진	地震	취사	炊事	함수	函數
지체	遲滯	칙서	勅書	함축	含蓄
지혜	智慧	친척	親戚	항설	巷說
진동	振動	침구	鍼灸	항성	亢星
진료	診療	침묵	沈默	해몽	解夢
진토	塵土	칭찬	稱讚	해부	解剖
진폭	振幅	타락	墮落	핵	核
질병	疾病	탁마	琢磨	허락	許諾
질식	窒息	탄생	誕生	혈거	穴居
징벌	懲罰	탈취	奪取	형설	螢雪
착잡	錯雜	탐닉	耽溺	호란	胡亂
찬란	燦爛	탐욕	貪慾	혹한	酷寒
참상	慘狀	태기	胎氣	혼백	魂魄
창공	蒼空	태양력	太陽曆	혼탁	混濁
창해	滄海	태풍	颱風	홀연	忽然
천도	遷都	토별가	兎鼈歌	홍수	洪水
천부	天賦	퇴적	堆積	화촉	華燭
첨단	尖端	투명	透明	확대	擴大
첨삭	添削	특수	特殊	환곡	還穀
첩경	捷徑	파시	罷市	환상	幻想
청렴	淸廉	파악	把握	활엽	闊葉
체결	締結	파종	播種	회고	回顧
체증	遞增	패권	覇權	회자	膾炙
초록	抄錄	편서풍	偏西風	획득	獲得
초빙	招聘	편집	編輯	효시	嚆矢
초상	肖像	평형	平衡	훈장	勳章
초월	超越	폐광	廢鑛	훼손	毀損
총서	叢書	폐백	幣帛	휴게	休憩
추문	醜聞	폐사	弊社	희곡	戲曲
추세	趨勢	포기	抛棄	희롱	戲弄
추천	推薦	포도당	葡萄糖	희생	犧牲
추출	抽出	포로	捕虜	희소	稀少
축구	蹴球	포화	飽和		
축척	縮尺	표준어	標準語		

1 자연, 수학, 환경

1-1. 선정 한자 익히기
1-2. 교과서 한자어 자세히 알기
1-3. 알아두면 유익한 한자성어
1-4. 단원 마무리 연습문제

| 학습의 주안점 |
이 단원에서는 자연과 수학, 그리고 환경과 관련 있는
한자들을 읽고 쓰며, 그 뜻을 정확히 알도록 노력합시다.

www.hanja114.org

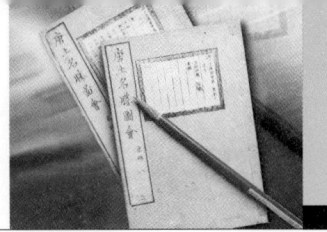

한 자 자 격 시 험 3 급

 새로 익힐 선정 한자

暇	겨를	가	髮	터럭	발	池	못	지
距	떨어질	거	輩	무리	배	織	짤	직
拒	막을	거	繁	번성할	번	礎	주춧돌	초
劍	칼	검	腹	배	복	浸	적실	침
激	부딪칠	격	粉	가루	분	濯	씻을	탁
缺	이지러질	결	拂	떨칠	불	彈	탄알	탄
傾	기울	경	蔬	나물	소	態	모양	태
械	기계	계	熟	익을	숙	派	물갈래	파
管	대롱	관	巡	순행할	순	版	판목	판
菌	버섯	균	餓	주릴	아	肺	허파	폐
斤	도끼	근	涯	물가	애	胞	태보	포
機	베틀	기	鉛	납	연	項	목	항
腦	뇌	뇌	演	펼	연	航	배	항
畓	논	답	銳	날카로울	예	港	항구	항
毒	독	독	胃	밥통	위	險	험할	험
豚	돼지	돈	衛	지킬	위	絃	줄	현
銅	구리	동	雜	섞일	잡	環	고리	환
糧	양식	량	征	칠	정	丸	알	환
聯	잇닿을	련	照	비칠	조	劃	그을	획
薄	엷을	박	潮	조수	조	揮	휘두를	휘

1. 자연, 수학, 환경

 교과서에 나오는 한자어

가축	家畜	빈도	頻度	지방	脂肪
건조	乾燥	사지	四肢	지진	地震
결정	結晶	삭망월	朔望月	진동	振動
고사	枯死	삼림	森林	진료	診療
광물	鑛物	생식	生殖	진토	塵土
궤도	軌道	섭취	攝取	진폭	振幅
근육	筋肉	소음	騷音	질병	疾病
금수	禽獸	수렴	收斂	질식	窒息
기압	氣壓	습도	濕度	창공	蒼空
냉각	冷却	승화	昇華	첩경	捷徑
농도	濃度	악취	惡臭	추출	抽出
뇌전	雷電	연령	年齡	취사	炊事
누선	淚腺	연소	燃燒	태양력	太陽曆
누전	漏電	염산	鹽酸	태풍	颱風
다한증	多汗症	영하	零下	퇴적	堆積
담낭	膽囊	오염	汚染	투명	透明
동굴	洞窟	요도	尿道	파종	播種
둔각	鈍角	요통	腰痛	평형	平衡
마찰	摩擦	용해	溶解	포도당	葡萄糖
맹수	猛獸	월식	月蝕	포화	飽和
맹아	萌芽	윤곽	輪廓	한발	旱魃
면역	免疫	응고	凝固	함수	函數
미분	微分	인후	咽喉	항성	恒星
병렬	竝列	입자	粒子	해부	解剖
보호	保護	자력	磁力	핵	核
복개	覆蓋	조제	調劑	혹한	酷寒
비강	鼻腔	주조	鑄造	홍수	洪水
비율	比率	증산	蒸散	확대	擴大

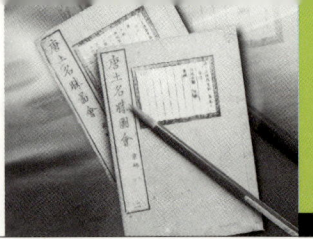

暇 가	훈	음	부수	총획
	겨를 틈	가	日	13

용례
- 病暇(병가):병으로 말미암은 휴가
- 休暇(휴가):(학교나 직장 따위에서) 일정한 기간 동안 쉬는 일, 또는 그 겨를

距 거	훈	음	부수	총획
	떨어질	거	足 (𧾷)	12

용례
- 距離(거리):1.서로 떨어져 있는 두 곳 사이의 길이
  2.수학에서, 두 점을 잇는 직선의 길이
  3.인간관계에서, 서먹한 사이 친밀하지 못한 사이
- 遠距離(원거리):먼 거리

拒 거	훈	음	부수	총획
	막을	거	手 (扌)	8

용례
- 拒絕(거절):(남의 제의나 요구 따위를) 받아들이지 아니하고 물리침
- 抗拒(항거):순종하지 않고 맞서 버팀, 대항함

 검	훈	음	부수	총획
	칼	검	刀 (刂)	15

용례
- 劍道(검도):검술(劍術)을 하나의 인간 수양(修養)의 도(道)로 보고 이르는 말. 스포츠의 한 가지
- 長劍(장검):지난날, 무기로 쓰던 긴 칼

 격	훈	음	부수	총획
	부딪칠 격할	격	水 (氵)	16

용례
- 激情(격정):격렬한 감정
- 感激(감격):1.고마움을 깊이 느낌
  2.마음속에 깊이 느껴 격동됨

 결	훈	음	부수	총획
	이지러질	결	缶	10

용례
- 缺勤(결근):근무해야 할 날에 나오지 않고 빠짐
- 缺格(결격):필요한 자격을 갖추고 있지 아니함

傾 경	훈	음	부수	총획
	기울	경	人 (亻)	13

용례
- 傾國(경국):1.나라를 위태롭게 함
  2.나라를 망하게 할 만한 미인
- 傾向(경향):(마음이나 형세 따위가) 어떤 방향으로 기울어 쏠림, 또는 그런 방향

 계	훈	음	부수	총획
	기계 형틀	계	木	11

용례
- 器械(기계):연장, 연모, 그릇, 기구 따위를 통틀어 이르는 말
- 機械(기계):동력으로 움직여서 일정한 일을 하게 만든 장치

1. 자연, 수학, 환경

선정 한자 익히기

훈	음	부수	총획
대롱 주관할	관	竹	14

용례
- 保管(보관):(물건 따위를) 맡아서 관리함
- 血管(혈관):혈액이 통하여 흐르는 관. 동맥·정맥·모세 혈관으로 나뉨. 맥관. 핏줄. 혈맥

훈	음	부수	총획
버섯	균	艸 (艹)	12

용례
- 細菌(세균):하등의 단세포 생물체
- 殺菌(살균):(약품이나 열 따위로) 세균을 죽임. 멸균 (滅菌)

훈	음	부수	총획
도끼	근	斤	4

용례
- 斤量(근량):저울로 단 무게
- 斤兩(근량):근과 량, 무게의 단위

훈	음	부수	총획
베틀 기계	기	木	16

용례
- 機械(기계):동력으로 움직여서 일정한 일을 하게 만든 장치
- 機種(기종):1.항공기의 종류
2.기계의 종류

훈	음	부수	총획
뇌	뇌	肉 (月)	13

용례
- 頭腦(두뇌):1.머릿골, 뇌
2.슬기, 지혜, 머리
- 腦炎(뇌염):바이러스·세균 등의 감염이나 물리적·화학적 자극에 의한 뇌의 염증을 통틀어 이르는 말 [고열·두통·의식 장애·경련 등이 주된 증세임]

훈	음	부수	총획
논	답	田	9

용례
- 田畓(전답):밭과 논, 논밭, 전토(田土)
- 天水畓(천수답):빗물에 의하여서만 벼를 심어 재배할 수 있는 논

훈	음	부수	총획
독	독	毋	8

용례
- 毒氣(독기):1.독의 성분이나 기운. (준말)독(毒)
2.사납고 모진 기운
- 解毒(해독):독기를 풀어서 없앰. 파독

훈	음	부수	총획
돼지	돈	豕	11

용례
- 豚肉(돈육):'돼지고기'로 순화
- 養豚(양돈):돼지를 먹여 기름

훈	음	부수	총획
구리	동	金	14

용례
- 銅錢(동전):구리나 구리의 합금으로 만든 주화(鑄貨)를 두루 이르는 말
- 銅像(동상):구리로 만든 사람의 형상

훈	음	부수	총획
양식	량	米	18

용례
- 食糧(식량):생존을 위하여 필요한 사람의 먹을거리
- 糧穀(양곡):양식으로 쓰이는 곡식

훈	음	부수	총획
잇닿을	련	耳	17

용례
- 聯合(연합):두 개 이상의 것이 합동함, 또는 두 개 이상의 것을 합쳐 하나의 조직을 만듦
- 關聯(관련):어떤 사물과 다른 사물이 내용적으로 이어져 있음. 서로 어떠한 관계에 있음. 연관

훈	음	부수	총획
엷을	박	艹(++)	17

용례
- 薄福(박복):복이 적음. 복이 없음. 팔자가 사나움
- 刻薄(각박):모질고 박정함

훈	음	부수	총획
터럭	발	髟	15

용례
- 假髮(가발):(대머리를 감추거나 분장·치레를 위하여) 머리에 덧얹어 쓰는, 본래의 자기 머리가 아닌 가짜 머리
- 亂髮(난발):헝클어진 머리털

훈	음	부수	총획
무리	배	車	15

용례
- 先輩(선배):1.같은 분야에 자기보다 먼저 들어서서 활동한 사람. 선진(先進). 전배
  2.같은 학교에 자기보다 먼저 들어온 사람, 또는 먼저 거친 사람
- 年輩(연배):서로 비슷한 나이. 나이가 서로 비슷한 사람. 연갑(年甲)

훈	음	부수	총획
번성할	번	糸	17

용례
- 繁榮(번영):번성하고 영화로움
- 繁昌(번창):일이 한창 잘 되어 발전함

훈	음	부수	총획
배	복	肉(月)	13

용례
- 腹部(복부):1.(사람이나 동물의) 배 부분↔배부(背部)
  2.물건의 중간 부분
- 空腹(공복):1.아침에 아무것도 먹지 않은 배
  2.빈속

선정 한자 익히기

粉 분	훈	음	부수	총획
	가루	분	米	10

용례
- 粉乳(분유): 가루우유
- 花粉(화분): 꽃가루

拂 불	훈	음	부수	총획
	떨칠	불	手(扌)	8

용례
- 支拂(지불): 1.돈을 내어 줌
  2.값을 치름
  3. '지급(支給)'의 구용어
- 先拂(선불): 미리 돈을 지불함

蔬 소	훈	음	부수	총획
	나물	소	艸(艹)	15

용례
- 菜蔬(채소): 밭에 가꾸어 먹는 온갖 푸성귀. 남새. 소채
- 蔬飯(소반): 변변치 못한 음식

熟 숙	훈	음	부수	총획
	익을	숙	火(灬)	15

용례
- 熟眠(숙면): 잠이 깊이 듦, 또는 그 잠
- 早熟(조숙): 1.(곡식이나 과일 따위가) 일찍 익음
  2.나이에 비하여 정신적·육체적으로 발달이 빠름

巡 순	훈	음	부수	총획
	순행할 돌	순	巛	7

용례
- 巡行(순행): (어떤 목적을 가지고) 이곳저곳을 돌아다님
- 巡禮(순례): (종교상의 여러 성지나 영지 등을) 차례로 찾아다니며 참배함

餓 아	훈	음	부수	총획
	주릴 굶을	아	食	16

용례
- 餓死(아사): 굶어 죽음
- 飢餓(기아): 굶주림 (*飢: 주릴 기-2급)

涯 애	훈	음	부수	총획
	물가	애	水(氵)	11

용례
- 生涯(생애): 1.이 세상에 살아 있는 동안. 한평생
  2.한평생 중에서 어떤 일에 관계한 동안
- 涯岸(애안): 물가

鉛 연	훈	음	부수	총획
	납	연	金	13

용례
- 亞鉛(아연): 푸른 빛깔을 띤 은백색의 금속. 습기를 받으면 표면에 막이 생기어 내부를 보호함. 함석·놋쇠·양은 따위의 합금 재료로 쓰임
- 鉛筆(연필): 필기 용구의 한 가지. 흑연 가루와 점토를 섞어 개어, 가늘고 길게 만들어서 굳힌 심을, 가는 나뭇대에 박은 것

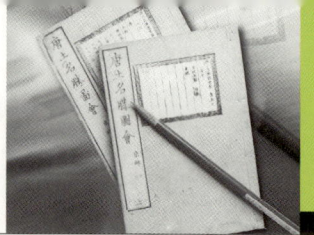

	훈	음	부수	총획
 演 연	펼 멀리 흐를	연	水(氵)	14

용례
- 演技(연기):배우가 배역의 인물, 성격, 행동 따위를 표현해 내는 일
- 講演(강연):1.강의(講義)
2.일정한 주제로 많은 청중 앞에서 연설을 함, 또는 그 연설

	훈	음	부수	총획
銳 예	날카로울	예	金	15

용례
- 銳敏(예민):감각이 날카로움
- 銳利(예리):날이 서있거나 끝이 뾰족함

	훈	음	부수	총획
 胃 위	밥통	위	肉(月)	9

용례
- 胃痛(위통):위가 아픈 증세
- 胃腸(위장):위와 창자

	훈	음	부수	총획
 衛 위	지킬	위	行	15

용례
- 衛星(위성):1.행성의 둘레를 운행하는 작은 천체[지구에서의 '달'과 같은 것]
2.(위성처럼) 주된 것 가까이에 있어, 그것을 지키거나 그것에 딸리어 있음을 나타내는 말
- 防衛(방위):적이 쳐들어오는 것을 막아서 지킴

	훈	음	부수	총획
 雜 잡	섞일	잡	隹	18

용례
- 雜穀(잡곡):멥쌀과 찹쌀 이외의 곡식을 통틀어 이르는 말[보리·밀·수수·조·옥수수·콩 따위]
- 雜誌(잡지):일정한 이름을 가지고 호를 거듭하며 정기적으로 간행하는 출판물

	훈	음	부수	총획
 征 정	칠 갈	정	彳	8

용례
- 征服(정복):1.(어떤 나라나 민족 따위의 집단을) 정벌하여 복종시킴
2.어려운 일을 이겨 내어 뜻한 바를 이룸
- 遠征(원정):1.멀리 적을 치러 감
2.먼 곳으로 경기나 조사·답사·탐험 따위를 하러 감

	훈	음	부수	총획
 照 조	비칠 비출	조	火(灬)	13

용례
- 落照(낙조):저녁에 지는 햇빛
- 觀照(관조):1.불교에서, 참된 지혜로 개개의 사물이나 이치를 비추어 봄
2.대상의 본질을 주관을 떠나서 냉정히 응시(凝視)함

	훈	음	부수	총획
 潮 조	조수 밀물	조	水(氵)	15

용례
- 潮流(조류):1.밀물과 썰물로 말미암아 일어나는 바닷물의 흐름
2.시세(時勢)의 경향이나 동향
- 滿潮(만조):밀물로 해면이 가장 높아진 상태. 고조(高潮). 찬물때

선정 한자 익히기

훈	음	부수	총획
못	지	水(氵)	6

용례
- 蓮池(연지):연못, 연당
- 貯水池(저수지):인공으로 둑을 쌓아 물을 모아 두는 못

훈	음	부수	총획
짤	직	糸	18

용례
- 織造(직조):기계로 피륙 따위를 짜는 일
- 組織(조직):짜서 이루거나 얽어서 만듦

훈	음	부수	총획
주춧돌	초	石	18

용례
- 礎石(초석):1.주춧돌, 머릿돌, 모퉁잇돌
  2. '사물의 기초'를 비유하여 이르는 말
- 基礎(기초):1.건축물의 무게를 떠받치고 안정시키기 위하여 설치하는 밑받침. 토대
  2.사물이 이루어지는 바탕

훈	음	부수	총획
적실 젖을	침	水(氵)	10

용례
- 浸水(침수):물에 젖거나 잠김
- 浸禮敎(침례교):기독교의 한 종파

훈	음	부수	총획
씻을	탁	水(氵)	17

용례
- 濯足(탁족):발을 씻음 (洗足)
- 洗濯(세탁):빨래

훈	음	부수	총획
탄알	탄	弓	15

용례
- 彈丸(탄환):탄알
- 爆彈(폭탄):금속 용기 안에 폭약을 채워 던지거나 쏘아서 인명을 살상하거나 구조물을 파괴하는 병기, 〈폭발탄〉의 준말

훈	음	부수	총획
모양 태도	태	心	14

용례
- 態度(태도):1.몸을 가지는 모양이나 맵시
  2.어떤 사물에 대한 감정이나 생각 따위가 겉으로 나타난 모습
- 姿態(자태):1.몸가짐과 맵시
  2.모양이나 모습

훈	음	부수	총획
물갈래	파	水(氵)	9

용례
- 黨派(당파):주의, 주장, 이해를 같이하는 사람들이 뭉쳐 이룬 단체나 모임
- 特派員(특파원):특별한 임무를 위하여 파견된 사람

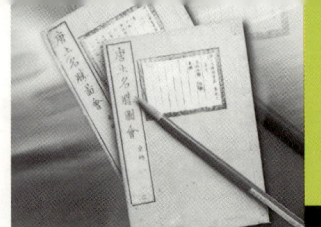

훈	음	부수	총획
판목	판	片	8

版 판

용례
- 版畫(판화):목판·동판·석판 따위에 그림을 새기고 잉크나 물감을 칠하여 찍어 낸 그림
- 絕版(절판):1.출판된 책이 떨어짐
  2.인쇄의 원판이 없어 책을 간행하지 못함

훈	음	부수	총획
허파	폐	肉(月)	8

肺 폐

용례
- 肺病(폐병):1.폐의 질병을 통틀어 이르는 말
  2.'폐결핵'을 흔히 이르는 말
- 肺炎(폐렴):폐에 생기는 염증(폐염(X))

훈	음	부수	총획
태보	포	肉(月)	9

胞 포

용례
- 同胞(동포):[같은 어머니에게서 태어난 '형제 자매'의 뜻으로] 한 겨레. 같은 민족
- 細胞(세포):생물체를 구성하는 최소 단위로서의 원형질

훈	음	부수	총획
목	항	頁	12

項 항

용례
- 項目(항목):(어떤 기준에 따라 나눈) 일의 가닥. 조목 (條目)
- 條項(조항):정해 놓은 법률이나 규정 따위의, 낱낱의 항목

훈	음	부수	총획
배	항	舟	10

航 항

용례
- 航速(항속):배나 항공기의 속도
- 缺航(결항):비행기나 선박이 정기적인 운항(운행)을 거름

훈	음	부수	총획
항구	항	水(氵)	12

港 항

용례
- 港口(항구):바닷가에 배를 댈 수 있도록 시설해 놓은 곳
- 空港(공항):지상(地上) 또는 수상(水上)에 민간 항공기가 뜨고 내릴 수 있도록 여러 가지 시설을 갖춘 곳

훈	음	부수	총획
험할	험	阜(阝)	16

險 험

용례
- 險惡(험악):험하고 사나움
- 保險(보험):사망·화재·사고 등 뜻하지 않은 사고에 대비하여, 미리 일정한 보험료를 내게 하고, 사고가 일어났을 때 일정한 보험금을 주어 그 손해를 보상하는 제도

훈	음	부수	총획
줄	현	糸	11

絃 현

용례
- 絃樂器(현악기):현을 타거나 켜서 소리를 내는 악기. [가야금이나 거문고·바이올린 따위] 탄주 악기(彈奏樂器)
- 管絃樂(관현악):관악기·현악기·타악기에 의한 합주, 또는 그 악곡

선정 한자 익히기

環 환

훈	음	부수	총획
고리	환	玉(王)	17

용례
- 環境(환경):1.생활체를 둘러싸고 직접 간접으로 영향을 주는 자연, 또는 사회의 조건이나 형편. 외계. 외위(外圍)
  2.주위의 사물이나 사정
- 花環(화환):생화나 조화를 모아 고리같이 둥글게 만든 물건

丸 환

훈	음	부수	총획
알 둥글	환	丶	3

용례
- 丸藥(환약):약재를 빻아 반죽하여 작고 둥글게 만든 약. 알약. 환제(丸劑)
- 彈丸(탄환):총포에 재어서 쏘면 폭발하여 그 힘으로 탄알이 튀어 나가게 된 물건[총탄이나 포탄 따위]

劃 획

훈	음	부수	총획
그을	획	刀(刂)	14

용례
- 計劃(계획):어떤 일을 함에 앞서, 방법·차례·규모 등을 미리 생각하여 얽이를 세움, 또는 그 세운 내용
- 劃期的(획기적):(어떤 일에서) 새로운 시대가 열릴 만큼 뚜렷한 (것)

揮 휘

훈	음	부수	총획
휘두를	휘	手(扌)	12

용례
- 指揮(지휘):(전체 행동의 통일을 위하여) 명령하여 사람들을 움직임
- 發揮(발휘):(지니고 있는 재능이나 힘 따위를) 충분히 부리어 드러냄. 떨치어 나타냄

가축 家畜
- **훈음**: 집 **가**, 기를 **축**
- **풀이**: 집에서 기르는 짐승
- **쓰임**: 家畜을 기르는 일은 손이 많이 간다.

건조 乾燥
- **훈음**: 마를 **건**, 마를 **조**
- **풀이**: 습기나 물기가 없는 마른 상태
- **쓰임**: 봄철에 너무 乾燥하면 산불을 조심해야 한다.

결정 結晶
- **훈음**: 맺을 **결**, 맑을 **정**
- **풀이**: 일정한 평면으로 둘러싸인 물체 내부의 원자배열이 규칙적으로 이루어짐, 또는 그렇게 이루어진 고체
- **쓰임**: 눈의 結晶은 육각형이다.

고사 枯死
- **훈음**: 마를 **고**, 죽을 **사**
- **풀이**: 나무나 풀이 말라죽음
- **쓰임**: 오랜 가뭄으로 농작물들이 枯死했다.

광물 鑛物
- **훈음**: 쇳돌 **광**, 만물 **물**
- **풀이**: 지각 속에 섞여 있는 천연의 무기물
- **쓰임**: 이 나라의 산간 지방에는 鑛物 자원이 풍부하다.

1. 자연, 수학, 환경

교과서 한자어 자세히 알기

궤도 軌道
- **훈음**: 굴대 **궤**, 길 **도**
- **풀이**: 물체가 일정한 법칙에 따라 운동할 때 그리는 경로. 무슨 일이 정상적으로 진행되어 가는 길
- **쓰임**: 기차가 軌道에서 벗어나 많은 사람이 다쳤다.

근육 筋肉
- **훈음**: 힘줄 **근**, 고기 **육**
- **풀이**: 몸의 연한 부분을 이루고 있는 힘줄과 살
- **쓰임**: 운동을 많이 하면 筋肉이 발달한다.

금수 禽獸
- **훈음**: 새 **금**, 짐승 **수**
- **풀이**: 날짐승과 길짐승
- **쓰임**: 은혜나 도리를 모르면 禽獸같다고 한다.

기압 氣壓
- **훈음**: 기운 **기**, 누를 **압**
- **풀이**: 대기의 압력
- **쓰임**: 공기는 氣壓이 높은 곳에서 낮은 곳으로 이동한다.

냉각 冷却
- **훈음**: 찰 **랭**, 물리칠 **각**
- **풀이**: 식어서 차게 됨
- **쓰임**: 액체를 冷却시키면 고체가 된다.

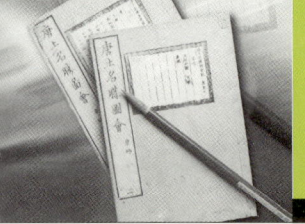

한 자 자 격 시 험 3 급

농도 濃度	훈음	짙을 **농**, 법도 **도**
	풀이	용액의 묽고 진한 정도
	쓰임	용액에 녹아 있는 용질의 양이 많을수록 濃度가 짙다.

뇌전 雷電	훈음	우레 **뢰**, 번개 **전**
	풀이	천둥소리와 번개
	쓰임	여름 장마기간 동안에는 폭우와 雷電이 자주 발생한다.

누선 淚腺	훈음	눈물 **루**, 샘 **선**
	풀이	눈물샘. 눈물을 분비하는 상피 조직의 기관
	쓰임	슬픈 내용의 이야기들은 淚腺을 자극한다.

누전 漏電	훈음	샐 **루**, 번개 **전**
	풀이	절연이 불완전하여 전류의 일부가 전선 밖으로 새어 나가는 일
	쓰임	漏電이 이번 화재의 원인이다.

다한증 多汗症	훈음	많을 **다**, 땀 **한**, 증세 **증**
	풀이	땀이 이상 상태로 많이 나는 증세
	쓰임	多汗症이 있는 사람은 여름이 되면 더욱 괴롭다.

40　1. 자연, 수학, 환경

교과서 한자어 자세히 알기

담낭 膽囊
- **훈음**: 쓸개 **담**, 주머니 **낭**
- **풀이**: 쓸개
- **쓰임**: 膽囊에서는 간장에서 분비되는 쓸개즙을 일시적으로 저장, 농축한다.

동굴 洞窟
- **훈음**: 마을 **동**, 굴 **굴**
- **풀이**: 안이 텅 비어 넓고 깊은 큰 굴
- **쓰임**: 박쥐는 洞窟 안에 산다.

둔각 鈍角
- **훈음**: 무딜 **둔**, 뿔 **각**
- **풀이**: 90도 보다 크고 180도 보다 작은 각
- **쓰임**: 한 각의 크기가 90도보다 큰 삼각형을 鈍角삼각형이라고 한다.

마찰 摩擦
- **훈음**: 문지를 **마**, 비빌 **찰**
- **풀이**: 무엇에 대고 문지름
- **쓰임**: 손바닥으로 피부를 摩擦하다.

맹수 猛獸
- **훈음**: 사나울 **맹**, 짐승 **수**
- **풀이**: 사나운 짐승
- **쓰임**: 정글에는 猛獸가 산다.

한자자격시험 3급

맹아 萌芽
- **훈음**: 싹 **맹**, 싹 **아**
- **풀이**: 새로 튼 싹. 새로운 일의 시초
- **쓰임**: 들판에 萌芽들이 가득하다.

면역 免疫
- **훈음**: 면할 **면**, 염병 **역**
- **풀이**: 생물이 항원의 공격에 저항하는 능력
- **쓰임**: 운동을 하면 질병에 대한 免疫 기능이 강화된다.

미분 微分
- **훈음**: 작을 **미**, 나눌 **분**
- **풀이**: 어떤 함수의 미분 계수를 구하는 셈 법. 미분학의 준말
- **쓰임**: 수학에서 접선의 기울기는 微分으로 구할 수 있다.

병렬 竝列
- **훈음**: 아우를 **병**, 벌일 **렬**
- **풀이**: 2개 이상의 전지 따위를 같은 극끼리 연결하는 일
- **쓰임**: 전지를 연결하는 방법에는 직렬과 竝列이 있다.

보호 保護
- **훈음**: 보호할 **보**, 보호할 **호**
- **풀이**: 약한 것을 잘 돌보아 지킴
- **쓰임**: 자연 환경을 잘 保護해야 한다.

1. 자연, 수학, 환경

교과서 한자어 자세히 알기

복개 覆蓋
- **훈음**: 덮을 **복**, 덮을 **개**
- **풀이**: 덮개를 덮음
- **쓰임**: 覆蓋했던 청계천을 되살리는 공사를 하였다.

비강 鼻腔
- **훈음**: 코 **비**, 빈속 **강**
- **풀이**: 콧구멍에서 인두에 이르기까지의 빈 곳
- **쓰임**: 감기에 걸리면 鼻腔에 염증이 생기기 쉽다.

비율 比率
- **훈음**: 견줄 **비**, 비율 **률**
- **풀이**: 둘 이상의 수를 비교해 나타낼 때, 그 중 한 수를 기준으로 하여 나타낸 다른 수의 비교 값
- **쓰임**: 모든 경우의 수에 대한 어떤 사건이 일어날 경우의 수의 比率을 확률이라고 한다.

빈도 頻度
- **훈음**: 잦을 **빈**, 정도 **도**
- **풀이**: 어떤 일이 되풀이되어 일어나는 정도
- **쓰임**: 그 곳은 태풍의 발생 頻度가 높다.

사지 四肢
- **훈음**: 넉 **사**, 사지 **지**
- **풀이**: 사람의 팔다리
- **쓰임**: 몹시 놀라면 四肢가 떨린다.

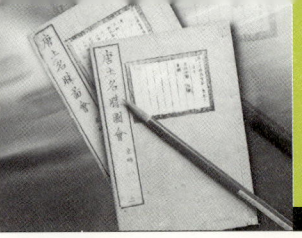

한자자격시험 3급

삭망월 朔望月
- 훈음: 초하루 **삭**, 바랄 **망**, 달 **월**
- 풀이: 달의 모양이 변하여 다시 같은 모양이 될 때까지 걸리는 시간
- 쓰임: 옛날 사람들은 朔望月을 음력 한 달로 정하였다.

삼림 森林
- 훈음: 빽빽할 **삼**, 수풀 **림**
- 풀이: 나무가 많이 우거진 곳
- 쓰임: 森林을 잘 가꾸면 많은 자원을 얻을 수 있다.

생식 生殖
- 훈음: 날 **생**, 번식할 **식**
- 풀이: 생물이 자기와 같은 종류의 생물을 새로이 만들어 내는 일
- 쓰임: 生殖에는 유성 生殖과 무성 生殖이 있다.

섭취 攝取
- 훈음: 끌어잡을 **섭**, 가질 **취**
- 풀이: 양분을 빨아들임
- 쓰임: 음식을 골고루 먹어야 영양소를 고루 攝取할 수 있다.

소음 騷音
- 훈음: 시끄러울 **소**, 소리 **음**
- 풀이: 시끄러운 소리
- 쓰임: 도시는 騷音공해가 심하다.

1. 자연, 수학, 환경

교과서 한자어 자세히 알기

www.hanja114.org

수렴 收斂
- **훈음**: 거둘 **수**, 거둘 **렴**
- **풀이**: 수열에서 변수가 어떤 일정한 값에 한없이 가까워지는 일
- **쓰임**: 각계각층의 다양한 의견을 收斂하였다.

습도 濕度
- **훈음**: 젖을 **습**, 정도 **도**
- **풀이**: 공기 중에 수증기가 포함되어 있는 정도
- **쓰임**: 봄철엔 濕度가 낮아서 산불이 일어나기 쉽다.

승화 昇華
- **훈음**: 오를 **승**, 빛날 **화**
- **풀이**: 고체가 액체상태를 거치지 않고 기체로 변하는 일
- **쓰임**: 승화 현상이 나타날 때 흡수되는 열을 昇華열이라고 한다.

악취 惡臭
- **훈음**: 악할 **악**, 냄새 **취**
- **풀이**: 불쾌한 냄새
- **쓰임**: 쓰레기의 惡臭가 코를 찌른다.

연령 年齡
- **훈음**: 해 **년**, 나이 **령**
- **풀이**: 나이
- **쓰임**: 놀이기구를 탈 때 年齡 제한이 있는 기구도 있다.

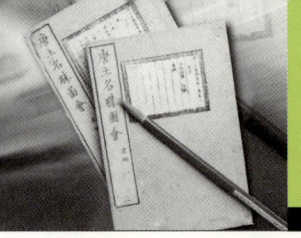

한 자 자 격 시 험 3 급

연소 燃燒

- 훈음: 불탈 **연**, 불사를 **소**
- 풀이: 물질이 공기 속의 산소와 화합하여 빛과 열을 내는 현상
- 쓰임: 연료가 불완전 燃燒하면 에너지 효율이 떨어진다.

염산 鹽酸

- 훈음: 소금 **염**, 실 **산**
- 풀이: 염화수소의 수용액
- 쓰임: 鹽酸은 화학 공업, 섬유 공업 등에 널리 이용된다.

영하 零下

- 훈음: 떨어질 **령**, 아래 **하**
- 풀이: 온도계가 가리키는 온도가 섭씨 0도 이하임을 나타내는 말
- 쓰임: 겨울에는 최고기온도 零下로 떨어지기도 한다.

오염 汚染

- 훈음: 더러울 **오**, 물들일 **염**
- 풀이: 더러워짐
- 쓰임: 산업의 발전으로 지구는 汚染되어 가고 있다.

요도 尿道

- 훈음: 오줌 **뇨**, 길 **도**
- 풀이: 방광에 괸 오줌을 몸 밖으로 내보내는 관
- 쓰임: 신장에서 만들어진 오줌은 요관을 하강하여 괴고, 이것이 尿道를 통해 몸 밖으로 배출된다.

1. 자연, 수학, 환경

교과서 한자어 자세히 알기

요통 腰痛
- **훈음**: 허리 **요**, 아플 **통**
- **풀이**: 허리가 아픈 증세를 통틀어 이르는 말
- **쓰임**: 腰痛의 재발을 막기 위해서는 복부근육과 허리근육을 강화시켜주는 운동이 반드시 필요합니다.

용해 溶解
- **훈음**: 질펀히 흐를 **용**, 풀 **해**
- **풀이**: 기체 또는 고체가 액체 속에서 녹아 같은 액체로 되는 현상
- **쓰임**: 소금을 물에 溶解시키면 소금 용액이 된다.

월식 月蝕
- **훈음**: 달 **월**, 좀먹을 **식**
- **풀이**: 지구가 태양과 달 사이에 들어가서 지구의 그림자로 말미암아 달의 밝은 부분이 일부 또는 전부가 가려져 어둡게 보이는 현상
- **쓰임**: 月蝕은 태양, 지구, 달의 순서로 일직선을 이룰 때 일어난다.

윤곽 輪廓
- **훈음**: 바퀴 **륜**, 성곽 **곽**
- **풀이**: 둘레의 선. 겉모양. 사물의 대강
- **쓰임**: 그 물체는 輪廓이 희미했다.

응고 凝固
- **훈음**: 엉길 **응**, 굳을 **고**
- **풀이**: 액체나 기체가 고체로 변하는 현상. 엉기어 굳어짐
- **쓰임**: 액체나 기체가 凝固하여 고체로 될 때 내어놓는 열을 凝固열이라고 한다.

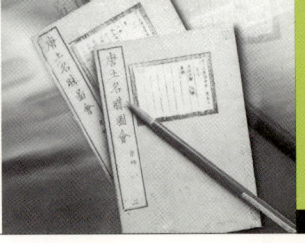

인후 咽喉

- **훈음** 목구멍 **인**, 목구멍 **후**
- **풀이** 목구멍
- **쓰임** 咽喉가 아플 때에는 이비인후과에 간다.

입자 粒子

- **훈음** 낟알 **립**, 아들 **자**
- **풀이** 물질을 이루는 매우 작은 낟알의 알갱이
- **쓰임** 밀가루는 粒子가 아주 곱다.

자력 磁力

- **훈음** 자석 **자**, 힘 **력**
- **풀이** 자석의 힘
- **쓰임** 磁力은 같은 극끼리는 서로 밀치고 다른 극끼리는 서로 끌어당기도록 한다.

조제 調劑

- **훈음** 고를 **조**, 약지을 **제**
- **풀이** 여러 가지 약제를 조합하여 약을 만듦
- **쓰임** 의약분업으로 병원에서 처방전을 받아서 약국에 내야 調劑한 약을 지을 수 있다.

주조 鑄造

- **훈음** 부어만들 **주**, 만들 **조**
- **풀이** 녹인 쇠붙이를 거푸집에 부어 필요한 물건을 만듦
- **쓰임** 활자를 鑄造하는 기술이 우리나라에서는 일찍부터 발달했다.

교과서 한자어 자세히 알기

www.hanja114.org

증산 蒸散
- **훈음**: 찔 **증**, 흩을 **산**
- **풀이**: 증발하여 흩어짐
- **쓰임**: 식물체 내의 물이 수증기가 되어 기공을 통하여 배출되는 현상이 蒸散 작용이다.

지방 脂肪
- **훈음**: 비계 **지**, 비계 **방**
- **풀이**: 기름이 상온에서 고체를 이룬 것
- **쓰임**: 脂肪은 같은 양의 탄수화물이나 단백질보다 열량이 훨씬 많다.

지진 地震
- **훈음**: 땅 **지**, 벼락 **진**
- **풀이**: 땅 속의 급격한 변화로 땅이 흔들리거나 갈라지는 현상
- **쓰임**: 地震이 발생하면 집이 무너지기도 하고 화재의 위험도 높다.

진동 振動
- **훈음**: 떨칠 **진**, 움직일 **동**
- **풀이**: 같은 모양으로 반복하여 흔들려 움직임
- **쓰임**: 시계추는 振動한다.

진료 診療
- **훈음**: 진찰할 **진**, 병고칠 **료**
- **풀이**: 진찰하고 치료함
- **쓰임**: 병원에서는 대체로 診療 시간에 비해 기다리는 시간이 너무 길다.

1-2. 교과서 한자어 자세히 알기 49

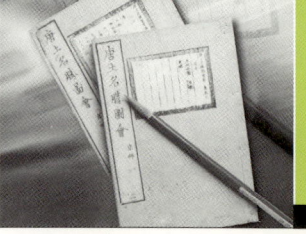

한자자격시험 3급

진토 塵土
- **훈음** 티끌 **진**, 흙 **토**
- **풀이** 먼지와 흙
- **쓰임** 공사장에는 塵土가 많다.

진폭 振幅
- **훈음** 떨칠 **진**, 폭 **폭**
- **풀이** 진동하는 물체의 정지 위치로부터 진동의 좌우 극점에 이르기까지의 변위의 최대치
- **쓰임** 振幅은 길이나 각도로 나타낸다.

질병 疾病
- **훈음** 병 **질**, 병 **병**
- **풀이** 몸의 온갖 기능의 장애로 말미암은 병
- **쓰임** 疾病은 치료보다 예방이 더 중요하다.

질식 窒息
- **훈음** 막을 **질**, 숨쉴 **식**
- **풀이** 숨이 막힘
- **쓰임** 화재가 발생하면 유독 가스가 발생하여 窒息하기도 한다.

창공 蒼空
- **훈음** 푸를 **창**, 빌 **공**
- **풀이** 푸른 하늘
- **쓰임** 인간은 비행기를 발명함으로써 蒼空을 나는 꿈을 이루었다.

1. 자연, 수학, 환경

교과서 한자어 자세히 알기

첩경 捷徑
- **훈음**: 빠를 **첩**, 지름길 **경**
- **풀이**: 지름길. 쉽고 빠른 방법
- **쓰임**: 노력하는 것이 성공의 捷徑이다.

추출 抽出
- **훈음**: 뽑을 **추**, 날 **출**
- **풀이**: 빼내거나 뽑아 냄
- **쓰임**: 화학에서 고체나 액체로부터 어떤 물질을 용매를 써서 뽑아내는 것을 抽出이라고 한다.

취사 炊事
- **훈음**: 불땔 **취**, 일 **사**
- **풀이**: 음식을 장만하는 일
- **쓰임**: 국립공원에서 炊事는 금지되어 있다.

태양력 太陽曆
- **훈음**: 클 **태**, 볕 **양**, 책력 **력**
- **풀이**: 지구가 태양을 한 번 도는 시간을 1년으로 삼는 달력
- **쓰임**: 태음력은 太陽曆과는 달리 달을 기준으로 한다.

태풍 颱風
- **훈음**: 태풍 **태**, 바람 **풍**
- **풀이**: 북태평양 남서부에서 발생하여 동북아시아 내륙으로 불어닥치는 폭풍우
- **쓰임**: 颱風의 눈은 颱風 중심 부근의 둥근 구역으로 바람이 약하다.

한자자격시험 3급

퇴적 堆積
- **훈음**: 쌓을 **퇴**, 쌓을 **적**
- **풀이**: 많이 덮쳐 쌓임
- **쓰임**: 부스러진 암석덩이나 생물의 유해 따위가 堆積하여 堆積암이 만들어진다.

투명 透明
- **훈음**: 통할 **투**, 밝을 **명**
- **풀이**: 빛이 잘 통하여 속까지 환히 보임
- **쓰임**: 유리는 대체로 透明하지만 불透明 유리도 사용되어 진다.

파종 播種
- **훈음**: 뿌릴 **파**, 씨 **종**
- **풀이**: 논밭에 곡식의 씨앗을 뿌림
- **쓰임**: 봄이 되면 논밭에 播種을 한다.

평형 平衡
- **훈음**: 평평할 **평**, 저울대 **형**
- **풀이**: 한 물체에 여러 힘이 작용하여도 힘이 작용하지 않는 것과 같은 상태
- **쓰임**: 우리 몸의 회전이나 이동, 자세 등을 느끼는 감각을 平衡 감각이라고 한다.

포도당 葡萄糖
- **훈음**: 포도 **포**, 포도 **도**, 엿 **당**
- **풀이**: 단당류의 한 가지
- **쓰임**: 葡萄糖은 알코올 발효나 의약품에도 이용된다.

교과서 한자어 자세히 알기

포화 飽和
- **훈음**: 배부를 **포**, 화할 **화**
- **풀이**: 더할 수 없는 양에 이르러 가득 찬 상태
- **쓰임**: 공기 속에 포함되어 있는 수증기량이 같더라도 온도에 따라 飽和 상태가 되기도 하고 불飽和상태가 되기도 한다.

한발 旱魃
- **훈음**: 가물 **한**, 가물 **발**
- **풀이**: 가뭄. 오래도록 비가 내리지 않는 상태
- **쓰임**: 여름에는 旱魃이나 태풍, 홍수 같은 자연재해들이 많은 피해를 준다.

함수 函數
- **훈음**: 함 **함**, 셀 **수**
- **풀이**: 두 변수 x와 y사이에, x의 값이 정해짐에 따라 y의 값이 정해지는 관계에서 x에 대하여 y를 이르는 말
- **쓰임**: 이차函數의 그래프는 포물선이다.

항성 亢星
- **훈음**: 별이름 **항**, 별 **성**
- **풀이**: 이십팔수의 하나로 동쪽의 둘째 별자리
- **쓰임**: 亢星은 이십팔수의 하나이다.

해부 解剖
- **훈음**: 풀 **해**, 쪼갤 **부**
- **풀이**: 생물체를 절개하여 내부를 조사하는 일
- **쓰임**: 생물 시간에 개구리를 解剖하였다.

핵
核
- **훈음**: 핵 **핵**
- **풀이**: 중심이 되는 것. 원자핵
- **쓰임**: 세포 하나에 하나의 核이 있어 세포의 증식과 유전에 큰 구실을 함

혹한
酷寒
- **훈음**: 독할 **혹**, 찰 **한**
- **풀이**: 몹시 심한 추위
- **쓰임**: 酷寒으로 많은 사람들이 동사하였다.

홍수
洪水
- **훈음**: 넓을 **홍**, 물 **수**
- **풀이**: 큰 물. 비가 많이 와서 하천이 넘치거나 땅이 물에 잠기게된 상태
- **쓰임**: 이번 여름에 洪水로 큰 피해를 보았다.

확대
擴大
- **훈음**: 넓힐 **확**, 큰 **대**
- **풀이**: 늘여서 크게 함
- **쓰임**: 잘 나온 사진을 골라서 擴大하였다.

고사성어와 한자성어

 고사성어

기울 경 나라 국 어조사 지 빛 색

경국지색

임금을 혹하게 하여 나라를 기울어지게 할 만큼의 뛰어난 미인

'경국(傾國)'이란 말은 '나라를 기울여 위태롭게 한다.'는 의미였으나 이연년(李延年)의 이야기에서부터 미인이란 말과 쓰이면서 '경국지색(傾國之色)'과 함께 나라를 뒤집을 만한 미인, 나라 안의 절세미인을 뜻하게 되었습니다.

《한서(漢書)》〈외척전(外戚傳)〉에 의하면 한무제(漢武帝)를 모시던 사람 중에 음악을 맡아 관장하던 이연년(李延年)이라는 사람이 있었습니다. 그는 음악적 재능이 있어 노래는 물론이고 편곡이나 작곡에도 뛰어났으며, 아울러 춤에도 탁월하여 무제의 총애를 듬뿍 받았습니다.

하루는 한무제(漢武帝) 앞에서 춤을 추며 이런 노래(詩)를 불렀습니다.

北方有佳人(북방유가인)	북쪽에 어여쁜 사람이 있어
絶世而獨立(절세이독립)	세상에서 떨어져 홀로 서 있네.
一顧傾人城(일고경인성)	한 번 돌아보면 성을 위태롭게 하고
再顧傾人國(재고경인국)	두 번 돌아보면 나라를 위태롭게 한다.
寧不知傾城與傾國(영부지경성여경국)	어찌 성이 기울어지고 나라가 위태로워지는 것을 모르리요만
佳人難再得(가인난재득)	어여쁜 사람은 다시 얻기 어렵도다

한 무제는 이 노래 소리를 듣고, 과연 그런 여인이 있는지 물으니, 곁에 앉아 있던 사람이 이연년의 누이동생이 바로 그러한 미인이라며 귓속말로 가르쳐 주었습니다. 무제는 이때 이미 오십 고개를 넘어 있었고, 사랑하는 여인도 없이 쓸쓸한 처지였으므로 당장 그녀를 불러들이게 하였습니다. 무제는 그녀의 아름다운 자태와 날아갈 듯이 춤추는 솜씨에 매혹되었는데, 이 여인이 무제의 만년에 총애를 독차지하였던 이부인(李夫人)이었습니다. 후에 그녀가 병들었을 때 무제가 문병을 와서 얼굴 보기를 청하였으나, 이부인은 초췌한 모습을 보이기 싫다고 끝내 얼굴을 들지 않았다고 합니다.

오늘날에도 텔레비전을 통해 미인대회의 현장이 생생하게 방송되는 것을 보면 '경국지색(傾國之色)'의 말뜻을 절감하게 됩니다. 그러나 아름다운 외모 뿐 아니라 성숙한 내면을 갖춘 사람이야말로 진정한 미인이라 할 수 있을 것입니다.

한자자격시험 3급

인연 연 · 나무 목 · 구할 구 · 물고기 어

 연목구어

'나무에 올라 고기를 얻으려고 한다.'는 뜻으로, 목적과 수단이 맞지 않아 불가능한 일을 굳이 하려 함을 비유하는 말

전국시대(戰國時代)는 중국이 여러 나라로 분열되어 있어, 단 하루도 전쟁이 끊이는 날이 없었던 시기입니다. 이런 시대의 흐름을 안타깝게 여긴 맹자(孟子)는 왕도정치(王道政治)의 중요성을 설파하기 위해 각 국의 제후들을 찾아 나섰습니다.

어느 날, 맹자는 제(齊)나라의 선왕(宣王)을 찾아가 말했습니다.
"왕께서는 전쟁을 벌이는 것이 병사들을 위험에 빠뜨리고, 이웃 나라의 제후들과는 원수가 되는 것임을 알고 계십니까?"
"알고 있소. 하지만 나는 크게 소망하는 것을 달성하기 위하여 전쟁을 멈출 수 없소."
"그렇다면, 왕께서 크게 소망하시는 바는 무엇입니까? 살찐 고기와 달콤한 맛의 요리가 부족하십니까? 아니면 부드럽고 따듯한 비단 옷이 만족스럽지 않습니까? 왕께서는 고작 그런 것들 때문에 전쟁을 하시려는 것입니까?"
"아니오. 나는 내 사사로운 것들이 부족해서 전쟁을 하는 것이 아니라오."
"그렇다면 왕께서 소원하시는 바를 이제야 알겠습니다. 왕께서는 영토를 확장하고 중국에 군림하고 싶으신 것입니다. 그러나 전쟁이나 일삼는 그와 같은 방법으로 임금의 소망을 이루시려는 것은 마치 나무에 올라가서 물고기를 잡자는 것과 같은 것입니다.(猶緣木而求魚也)"
"그토록 터무니없는 일입니까?"
"아니, 그보다 더 터무니없는 일입니다. 나무에 올라가서 물고기를 잡는 것은 못 잡는다 해도 안 먹으면 그만입니다. 그러나 무력으로 세상을 제패하려 하시는 것은 전심전력을 다하여 애쓴다 해도 훗날 반드시 재앙이 될 것입니다."

어떤 일이든 실행함에 있어 목적을 갖고 최선을 다하는 것은 좋은 일입니다. 하지만 수단과 방법이 옳지 못한 것은 아닌지 스스로 경계하고 조심해야 합니다. 큰 꿈을 가질수록 그를 향해 달려가는 일에는 한 치의 부끄러움이나 그릇됨이 없도록 마음에 진중함을 잊지 말아야 할 것입니다.

고사성어와 한자성어

알아두면 유익한 한자성어

刻(새길 각) 骨(뼈 골) 難(어려울 난) 忘(잊을 망)

각골난망
뼈에 새기도록 은혜를 잊지 않음

孤(외로울 고) 立(설 립) 無(없을 무) 援(도울 원)

고립무원
'고립되어 도움을 받을 데가 없다'는 뜻

群(무리 군) 盲(소경 맹) 評(평할 평) 象(코끼리 상)

군맹평상
'여러 맹인들이 코끼리를 평한다'는 뜻으로, 사물을 전체적으로 보지 못하고 일부분만 보고 잘못 판단하는 것을 비유하는 말. '장님 코끼리 더듬기'. 군맹무상(群盲撫象)

金(쇠 금) 枝(가지 지) 玉(구슬 옥) 葉(잎 엽)

금지옥엽
'황금으로 된 나뭇가지와 옥으로 만든 나뭇잎'이란 뜻으로, ①왕이나 귀한 집안의 자손 ②귀한 자손을 이르는 말

한자자격시험 3급

기고만장 (氣高萬丈)
氣 기운 기 / 高 높을 고 / 萬 일만 만 / 丈 길이 장

'기운의 높이가 매우 높다.'는 뜻으로, ①일이 뜻대로 잘 되어 기세가 대단함 ②펄펄 뛸 만큼 몹시 성이 남을 이르는 말

단금지교 (斷金之交)
斷 끊을 단 / 金 쇠 금 / 之 어조사 지 / 交 사귈 교

'쇠를 자를 만큼의 굳고 두터운 사귐'이라는 뜻으로, 정의가 두터운 친구간의 우정. 金蘭之契(금란지계)

막상막하 (莫上莫下)
莫 없을 막 / 上 위 상 / 莫 없을 막 / 下 아래 하

'위도 없고 아래도 없다.' 는 뜻으로, 실력의 차이가 거의 없는 경우를 이름

무병장수 (無病長壽)
無 없을 무 / 病 병 병 / 長 긴 장 / 壽 목숨 수

'병 없이 오래 살다' 라는 뜻으로, 보통 나이드신 어른에게 기원의 말로 쓰임

1. 자연, 수학, 환경

고사성어와 한자성어

사생취의
捨生取義 — 버릴 사, 살 생, 취할 취, 옳을 의

'삶을 버리고 의를 좇는다'는 뜻으로, 목숨을 버릴지언정 옳은 일을 함을 이르는 말

속수무책
束手無策 — 묶을 속, 손 수, 없을 무, 꾀 책

'손이 묶이어 아무런 대책이 없다.'는 뜻으로, 어쩔 도리 없이 꼼짝할 수 없다는 말

아전인수
我田引水 — 나 아, 밭 전, 끌 인, 물 수

'제 논에 물 대기'라는 뜻으로, 자기에게만 유리하게 행동하거나 생각하는 이기적인 경우를 이름

역지사지
易地思之 — 바꿀 역, 처지 지, 생각 사, 그것 지

'처지를 바꾸어 그 일에 대해 생각한다.'는 뜻으로, 어떤 일을 상대편의 입장이 되어 생각해 보는 경우를 이름

한 자 자 격 시 험 3 급

우유부단
優(부드러울 우) 柔(부드러울 유) 不(아니 부(불)) 斷(끊을 단)

마음이 여려 우물쭈물하고 결단을 내리지 못함

인자무적
仁(어질 인) 者(사람 자) 無(없을 무) 敵(대적할 적)

'어진 사람은 적이 없다'는 뜻으로, 어진 사람은 모든 사람이 사랑하므로 세상에 적이 없다는 말

임전무퇴
臨(임할 림) 戰(싸울 전) 無(없을 무) 退(물러날 퇴)

세속오계(世俗五戒)의 하나로 '전쟁에 임하면 물러나지 말아야 한다'는 뜻

종두득두
種(심을 종) 豆(콩 두) 得(얻을 득) 豆(콩 두)

'콩을 심으면 콩을 얻는다.'는 뜻으로, 어떤 원인이 있으면 그에 따른 결과가 온다는 말

1. 자연, 수학, 환경

단원 마무리 연습문제

♣ 다음 ( )안에 공통으로 들어갈 한자를 〈보기〉에서 골라 쓰세요. (1~8)

보기

| 池 | 險 | 雜 | 暇 |
| 版 | 態 | 銅 | 繁 |

1. 事( ), 姿( )
2. 病( ), 休( )
3. ( )錢, ( )像
4. ( )穀, ( )誌
5. ( )惡, 保( )
6. ( )榮, ( )昌
7. ( )畫, 出( )
8. 乾電( ), 貯水( )

♣ 다음 〈보기〉의 한자를 조합하여 설명에 맞는 한자어를 쓰세요. (9~15)

보기

| 洗 | 條 | 胞 | 菌 | 計 | 石 | 同 |
| 髮 | 項 | 劃 | 殺 | 假 | 濯 | 礎 |

9. 빨래
( )

10. 주춧돌
( )

11. 세균 따위의 미생물을 죽임
( )

12. 법률이나 규정 따위의 조목이나 항목
( )

13. 같은 나라 또는 같은 민족의 사람을 다정하게 이르는 말
( )

14. 머리털이나 이와 유사한 것으로 머리 모양을 만들어 쓰는 것
( )

15. 앞으로 할 일의 절차, 방법, 규모 따위를 미리 헤아려 작정함
( )

♣ 다음 문장의 ( )안에 들어갈 한자어가 바르게 쓰인 것을 고르세요. (16~19)

16. 미움이 용서와 화해의 감정으로 ( )되었다.
① 氣壓 ② 覆蓋 ③ 騷音 ④ 昇華

17. ( )의 예방을 위해 바른 자세를 유지해야 한다.
① 四肢 ② 腰痛 ③ 年齡 ④ 汚染

18. 선인장은 ( )한 기후를 잘 견딘다.
① 乾燥 ② 摩擦 ③ 微分 ④ 枯死

19. ( )이 약해지면 감기에 걸리기 쉽다.
① 酷寒 ② 免疫 ③ 惡臭 ④ 磁力

♣ 다음에 주어진 설명이 뜻하는 한자어를 고르세요. (20~23)

20. 눈물을 분비하는 상피 조직의 기관
① 尿道　② 咽喉　③ 鼻腔　④ 淚腺

21. 새로 튼 싹, 새로운 일의 시초
① 萌芽　② 生殖　③ 抽出　④ 堆積

22. 물질이 공기 속의 산소와 화합하여 빛과 열을 내는 현상
① 燃燒　② 鑛物　③ 捷徑　④ 透明

23. 날짐승과 길짐승
① 猛獸　② 洪水　③ 禽獸　④ 旱魃

♣ 다음 지시에 적합한 한자를 〈보기〉에서 골라 써 보세요. (24~30)

보기
環　徒　抗　征　背　拒　蔬

24. 距와(과) 소리가 같은 것? (　　　)
25. 港와(과) 소리가 같은 것? (　　　)
26. 丸와(과) 소리가 같은 것? (　　　)
27. 腹와(과) 반대의 뜻을 가진 것? (　　　)
28. 輩와(과) 의미가 유사한 것? (　　　)
29. 菜와(과) 의미가 유사한 것? (　　　)
30. 伐와(과) 의미가 유사한 것? (　　　)

♣ 다음 한자의 뜻과 음을 쓰세요. (31~34)

31. 傾　(　　　　　)
32. 拂　(　　　　　)
33. 派　(　　　　　)
34. 絃　(　　　　　)

♣ 다음 한자어의 독음을 쓰세요. (35~40)

35. 感激　(　　　　　)
36. 機械　(　　　　　)
37. 熟眠　(　　　　　)
38. 銳敏　(　　　　　)
39. 浸水　(　　　　　)
40. 指揮　(　　　　　)

정답

1. 態	2. 暇	3. 銅	4. 雜
5. 險	6. 繁	7. 版	8. 池
9. 洗濯	10. 礎石	11. 殺菌	12. 條項
13. 同胞	14. 假髮	15. 計劃	16. ④
17. ②	18. ①	19. ②	20. ④
21. ①	22. ①	23. ③	24. 拒
25. 抗	26. 環	27. 背	28. 徒
29. 蔬	30. 征	31. 기울 경	32. 떨칠 불
33. 물갈래 파	34. 줄 현	35. 감격	36. 기계
37. 숙면	38. 예민	39. 침수	40. 지휘

2 언어의 세계

2-1. 선정 한자 익히기
2-2. 교과서 한자어 자세히 알기
2-3. 알아두면 유익한 한자성어
2-4. 단원 마무리 연습문제

| 학습의 주안점 |
이 단원에서는 언어의 세계와 관련 있는 한자들을 읽고 쓰며,
그 뜻을 정확히 알도록 노력합시다.

www.hanja114.org

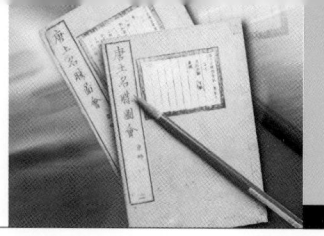

 새로 익힐 선정 한자

架	시렁	가	壁	벽	벽	述	지을	술
刊	책펴낼	간	辯	말잘할	변	雅	바를	아
講	익힐	강	補	기울	보	亞	버금	아
稿	원고	고	普	넓을	보	樣	모양	양
較	견줄	교	複	겹칠	복	沿	물따라내려갈	연
苟	진실로	구	峰	봉우리	봉	映	비칠	영
券	문서	권	付	부칠	부	羽	깃	우
淡	맑을	담	批	비평할	비	宜	마땅	의
督	감독할	독	詐	속일	사	疑	의심	의
慮	생각	려	斯	이	사	籍	문서	적
戀	사모할	련	償	갚을	상	整	가지런할	정
蓮	연꽃	련	祥	상서로울	상	訂	바로잡을	정
了	마칠	료	像	형상	상	組	짤	조
臨	임할	림	索	찾을	색	誌	기록할	지
梅	매화	매	庶	여러	서	差	어긋날	차
慕	사모할	모	宣	베풀	선	稱	일컬을	칭
某	아무	모	涉	건널	섭	擇	가릴	택
返	돌아올	반	訟	송사할	송	評	평론할	평
芳	꽃다울	방	刷	인쇄할	쇄	響	소리	향
範	법	범	旬	열흘	순	弘	클	홍

교과서에 나오는 한자어

간단	簡單	발췌	拔萃	여정	旅程
간언	諫言	배우	俳優	역할	役割
개념	槪念	백미	白眉	영혼	靈魂
검열	檢閱	번뇌	煩惱	오류	誤謬
계몽	啓蒙	번역	飜譯	왜곡	歪曲
고민	苦悶	변별	辨別	우화	寓話
고취	鼓吹	부고	訃告	음란	淫亂
과장	誇張	부록	附錄	음운	音韻
교착	膠着	분석	分析	이면	裏面
구사	驅使	비명	碑銘	정서	情緖
귀신	鬼神	비속어	卑俗語	졸고	拙稿
규방	閨房	비유	比喩	첨삭	添削
근거	根據	사전	辭典	초록	抄錄
긍정	肯定	사족	蛇足	초빙	招聘
낭송	朗誦	삽화	揷畫	초상	肖像
누명	陋名	상징	象徵	총서	叢書
대본	臺本	상황	狀況	추문	醜聞
도감	圖鑑	서술	敍述	추천	推薦
도하	渡河	서약	誓約	토별가	兔鼈歌
막	幕	서찰	書札	파악	把握
맥락	脈絡	서한	書翰	편집	編輯
명사	名詞	소개	紹介	표준어	標準語
모방	模倣	소원	疏遠	함축	含蓄
모순	矛盾	소위	所謂	항설	巷說
모의	謀議	수필	隨筆	해몽	解夢
몽매	蒙昧	순수	純粹	환상	幻想
묘사	描寫	순음	脣音	회고	回顧
무영	無影	심의	審議	효시	嚆矢
민담	民譚	악마	惡魔	희곡	戲曲

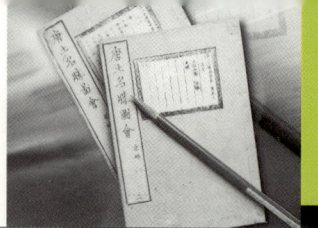

	훈	음	부수	총획
架 가	시렁	가	木	9

용례
- 架橋(가교):1. 다리를 놓음 2. 건너질러 놓은 다리
- 十字架(십자가):1.고대 유럽에서 쓰던 '十' 자 모양의 형틀
  2.기독교의 상징으로 쓰는 '十' 자 모양의 표지(준말)십자

	훈	음	부수	총획
刊 간	책펴낼	간	刀(刂)	5

용례
- 刊行(간행):인쇄하여 펴냄. 공간(公刊). 인행(印行). 출판
- 發刊(발간):책이나 신문 등을 박아 펴냄

	훈	음	부수	총획
講 강	익힐	강	言	17

용례
- 講義(강의):학문·기술 따위를 설명하여 가르침
- 講師(강사):1.학교의 촉탁을 받아 강의를 하는 교원 [시간 강사와 전임 강사의 구별이 있음]
  2.모임에서 강의를 맡은 사람
  3.학원(學院)에서 수업을 맡은 사람

	훈	음	부수	총획
稿 고	원고 볏집	고	禾	15

용례
- 寄稿(기고):신문·잡지 등에 싣기 위하여 원고를 써서 보냄
- 原稿(원고):1.출판하기 위하여 초벌로 쓴 글, 또는 제판(製版)의 기초가 되는 문서나 그림 따위
  2.연설 따위의 초안

	훈	음	부수	총획
較 교	견줄 비교할	교	車	13

용례
- 比較(비교):서로 견주어 봄
- 日較差(일교차):기온, 습도, 기압 따위가 하루 동안에 변화하는 차이

	훈	음	부수	총획
苟 구	진실로	구	艸(艹)	9

용례
- 苟且(구차):가난하고 군색함
- 苟安(구안):일시적인 편안함

	훈	음	부수	총획
券 권	문서	권	刀	8

용례
- 福券(복권):공공 기관 등에서 어떤 사업 자금을 마련하기 위하여 널리 파는, 당첨금이 따르는 표
- 證券(증권):1.재산에 관한 권리나 의무를 나타내는 문서. 유가 증권(有價證券)과 증거 증권(證據證券)이 있음
  2.주식·공채·사채 등의 유가 증권

	훈	음	부수	총획
淡 담	맑을	담	水(氵)	11

용례
- 淡白(담백):맛이나 빛이 산뜻함
- 冷淡(냉담):1.무슨 일에 마음을 두지 않음. 무관심함
  2.동정심이 없고 쌀쌀함

선정 한자 익히기

 **독**

훈	음	부수	총획
감독할 살필	독	目	13

용례
- 總督(총독):어떤 관할 구역 안의 모든 행정을 통할하는 직책
- 監督(감독):보살피고 지도·단속함, 또는 그렇게 하는 사람. 법률에서, 어떤 사람이나 기관이 다른 사람이나 기관을 감시하고 지휘·명령하거나 제재를 가하는 일

 **려**

훈	음	부수	총획
생각	려	心	15

용례
- 考慮(고려):생각하여 헤아림
- 念慮(염려):마음을 놓지 못함. 걱정함

 **련**

훈	음	부수	총획
사모할	련	心	23

용례
- 戀慕(연모):이성(異性)을 사랑하여 그리워함
- 戀愛(연애):어떤 이성(異性)에 특별한 애정을 느끼어 그리워하는 일, 또는 그런 상태

 **련**

훈	음	부수	총획
연꽃	련	艸 (艹)	15

용례
- 木蓮(목련):목련과의 낙엽 활엽 교목. 중국 원산의 관상용 식물로, 높이 10m가량 자라며 봄에 잎보다 먼저 흰빛 또는 자줏빛 꽃이 핌. 목란(木蘭)
- 蓮根(연근):연 뿌리

 **료**

훈	음	부수	총획
마칠	료	亅	2

용례
- 滿了(만료):정해진 기한이 끝남
- 完了(완료):완전히 끝마침

 **림**

훈	음	부수	총획
임할	림	臣	17

용례
- 臨終(임종):죽음에 다다름, 또는 그때의 망종(亡終)
- 降臨(강림):신불(神佛)이 인간 세상에 내려옴

 **매**

훈	음	부수	총획
매화	매	木	11

용례
- 梅花(매화):매실나무의 꽃
- 梅實(매실):매실나무의 열매

 **모**

훈	음	부수	총획
사모할	모	心 (忄)	15

용례
- 戀慕(연모):이성(異性)을 사랑하여 그리워함
- 思慕(사모):1.마음에 두고 몹시 그리워함
2.우러러 받들며 마음으로 따름

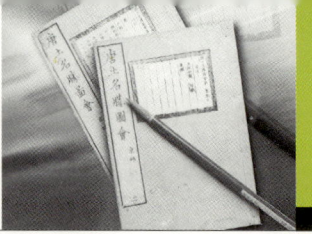

한자자격시험 3급

某 모	훈	음	부수	총획
	아무	모	木	9

용례
- 某處(모처):아무 곳. 어떤 곳
- 某氏(모씨):어떤 사람

返 반	훈	음	부수	총획
	돌아올	반	辶	8

용례
- 返送(반송):도로 돌려보냄
- 返納(반납):도로 바침. 또는 도로 돌려줌

芳 방	훈	음	부수	총획
	꽃다울 향기	방	艸 (++)	8

용례
- 芳名錄(방명록):어떤 일에 참여하거나 찾아온 사람들을 특별히 기념하기 위하여 그 사람들의 이름을 적어 놓는 기록
- 芳心(방심):아름다운 마음

範 범	훈	음	부수	총획
	법 모범	범	竹	15

용례
- 模範(모범):본받아 배울 만한 본보기
- 規範(규범):사물의 본보기. 모범. 철학에서, 판단·평가·행위 등의 기준이 되는 것을 이름

壁 벽	훈	음	부수	총획
	벽	벽	土	16

용례
- 絕壁(절벽):바위 같은 것들이 깎아 세운 것처럼 솟았거나 내리박힌 험한 벼랑
- 巖壁(암벽):벽처럼 깎아지른 듯이 높이 솟은 바위

辯 변	훈	음	부수	총획
	말잘할 말씀	변	辛	21

용례
- 抗辯(항변):대항하여 변론함
- 雄辯(웅변):(청중을 감동시킬 수 있게) 조리 있고 힘차게 거침없이 말함, 또는 그런 말이나 연설

補 보	훈	음	부수	총획
	기울 도울	보	衣 (衤)	12

용례
- 補充(보충):모자란 것을 채움
- 補藥(보약):몸을 보(補)하는 약. 보제(補劑)

普 보	훈	음	부수	총획
	넓을 널리	보	日	12

용례
- 普通(보통):1.특별하거나 드물거나 하지 않고 예사로움
2.대체로. 대개. 흔히
- 普及(보급):널리 펴서 많은 사람들에게 골고루 미치게 하여 누리게 함

선정 한자 익히기

複 복	훈	음	부수	총획
	겹칠	복	衣 (衤)	14

용례
- 複利(복리):복리법으로 계산하는 이자 또는 이율. 복변리
- 複寫(복사):1.사진·문서 따위를 본디 것과 똑같이 박는 일
  2.(종이를 두 장 이상 포개어) 같은 문서를 한꺼번에 여러 벌 만드는 일

峰 봉	훈	음	부수	총획
	봉우리	봉	山	10

용례
- 高峰(고봉):높은 산봉우리
- 峰頭(봉두):산 꼭대기

付 부	훈	음	부수	총획
	부칠 줄	부	人 (亻)	5

용례
- 結付(결부):서로 관련지어 붙임
- 交付(교부):1.내어 줌
  2.물건의 인도

批 비	훈	음	부수	총획
	비평할	비	手 (扌)	7

용례
- 批判(비판):1.비평하여 판단함
  2.좋고 나쁨, 옳고 그름을 따져 말함
- 批評(비평):사물의 좋고 나쁨, 옳고 그름 따위를 평가함

詐 사	훈	음	부수	총획
	속일 거짓	사	言	12

용례
- 詐欺(사기):1.못된 목적으로 남을 속임
  2.남을 속여 착오에 빠지도록 하는 범죄 행위
- 詐稱(사칭):이름·직업·나이·주소 따위를 거짓으로 속여 말함

斯 사	훈	음	부수	총획
	이	사	斤	12

용례
- 斯世(사세):이 세상
- 斯文亂賊(사문난적):유교에서 그 교리에 어긋나는 언동을 하는 사람을 이르는 말

償 상	훈	음	부수	총획
	갚을	상	人 (亻)	17

용례
- 無償(무상):어떤 행위에 대하여 아무런 대가나 보상이 없음
- 報償(보상):남에게 진 빚을 갚음
- 補償(보상):남에게 끼친 손해를 갚음

祥 상	훈	음	부수	총획
	상서로울	상	示	11

용례
- 吉祥(길상):운수가 좋을 조짐
- 不祥事(불상사):상서롭지 못한 일. 좋지 아니한 일

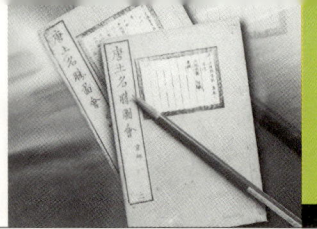

훈	음	부수	총획
형상 모양	상	人(亻)	14

용 례
- 佛像(불상):부처의 모습을 조각이나 그림으로 나타낸 것. 부처
- 虛像(허상):실제 없는 것이 있는 것처럼 나타나 보이거나 실제와는 다른 것으로 드러나 보이는 모습

훈	음	부수	총획
① 찾을 ② 동아줄	① 색 ② 삭	糸	10

용 례
- 索引(색인):책 속의 낱말이나 사항 등을 쉽게 찾아볼 수 있도록 일정한 순서로 배열해 놓은 목록. 찾아보기
- 檢索(검색):어떤 자료 가운데에서 목적에 따라 필요한 자료들을 찾아내는 일

훈	음	부수	총획
여러	서	广	11

용 례
- 庶人(서인):벼슬이 없는 서민
- 庶務(서무):특별한 명목이 없는 여러 가지 일반적인 사무

훈	음	부수	총획
베풀	선	宀	9

용 례
- 宣布(선포):(공적으로) 세상에 널리 알림
- 宣言(선언):1.(자신의 뜻을) 널리 펴서 나타냄 2.(국가나 단체가 방침·주장 따위를) 정식으로 공표함

훈	음	부수	총획
건널	섭	水(氵)	10

용 례
- 涉外(섭외):1.외부와 연락·교섭하는 일 2.어떤 법률 사항이 내외국에 관계·연락되는 일
- 關涉(관섭):1.무슨 일에 관계함 2.무슨 일에 참견하거나 간섭함

훈	음	부수	총획
송사할	송	言	11

용 례
- 訟事(송사):소송(訴訟)하는 일
- 爭訟(쟁송):서로 다투어 송사함

훈	음	부수	총획
인쇄할	쇄	刀(刂)	8

용 례
- 印刷(인쇄):문자나 그림, 사진 등을 종이나 기타 물체의 겉면에 옮겨 찍어서 여러 벌의 복제물(複製物)을 만드는 일
- 刷新(쇄신):묵은 것이나 폐단을 없애고 새롭고 좋게 함

훈	음	부수	총획
열흘	순	日	6

용 례
- 中旬(중순):그달의 11일부터 20일까지의 열흘 동안
- 初旬(초순):초하루부터 초열흘까지의 동안

선정 한자 익히기

훈	음	부수	총획
지을	술	辶	9

용례
- 論述(논술):어떤 사물을 논하여 말하거나 적음
- 陳述(진술):1.자세히 벌여 말함, 또는 그 말
  2.소송 당사자나 관계인이 법원에 대하여 사건에 관한 사실이나 법률상의 의견을 말함, 또는 그 내용

훈	음	부수	총획
바를 맑을	아	隹	12

용례
- 端雅(단아):단정하고 아담함
- 優雅(우아):아름다운 품위와 아취(雅趣)가 있음. 부드럽고 고움

훈	음	부수	총획
버금	아	二	8

용례
- 亞流(아류):1.어떤 학설·주의·유파 등에 찬성하여 따르는 사람. (비슷한말)동류(同類)
  2.으뜸가는 사람을 붙좇아 흉내 낼 뿐 독창성이 없는 것, 또는 그러한 사람
- 亞細亞(아세아):'아시아'의 한자음 표기

훈	음	부수	총획
모양	양	木	15

용례
- 模樣(모양):1.겉으로 본 생김새나 형상
  2.(차림새나 단장 따위를) 곱게 꾸민 꾸밈새
- 多樣(다양):종류가 여러 가지로 많음. 가지가지임

훈	음	부수	총획
물따라 내려갈	연	水(氵)	8

용례
- 沿邊(연변):(강이나 도로 따위와 같이) 길게 이어져 있는 것의 양쪽 지역
- 沿岸(연안):1.바닷가·강가·호숫가의 육지
  2.바닷가·강가·호숫가에 가까운 수역(水域)

훈	음	부수	총획
비칠	영	日	9

용례
- 反映(반영):1.빛 따위가 반사하여 비침
  2.어떤 영향이 다른 것에 미쳐 나타남
- 映畫(영화):연속 촬영한 필름을 연속으로 영사막에 비추어, 물건의 모습이나 움직임을 실제와 같이 재현하여 보이는 것. 무비

훈	음	부수	총획
깃	우	羽	6

용례
- 羽毛(우모):깃털
- 羽書(우서):아주 급하다는 뜻으로 새 깃을 꽂아 표시한 격문(檄文)

훈	음	부수	총획
마땅 옳을	의	宀	8

용례
- 宜當(의당):마땅히
- 便宜(편의):형편이나 조건 따위가 편하고 좋음

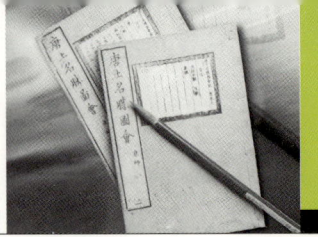

한 자 자 격 시 험 3 급

	훈	음	부수	총획
疑 의	의심	의	疋	14

용 례
- 質疑(질의):의심나거나 모르는 점을 물음
- 疑心(의심):확실히 알지 못하거나 믿지 못하여 이상하게 생각함, 또는 그런 마음

	훈	음	부수	총획
籍 적	문서	적	竹	20

용 례
- 書籍(서적):책
- 戶籍(호적):한 집안의 호주를 중심으로 그 가족들의 본적지·성명·생년월일 등 신분에 관한 것을 적은 공문서

	훈	음	부수	총획
整 정	가지런할	정	攴(攵)	16

용 례
- 整理(정리):(어수선하거나 쓸데없는 것을 없애거나 하여) 가지런하게 바로잡음
- 調整(조정):어떤 기준이나 실정에 맞게 정돈함

	훈	음	부수	총획
訂 정	바로잡을	정	言	9

용 례
- 修訂(수정):서적 따위의 내용의 잘못을 바로잡음
- 校訂(교정):책의 잘못된 글자나 어구(語句) 따위를 고치는 일

	훈	음	부수	총획
組 조	짤	조	糸	11

용 례
- 組織(조직):(어떤 목표를 달성하기 위하여) 일정한 지위와 역할을 지닌 사람이나 물건이 모여서 질서 있는 하나의 집합체를 이룸, 또는 그 집합체
- 組合(조합):1.민법상, 두 사람 이상이 출자하여 공동 사업을 하기로 한 계약에 따라 이루어진 단체
2.수학에서, 몇 개의 수에서 정한 수를 뽑아 모음

	훈	음	부수	총획
誌 지	기록할	지	言	14

용 례
- 校誌(교지):학생들이 교내에서 편집·발행하는 잡지
- 雜誌(잡지):호(號)를 거듭하여 정기적으로 간행되는 출판물[주간·순간·월간·격월간·계간 등의 구별이 있음]

	훈	음	부수	총획
差 차	어긋날	차	工	10

용 례
- 差異(차이):서로 차가 짐. 서로 다름
- 誤差(오차):실지로 셈하거나 측정한 값과 이론적으로 정확한 값과의 차이

	훈	음	부수	총획
稱 칭	일컬을	칭	禾	14

용 례
- 稱號(칭호):(명예나 지위 따위를 나타내는) 사회적으로 일컫는 이름
- 詐稱(사칭):이름, 직업, 나이, 주소 따위를 거짓으로 속여 이름

2. 언어의 세계

선정 한자 익히기

	훈	음	부수	총획
擇 **택**	가릴	택	手(扌)	16

용례
- 擇一(택일):여럿 중에서 하나만 고름
- 選擇(선택):둘 이상의 것에서 마음에 드는 것을 골라 뽑음

	훈	음	부수	총획
評 **평**	평론할	평	言	12

용례
- 評論(평론):사물의 질이나 가치 따위를 비평(批評)하여 논함, 또는 그러한 글
- 評價(평가):1.물건값을 헤아려 매김. 또는 그 값
2.사물의 가치나 수준 따위를 평함. 또는 그 가치나 수준

	훈	음	부수	총획
響 **향**	소리 울릴	향	音	22

용례
- 交響樂(교향악):교향곡, 교향시, 교향 모음곡 따위의 관현악을 위하여 만든 음악을 통틀어 이르는 말
- 音響(음향):소리의 울림. 울리어 귀로 느끼게 되는 소리

	훈	음	부수	총획
弘 **홍**	클	홍	弓	5

용례
- 弘報(홍보):(일반에게) 널리 알림, 또는 그 보도나 소식
- 弘益人間(홍익인간):널리 인간 세계를 이롭게 함 ['삼국유사'에 나오는 말로, 단군의 건국이념]

한 자 자 격 시 험 3 급

간단 簡單
- **훈음** 간략할 **간**, 홑 **단**
- **풀이** 까다롭지 않고 단순함
- **쓰임** 긴 이야기의 요점을 간추려 簡單하게 정리해 보아라.

간언 諫言
- **훈음** 간할 **간**, 말씀 **언**
- **풀이** 옳지 못한 일을 고치도록 하는 말
- **쓰임** 충신이 임금에게 諫言을 하였다.

개념 概念
- **훈음** 대개 **개**, 생각 **념**
- **풀이** 어떤 사물에 대한 대강의 뜻이나 대강의 내용
- **쓰임** 용어의 槪念을 제대로 이해하여야 한다.

검열 檢閱
- **훈음** 검사할 **검**, 볼 **열**
- **풀이** 어떤 행위나 사업 따위를 살펴 조사하는 일
- **쓰임** 영화의 내용을 檢閱하여 등급을 정한다.

계몽 啓蒙
- **훈음** 열 **계**, 어릴 **몽**
- **풀이** 지식 수준이 낮거나 인습에 젖은 사람을 가르쳐서 깨우침
- **쓰임** 이광수는 농촌 啓蒙을 주제로 한 소설을 썼다.

교과서 한자어 자세히 알기

고민 苦悶
- **훈음**: 괴로울 **고**, 민망할 **민**
- **풀이**: 마음속으로 괴로워하고 애를 태움
- **쓰임**: 사춘기에는 외모에 대한 苦悶을 많이 한다.

고취 鼓吹
- **훈음**: 북 **고**, 불 **취**
- **풀이**: 힘을 내도록 격려하여 용기를 북돋움
- **쓰임**: 그 영화의 내용이 애국심을 鼓吹시킨다.

과장 誇張
- **훈음**: 자랑할 **과**, 베풀 **장**
- **풀이**: 사실보다 지나치게 떠벌려 나타냄
- **쓰임**: 誇張법은 강조하기 위한 표현 방법이다.

교착 膠着
- **훈음**: 아교 **교**, 붙을 **착**
- **풀이**: 어떤 상태가 굳어 조금도 변동이나 진전이 없이 머묾
- **쓰임**: 국어는 형태상 膠着어에 속한다. 회담이 膠着 상태에 빠졌다.

구사 驅使
- **훈음**: 몰 **구**, 부릴 **사**
- **풀이**: 말이나 수사법, 기교, 수단 따위를 능숙하게 마음대로 부려 씀
- **쓰임**: 외국어를 驅使하는 일은 세계화 시대에 필요한 조건이다.

귀신 鬼神

- **훈음**: 귀신 **귀**, 귀신 **신**
- **풀이**: 사람이 죽은 뒤에 남는다는 넋
- **쓰임**: 鬼神 영화를 보면 오싹해진다.

규방 閨房

- **훈음**: 안방 **규**, 방 **방**
- **풀이**: 부녀자가 거처하는 방
- **쓰임**: '규중칠우쟁론기'나 '조침문' 등은 閨房 문학에 속한다.

근거 根據

- **훈음**: 뿌리 **근**, 의거할 **거**
- **풀이**: 어떤 의견이나 논의 따위의 이유 또는 바탕이 되는 것
- **쓰임**: 논설문에서 주장은 어떤 문제에 대하여 내세우는 글쓴이의 의견이고, 根據는 그 주장을 뒷받침하는 내용이다.

긍정 肯定

- **훈음**: 즐길 **긍**, 정할 **정**
- **풀이**: 어떤 사실이나 생각 따위를 그러하다고 인정함
- **쓰임**: 肯定적인 부모의 태도는 아이를 항상 웃게 만든다.

낭송 朗誦

- **훈음**: 밝을 **랑**, 욀 **송**
- **풀이**: 크게 소리를 내어 글을 읽거나 욈
- **쓰임**: 국어 시간에 애송시를 朗誦했다.

교과서 한자어 자세히 알기

누명
陋名
- 훈음: 좁을 **루**, 이름 **명**
- 풀이: 창피스럽게 평판에 오르내리는 이름
- 쓰임: 영화 속의 남자 주인공은 살인자라는 陋名을 쓰게 되었다.

대본
臺本
- 훈음: 대 **대**, 근본 **본**
- 풀이: 연극이나 영화 등의 대사, 동작, 무대장치 등을 자세히 적어 제작의 기본이 되는 글
- 쓰임: 그 영화의 臺本을 읽어보고 싶다.

도감
圖鑑
- 훈음: 그림 **도**, 거울 **감**
- 풀이: 그림이나 사진을 모아 실물 대신 볼 수 있도록 엮은 책
- 쓰임: 식물圖鑑을 보면 처음 보는 나무들도 많이 있다.

도하
渡河
- 훈음: 건널 **도**, 물 **하**
- 풀이: 강이나 내를 건넘
- 쓰임: 박지원은 하룻밤에 9번 渡河했다는 '일야구도하기(一夜九渡河記)'를 썼다.

막
幕
- 훈음: 막 **막**
- 풀이: 나누어진 내용의 큰 단락
- 쓰임: 희곡은 幕과 장으로 이루어진다.

맥락 脈絡

- **훈음**: 맥 **맥**, 맥락 **락**
- **풀이**: 사물의 연결, 줄거리
- **쓰임**: 이 작품은 역사와 사회의 脈絡 속에서 읽어야 주제를 제대로 파악할 수 있다.

명사 名詞

- **훈음**: 이름 **명**, 말 **사**
- **풀이**: 사물의 이름을 나타내는 품사
- **쓰임**: 사람의 이름은 고유 名詞다.

모방 模倣

- **훈음**: 법 **모**, 본뜰 **방**
- **풀이**: 흉내냄
- **쓰임**: 남을 무조건 模倣하면 창의성이 길러지지 않는다.

모순 矛盾

- **훈음**: 창 **모**, 방패 **순**
- **풀이**: 어떤 사실의 앞뒤, 또는 두 사실이 이치상 어긋나서 서로 맞지 않음을 이르는 말
- **쓰임**: 그의 말은 그의 행동과 矛盾된다.

모의 謀議

- **훈음**: 꾀할 **모**, 의논할 **의**
- **풀이**: 어떤 일을 꾀하고 의논함
- **쓰임**: 그들은 모여서 범행을 謀議하였다.

교과서 한자어 자세히 알기

www.hanja114.org

몽매 蒙昧
- **훈음**: 어릴 **몽**, 어두울 **매**
- **풀이**: 어리석고 사리에 어두움
- **쓰임**: 그들은 蒙昧하여 교육이 필요하다.

묘사 描寫
- **훈음**: 그릴 **묘**, 베낄 **사**
- **풀이**: 눈으로 보거나 마음으로 느낀 것 등을 객관적으로 표현함
- **쓰임**: 사물, 사람, 동물, 풍경 등을 눈에 보이듯이 사실적으로 생생하게 그려내는 일을 描寫라고 한다.

무영 無影
- **훈음**: 없을 **무**, 그림자 **영**
- **풀이**: 그림자가 없음
- **쓰임**: 불국사에는 無影탑이라 불리는 석가탑이 있다.

민담 民譚
- **훈음**: 백성 **민**, 이야기 **담**
- **풀이**: 예로부터 민간에 전하여 내려오는 이야기
- **쓰임**: 民譚에는 신성성이나 신빙성이 없다.

발췌 拔萃
- **훈음**: 뺄 **발**, 모을 **췌**
- **풀이**: 책, 글 따위에서 필요하거나 중요한 부분을 가려 뽑아냄. 또는 그런 내용
- **쓰임**: 시간이 모자랄 땐 중요한 부분만 拔萃하여 읽었다.

2-2. 교과서 한자어 자세히 알기

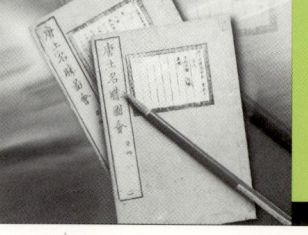

한자자격시험 3급

배우 俳優
- 훈음: 광대 **배**, 광대 **우**
- 풀이: 영화나 연극 등에서 극중의 인물로 분하여 연기하는 사람
- 쓰임: 연극의 삼 요소는 희곡, 俳優, 관객이다.

백미 白眉
- 훈음: 흰 **백**, 눈썹 **미**
- 풀이: 흰 눈썹이라는 뜻으로, 여럿 가운데에서 가장 뛰어난 사람이나 훌륭한 물건을 비유적으로 이르는 말
- 쓰임: '태백산맥'은 대하소설의 白眉이다.

번뇌 煩惱
- 훈음: 번거로울 **번**, 괴로워할 **뇌**
- 풀이: 마음이 시달려서 괴로움
- 쓰임: 煩惱가 많으면 숨기려고 해도 나타난다.

번역 飜譯
- 훈음: 뒤칠 **번**, 번역할 **역**
- 풀이: 어떤 언어로 된 글을 다른 언어의 글로 옮김
- 쓰임: 김 억은 프랑스 상징주의 시를 飜譯하여 '오뇌의 무도'를 엮어냈다.

변별 辨別
- 훈음: 분별할 **변**, 다를 **별**
- 풀이: 사물의 옳고 그름이나 좋고 나쁨을 가림
- 쓰임: 그 시험은 너무 쉬워서 辨別력이 떨어진다.

2. 언어의 세계

교과서 한자어 자세히 알기

www.hanja114.org

부고 訃告
- **훈음**: 부고 **부**, 알릴 **고**
- **풀이**: 사람의 죽음을 알림. 또는 그런 글
- **쓰임**: 친구의 訃告를 받고 몹시 놀라고 슬펐다.

부록 附錄
- **훈음**: 더할 **부**, 기록할 **록**
- **풀이**: 신문, 잡지 따위의 본지에 덧붙인 지면이나 따로 내는 책자
- **쓰임**: 그 잡지는 본 책보다 附錄이 훨씬 낫다.

분석 分析
- **훈음**: 나눌 **분**, 가를 **석**
- **풀이**: 복합된 사물을 그 요소나 성질에 따라서 가르는 일
- **쓰임**: 그 문제를 해결하기 위해서는 먼저 그 원인을 分析해 보아야 한다.

비명 碑銘
- **훈음**: 비석 **비**, 새길 **명**
- **풀이**: 비석에 새긴 글
- **쓰임**: 해바라기의 碑銘을 읽어 보아라.

비속어 卑俗語
- **훈음**: 낮을 **비**, 풍속 **속**, 말씀 **어**
- **풀이**: 격이 낮고 속된 말
- **쓰임**: 컴퓨터 통신을 할 때에는 익명성 때문에 무책임하게 卑俗語를 많이 사용하기도 한다.

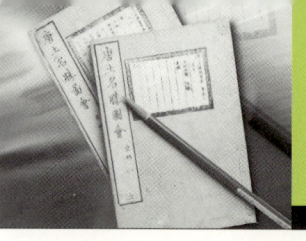

한 자 자 격 시 험 3 급

비유 / 比喻

- **훈음** 견줄 **비**, 깨우칠 **유**
- **풀이** 어떤 사물을 효과적으로 표현하기 위하여 그것과 비슷한 다른 사물에 빗대어 표현함
- **쓰임** 시를 표현하는 대표적인 표현 방법 중 하나가 比喻이다.

사전 / 辭典

- **훈음** 말씀 **사**, 법 **전**
- **풀이** 낱말을 모아 일정한 순서로 배열하여 해설한 책
- **쓰임** 사전에는 백과사전 같은 사전(事典)과 국어사전 같은 사전(辭典)이 있다.

사족 / 蛇足

- **훈음** 뱀 **사**, 발 **족**
- **풀이** 쓸데없는 군짓을 하여 도리어 잘못되게 함을 이르는 말
- **쓰임** 그의 말에는 蛇足이 너무 많다.

삽화 / 插畫

- **훈음** 꽂을 **삽**, 그림 **화**
- **풀이** 서적, 신문, 잡지 따위에서, 내용을 보충하거나 기사의 이해를 돕기 위하여 넣는 그림
- **쓰임** 그 插畫는 글의 내용을 잘 살리고 있다.

상징 / 象徵

- **훈음** 코끼리 **상**, 부를 **징**
- **풀이** 표현하려는 대상은 숨기고 다른 사물이 그 사물을 대신하도록 하는, 두 사물의 유사성에 근거하지 않는 표현 방법
- **쓰임** 비둘기는 평화의 象徵이다.

교과서 한자어 자세히 알기

상황 狀況
- **훈음**: 모양 **상**, 상황 **황**
- **풀이**: 일이 되어 가는 과정이나 형편
- **쓰임**: 狀況에 적절한 표현을 사용하는 것이 쉬운 일은 아니다.

서술 敍述
- **훈음**: 차례 **서**, 지을 **술**
- **풀이**: 어떤 사실을 차례를 좇아 말하거나 적음
- **쓰임**: 소설의 표현 방법에는 敍述, 묘사, 대화가 있다.

서약 誓約
- **훈음**: 맹세할 **서**, 약속할 **약**
- **풀이**: 맹세하고 약속함
- **쓰임**: 그는 죽은 후에 장기를 기증하기로 誓約하였다.

서찰 書札
- **훈음**: 글 **서**, 편지 **찰**
- **풀이**: 편지
- **쓰임**: 그는 한 통의 書札을 받았다.

서한 書翰
- **훈음**: 글 **서**, 글 **한**
- **풀이**: 편지
- **쓰임**: 성경에서 바울의 옥중書翰은 유명하다.

소개 紹介
- **훈음**: 이을 **소**, 끼일 **개**
- **풀이**: 두 사람 사이에 서서 양편의 일이 어울리게 주선함
- **쓰임**: 소개할 때에는 윗사람에게 아랫사람을 먼저 紹介한다.

소원 疏遠
- **훈음**: 트일 **소**, 멀 **원**
- **풀이**: 친분이 가깝지 못하고 멂
- **쓰임**: 여러 가지 오해들 때문에 친구와 疏遠하게 지내고 있다.

소위 所謂
- **훈음**: 바 **소**, 이를 **위**
- **풀이**: 이른바
- **쓰임**: 所謂 연애란 것을 그 여자는 하지 못했다.

수필 隨筆
- **훈음**: 따를 **수**, 붓 **필**
- **풀이**: 자신의 생각이나 느낌을 형식에 제한 없이 자유롭게 쓴 산문 문학의 한 가지
- **쓰임**: 隨筆은 지은이의 개성이 잘 느껴진다.

순수 純粹
- **훈음**: 순수할 **순**, 순수할 **수**
- **풀이**: 전혀 다른 것이 섞이지 아니함
- **쓰임**: 소년은 무척 純粹했다.

교과서 한자어 자세히 알기

www.hanja114.org

순음 脣音
- **훈음**: 입술 **순**, 소리 **음**
- **풀이**: 두 입술 사이에서 나는 소리
- **쓰임**: 국어의 'ㅂ', 'ㅃ', 'ㅍ', 'ㅁ'이 脣音에 해당한다.

심의 審議
- **훈음**: 살필 **심**, 의논할 **의**
- **풀이**: 심사하고 토의함
- **쓰임**: 지나치게 선정적인 장면은 방송 審議 위원회에서 審議하여 삭제하고 방영한다.

악마 惡魔
- **훈음**: 악할 **악**, 마귀 **마**
- **풀이**: 사람의 마음을 홀려 제정신을 차리지 못하게 하고 불도 수행을 방해하여 악한 길로 유혹하는 나쁜 신
- **쓰임**: 사람에게는 천사와 惡魔의 양면성이 있다.

여정 旅程
- **훈음**: 나그네 **려**, 길 **정**
- **풀이**: 여행의 과정이나 일정
- **쓰임**: 기행문에는 旅程과 견문이 잘 드러난다.

역할 役割
- **훈음**: 부릴 **역**, 벨 **할**
- **풀이**: 구실
- **쓰임**: 각자 정해진 役割을 연습해서 연극을 준비합시다.

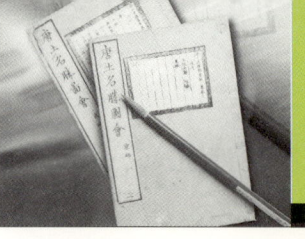

한자자격시험 3급

영혼 靈魂

- **훈음**: 신령 **령**, 넋 **혼**
- **풀이**: 죽은 사람의 넋
- **쓰임**: 죽어서도 그의 靈魂은 사랑하는 이의 곁을 떠나지 못했을 것 같다.

오류 誤謬

- **훈음**: 그릇될 **오**, 그릇될 **류**
- **풀이**: 그릇되어 이치에 맞지 않는 일
- **쓰임**: 誤謬를 범하지 않는 문장을 쓰기 위해서는 많은 연습이 필요하다.

왜곡 歪曲

- **훈음**: 비뚤 **왜**, 굽을 **곡**
- **풀이**: 사실과 다르게 해석하거나 그릇되게 함
- **쓰임**: 받아들이는 사람이 화자의 뜻을 歪曲하는 경우가 흔히 있다.

우화 寓話

- **훈음**: 붙어살 **우**, 말씀 **화**
- **풀이**: 인격화한 동식물이나 기타 사물을 주인공으로 하여 그들의 행동 속에 풍자와 교훈의 뜻을 나타내는 이야기
- **쓰임**: 이솝의 寓話에는 인간에게 주는 교훈이 있다.

음란 淫亂

- **훈음**: 음란할 **음**, 어지러울 **란**
- **풀이**: 음탕하고 난잡함
- **쓰임**: 요즈음은 淫亂물을 쉽게 접할 수 있어 스스로 통제하지 않으면 정신 건강에 해롭다.

88 2. 언어의 세계

교과서 한자어 자세히 알기

음운 音韻
- **훈음**: 소리 **음**, 운 **운**
- **풀이**: 말의 뜻을 구별해 주는 소리의 가장 작은 단위
- **쓰임**: 국어의 音韻은 자음 19개와 모음 21개로 이루어진다.

이면 裏面
- **훈음**: 속 **리**, 낯 **면**
- **풀이**: 겉으로 나타나거나 눈에 보이지 않는 부분
- **쓰임**: 그 이야기의 裏面에는 웃음이 아니라 슬픔이 깔려있다.

정서 情緒
- **훈음**: 뜻 **정**, 실마리 **서**
- **풀이**: 어떤 일을 경험하거나 생각할 때에 일어나는 갖가지 감정
- **쓰임**: 독자들에게 문학적 감동을 주고 문학적인 情緒를 느끼게 해 주는 데에서도 문학의 아름다움을 찾을 수 있다.

졸고 拙稿
- **훈음**: 못날 **졸**, 원고 **고**
- **풀이**: 자기나 자기와 관련된 사람의 원고를 겸손하게 이르는 말
- **쓰임**: 잡지사에서 拙稿를 보내달라고 한다.

첨삭 添削
- **훈음**: 더할 **첨**, 깎을 **삭**
- **풀이**: 시문(詩文)이나 답안 따위의 내용 일부를 보태거나 삭제하여 고침
- **쓰임**: 글쓰기 添削 지도를 한다는 광고를 많이 볼 수 있다.

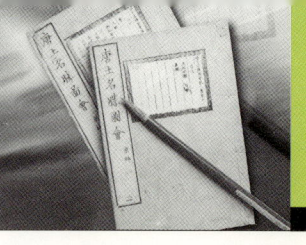

한 자 자 격 시 험 3 급

초록 — 抄錄
- **훈음**: 베낄 **초**, 기록할 **록**
- **풀이**: 필요한 부분만을 뽑아서 적음. 또는 그런 기록
- **쓰임**: 그 논문의 抄錄만 읽어보았다.

초빙 — 招聘
- **훈음**: 부를 **초**, 부를 **빙**
- **풀이**: 예를 갖추어 불러 맞아들임
- **쓰임**: 훌륭한 연사를 招聘하여 강연회를 열었다.

초상 — 肖像
- **훈음**: 닮을 **초**, 모양 **상**
- **풀이**: 사진, 그림 따위에 나타낸 사람의 얼굴이나 모습
- **쓰임**: '젊은 예술가의 肖像'을 읽었다.

총서 — 叢書
- **훈음**: 모일 **총**, 글 **서**
- **풀이**: 일정한 형식과 체재로, 계속해서 출판되어 한 질을 이루는 책들
- **쓰임**: 그 출판사에서는 이번에 사상 叢書를 내놓았다.

추문 — 醜聞
- **훈음**: 추할 **추**, 들을 **문**
- **풀이**: 추잡하고 좋지 못한 소문
- **쓰임**: 醜聞은 스캔들이라고도 한다.

2. 언어의 세계

교과서 한자어 자세히 알기

추천 推薦
- **훈음**: 옮을 **추**, 천거할 **천**
- **풀이**: 좋거나 알맞다고 생각하는 것을 남에게 권함
- **쓰임**: 생활이 어려운 이중섭을 신문사에 그의 친구가 推薦했지만, 그는 삽화는 그리지 않았다.

토별가 兔鼈歌
- **훈음**: 토끼 **토**, 자라 **별**, 노래 **가**
- **풀이**: 수궁가의 다른 이름
- **쓰임**: 고전소설 토끼전은 판소리 兔鼈歌로 불려졌다.

파악 把握
- **훈음**: 잡을 **파**, 잡을 **악**
- **풀이**: 어떤 대상의 내용이나 본질을 확실하게 이해하여 앎
- **쓰임**: 아직 그의 진심을 把握하지 못했다.

편집 編輯
- **훈음**: 엮을 **편**, 모을 **집**
- **풀이**: 일정한 방침 아래 여러 가지 재료를 모아 신문, 잡지, 책 따위를 만드는 일
- **쓰임**: 이번 방학에는 교지를 編輯하느라 바빴다.

표준어 標準語
- **훈음**: 표할 **표**, 법도 **준**, 말씀 **어**
- **풀이**: 교육적·문화적인 편의를 위하여 한 나라의 표준이 되게 정한 말
- **쓰임**: 우리 나라에서는 교양 있는 사람들이 두루 쓰는 현대 서울말을 標準語로 정함을 원칙으로 하고 있다.

한 자 자 격 시 험 3 급

2. 언어의 세계

함축 含蓄
- **훈음**: 머금을 **함**, 쌓을 **축**
- **풀이**: 풍부한 내용이나 깊은 뜻이 들어 있음
- **쓰임**: 시어는 매우 含蓄적이다.

항설 巷說
- **훈음**: 거리 **항**, 말씀 **설**
- **풀이**: 항간에서 사람들 사이에서 떠도는 이야기
- **쓰임**: 오래전부터 많은 문인들은 주위의 巷說을 모아 책을 만들었습니다.

해몽 解夢
- **훈음**: 풀 **해**, 꿈 **몽**
- **풀이**: 꿈에 나타난 일을 풀어서 좋고 나쁨을 판단함
- **쓰임**: 꿈보다 解夢이 좋다.

환상 幻想
- **훈음**: 허깨비 **환**, 생각 **상**
- **풀이**: 현실적인 기초나 가능성이 없는 헛된 생각이나 공상
- **쓰임**: 그 사람과 이야기하게 되면서 그에 대한 幻想이 깨졌다.

회고 回顧
- **훈음**: 돌아올 **회**, 돌아볼 **고**
- **풀이**: 지나간 일을 돌이켜 생각함
- **쓰임**: 回顧해보면 그의 인생도 그리 나쁜 것만은 아니었다.

교과서 한자어 자세히 알기

효시

嚆矢

- 훈음: 울릴 **효**, 화살 **시**
- 풀이: 어떤 사물이나 현상이 시작되어 나온 맨 처음을 비유적으로 이르는 말
- 쓰임: 최남선의 '해에게서 소년에게'는 신체시의 嚆矢이다.

희곡

戲曲

- 훈음: 희롱할 **희**, 굽을 **곡**
- 풀이: 상연을 목적으로 쓰여진 연극의 대본
- 쓰임: 1930년대 유치진은 리얼리즘 戲曲을 썼고, 광복 이후에는 역사극으로 방향을 돌렸다.

한자자격시험 3급

 고사성어

오를 등 / 용 룡 / 문 문

 등용문

용문(龍門)에 오른다는 뜻으로, 입신출세의 관문을 일컫는 말

 조선 후기에 일반 서민들은 집안의 장식이나 행운을 빌기 위해 민화를 많이 걸어 두었습니다. 특히 잉어가 거친 물살을 거슬러 오르는 모습이나 여의주를 향하여 힘차게 뛰어 오르는 모습을 담은 민화는 젊은 선비들이 주고받았던 그림으로, 이는 '등용문(登龍門)'을 통과하여 입신출세하기를 비유하고 있습니다.

 용문(龍門)은 황하(黃河) 상류의 산서성(山西省)과 섬서성(陝西省)의 경계에 있는 협곡의 이름입니다. 이곳을 흐르는 급류의 물살이 어찌나 강한지 배가 다닐 수가 없는데다가 물 속의 물고기들도 급류를 거슬러 올라갈 수가 없다고 합니다. 강과 바다의 큰 물고기들이 용문의 아래에 수천 마리나 모였었지만 아무도 올라갈 수가 없어 그 급류를 올라갈 수만 있다면 용이 된다고 합니다. 따라서 '용문에 오른다'는 것은 극한의 난관을 돌파하고 약진의 기회를 얻는다는 말인데 중국에서는 진사(進士) 시험에 합격하는 것이 입신출세의 제일보라는 뜻으로 '등용문'이라 하였습니다.

 '등용문(登龍門)'이란 말은 《후한서(後漢書)》〈이응전(李膺傳)〉에서 그 유래를 찾을 수 있습니다. 후한 시대는 환관(내시)들의 득세로 인해 충신들이 힘을 펼치지 못한 시절이기도 했습니다. 그러나 당상관이었던 이응(李膺)은 그러한 환관의 권세에 눌리지 않고 정의를 위해 자신의 생각을 꺾지 않았던 인물이었습니다. 이응은 모든 관리들에게 인정을 받았었기에 '천하의 모범은 이응이다'라고 할 정도였습니다. 특히 젊은 관리들은 이응의 추천을 받는 것을 명예로 알고, 이를 용문(龍門)에 올라간 것 같다고 하여 '등용문(登龍門)'이라 했다고 합니다.

 '등용문'에 반대되는 말로 '점액(點額)'이란 말이 있습니다. 이마에 상처를 입는다는 뜻인데 물고기가 용문에 오르다가 바위에 부딪혀 이마에 상처를 입고 떠내려간다는 뜻으로 시험에 통과하지 못하고 실패하는 것을 의미합니다.

 오늘날에도 많은 사람들이 특정 시험에 합격하거나 자격을 얻는 것을 출세의 관문으로 여기고 있습니다. 그러나 잉어들이 오로지 자신의 힘을 다해 용문을 향하여 솟구쳐 오르는 것처럼 목표를 향하여 정당한 방법으로 노력할 때 그 결과가 더욱 의미있음을 명심하여야 할 것입니다.

 ＊ 입신출세(立身出世) : 성공하여 세상에 이름을 떨침.

고사성어와 한자성어

어리석을 우 / 어른 공 / 옮길 이 / 메 산

 우공이산

'우공이 산을 옮긴다'는 뜻으로, 어떤 어렵고 큰 일이라도 끊임없이 노력하면 반드시 이루어짐을 의미

'장 지오노'라는 작가가 쓴 〈나무를 심는 사람〉이란 작품이 있습니다. 애니메이션으로도 유명한 이 작품은 한 인간의 힘으로 숲을 이루어낸 노인의 이야기를 그리고 있습니다. 노인이 혼자서 묵묵히 도토리를 심은 덕에 40년 뒤에는 거대한 숲이 우거지고, 거칠고 황폐하던 사람들의 생활마저 행복하게 바꾼다는 내용을 담고 있습니다. 단 한 사람이 도토리를 한 알 한 알 심는 꾸준한 노력 끝에 거대한 숲이 이루어진 것입니다. 이를 보고 바로 '우공이산(愚公移山)'이라 할 수 있겠지요.

우공(愚公)이란 사람은 나이가 이미 90에 가까운데 집 앞에 태형(太形)산과 왕옥(王屋)산이 있어 출입이 어려웠습니다. 이에 우공은 이 두 산이 가로막혀 돌아다녀야 하는 불편을 덜고자 자식들과 의논하여 산을 옮기기로 하였습니다. 우공의 아내는 이를 말렸으나 결국 산을 옮기는 일은 시작되었습니다.

그러나 기주(冀州) 남쪽과 하양(河陽) 북쪽에 있던 두 산은 둘레가 700리나 되어, 흙을 발해만(渤海灣)까지 운반하기 위해 한 번 왕복하는 데에 1년이 걸렸습니다. 이것을 본 친구 지수가 웃으며 만류하자 우공은 정색을 하고, "나는 늙었지만 나에게는 자식도 있고 손자도 있네. 그 손자는 또 자식을 낳아 자자손손 한없이 대를 잇겠지만 산은 더 늘어나는 일이 없지 않은가. 그러니 언젠가는 산이 줄어 평평하게 될 날이 오겠지." 하고 대답하였습니다.

우공의 대답을 들은 지수는 할 말을 잃었습니다. 그런데 이 말을 들은 산신령이 산을 허무는 인간의 노력이 끝없이 계속될까 겁이 나서 옥황상제에게 이 일을 말려 주도록 호소하였습니다. 이에 옥황상제는 우공의 정성에 감동하여 가장 힘이 센 과아씨의 두 아들을 시켜 산을 하나씩 떼어다가 하나는 삭동(朔東)에 두고 하나는 옹남(雍南)에 두게 하였다고 합니다.

여기서 유래한 '우공이산(愚公移山)'은 우공이 마침내 산을 옮겼듯이 어떤 일이라도 끊임없이 노력하면 반드시 이루어진다는 뜻입니다. '천릿길도 한 걸음부터'라는 우리 속담과도 일맥상통하는 말입니다.

한자자격시험 3급

알아두면 유익한 한자성어

궁구할 **격**　물건 **물**　이를 **치**　알 **지**

 격물치지
'사물을 연구하여 앎에 이른다.'는 뜻으로, 사물의 이치를 연구하여 지식과 지혜를 얻고 올바른 판단력을 기른다는 뜻

잠시 **고**　쉴 **식**　어조사 **지**　꾀할 **계**

 고식지계
'당장의 편한 것만을 취하는 계책'이라는 뜻으로, 임시방편으로 내는 즉흥적인 계책을 말함

이길 **극**　몸 **기**　돌아올 **복**　예도 **례**

 극기복례
'자신을 이기고 예로 돌아감'이라는 뜻으로, 자신의 지나친 욕심을 누르고 예의범절을 좇음

기이할 **기**　생각 **상**　하늘 **천**　바깥 **외**

 기상천외
'기이한 생각이 하늘의 바깥에 까지 미친다.'는 뜻으로, 착상이나 생각 따위가 쉽게 짐작할 수 없을 정도로 기발하고 엉뚱하다는 말

사필귀정
事(일 사) 必(반드시 필) 歸(돌아갈 귀) 正(바를 정)

'모든 일은 반드시 바른 곳에 돌아오기 마련'이라는 뜻

송구영신
送(보낼 송) 舊(옛 구) 迎(맞을 영) 新(새 신)

'묵은 것을 보내고 새 것을 맞이함'이라는 뜻으로, 한 해를 보내고 새해를 맞이할 때 쓰는 말

악전고투
惡(악할 악) 戰(싸울 전) 苦(괴로울 고) 鬪(싸울 투)

'모질게 싸우고 힘들게 싸운다'는 뜻으로, 어려운 상황에서 매우 노력함을 뜻함

염량세태
炎(더울 염) 涼(서늘할 량) 世(세상 세) 態(모양 태)

'따뜻하면 붙고 서늘하면 버리는 세상의 태도'라는 뜻으로, 세력이 있을 때는 좇고 세력이 없어지면 버리는 세상의 인심을 비유함

고사성어와 한자성어

유방백세 (流芳百世)
흐를 류 / 향기 방 / 일백 백 / 세상 세

'꽃다운 향기가 백세에 널리 알려진다'는 뜻으로, 명예로운 이름을 후세에 길이 남김을 뜻함

인지상정 (人之常情)
사람 인 / 어조사 지 / 항상 상 / 뜻 정

사람이라면 누구나 가지는 보통의 마음 또는 생각

적수공권 (赤手空拳)
빌 적 / 손 수 / 빌 공 / 주먹 권

'맨손과 맨주먹'이란 말로, 곧 아무 것도 가진 것이 없다는 뜻

중구난방 (衆口難防)
무리 중 / 입 구 / 어려울 난 / 막을 방

'여러 사람의 입은 막기가 어렵다.'는 뜻으로, 많은 사람이 마구 떠들어대는 소리는 감당하기 어렵다는 뜻

한자자격시험 3급

天壤之差
하늘 천 / 땅 양 / 어조사 지 / 다를 차

천양지차
하늘과 땅 사이와 같이 엄청난 차이

快刀亂麻
쾌할 쾌 / 칼 도 / 어지러울 난 / 삼 마

쾌도난마
'잘 드는 칼로 마구 헝클어진 삼 가닥을 자른다.' 는 뜻으로, 어지럽게 뒤얽힌 사물을 강력한 힘으로 명쾌하게 처리함을 이르는 말

破竹之勢
깨뜨릴 파 / 대나무 죽 / 어조사 지 / 기세 세

파죽지세
'대나무를 쪼갤 때의 기세' 라는 뜻으로, 거침없이 맹렬한 기세를 이름

花容月態
꽃 화 / 얼굴 용 / 달 월 / 모양 태

화용월태
'꽃같이 예쁜 얼굴과 달같이 고운 맵시' 라는 뜻으로, 아름다운 여인의 용모와 자태를 의미함

2. 언어의 세계

단원 마무리 연습문제

♣ 다음 ( )안에 공통으로 들어갈 한자를 〈보기〉에서 골라 쓰세요. (1~8)

> 보기
> 刷 補 索 券
> 整 慮 講 返

1. 考( ), 念( )
2. 福( ), 證( )
3. ( )義, ( )師
4. ( )途, ( )納
5. ( )充, ( )藥
6. ( )引, 檢( )
7. ( )新, 印( )
8. ( )理, 調( )

♣ 다음 〈보기〉의 한자를 조합하여 설명에 맞는 한자어를 쓰세요. (9~15)

> 보기
> 旬 籍 書 蓮 辯 稿 寄
> 根 雄 稱 宣 詐 布 初

9. 책
   ( )

10. 연꽃의 뿌리
    ( )

11. 세상에 널리 알림
    ( )

12. 신문, 잡지 따위에 싣기 위하여 원고를 써서 보냄
    ( )

13. 조리가 있고 막힘이 없이 당당하게 말함
    ( )

14. 한 달 가운데 초하루부터 열흘까지의 사이
    ( )

15. 이름, 직업, 나이, 주소 따위를 거짓으로 속여 이름
    ( )

♣ 다음 문장의 ( )안에 들어갈 한자어가 바르게 쓰인 것을 고르세요. (16~19)

16. 용어의 ( )을 제대로 이해하여야 한다.
    ① 概念 ② 辭典 ③ 靈魂 ④ 招聘

17. 영화의 내용을 ( )하여 등급을 정한다.
    ① 窒息 ② 檢閱 ③ 幻想 ④ 隨筆

18. 식물( )에는 처음 보는 나무들도 많이 있다.
    ① 圖鑑 ② 啓蒙 ③ 含蓄 ④ 回顧

19. 회담이 ( ) 상태에 빠졌다.
    ① 陋名 ② 惡魔 ③ 戱曲 ④ 膠着

♣ 다음에 주어진 설명이 뜻하는 한자어를 고르세요. (20~23)

20. 의견이나 사상 따위를 열렬히 주장하여 불어넣음
① 簡單 ② 脈絡 ③ 鼓吹 ④ 推薦

21. 얽혀 있거나 복잡한 것을 풀어서 개별적인 요소나 성질로 나눔
① 模倣 ② 分析 ③ 肯定 ④ 誇張

22. 통속적으로 쓰는 저속한 말
① 免罪歌 ② 標準語 ③ 卑俗語 ④ 名詞語

23. 지내는 사이가 두텁지 아니하고 거리가 있어서 서먹서먹함
① 鬼神 ② 疏遠 ③ 無影 ④ 蛇足

♣ 다음 지시에 적합한 한자를 〈보기〉에서 골라 써 보세요. (24~30)

보기
戀 了 擇 疑 祥 雅 單

24. 償와(과) 소리가 같은 것? ( )
25. 亞와(과) 소리가 같은 것? ( )
26. 宜와(과) 소리가 같은 것? ( )
27. 複와(과) 반대의 뜻을 가진 것? ( )
28. 慕와(과) 의미가 유사한 것? ( )
29. 終와(과) 의미가 유사한 것? ( )
30. 選와(과) 의미가 유사한 것? ( )

♣ 다음 한자의 뜻과 음을 쓰세요. (31~34)

31. 述 ( )
32. 架 ( )
33. 臨 ( )
34. 斯 ( )

♣ 다음 한자어의 독음을 쓰세요. (35~40)

35. 梅實 ( )
36. 映畫 ( )
37. 雜誌 ( )
38. 沿岸 ( )
39. 結付 ( )
40. 庶務 ( )

정답

1. 慮 2. 券 3. 講 4. 返
5. 補 6. 索 7. 刷 8. 整
9. 書籍 10. 蓮根 11. 宣布 12. 寄稿
13. 雄辯 14. 初旬 15. 詐稱 16. ①
17. ② 18. ① 19. ④ 20. ③
21. ② 22. ③ 23. ② 24. 祥
25. 雅 26. 疑 27. 單 28. 戀
29. 了 30. 擇 31. 지을 술 32. 시렁 가
33. 임할 림 34. 이 사 35. 매실 36. 영화
37. 잡지 38. 연안 39. 결부 40. 서무

3 사회, 정치, 경제

3-1. 선정 한자 익히기
3-2. 교과서 한자어 자세히 알기
3-3. 알아두면 유익한 한자성어
3-4. 단원 마무리 연습문제

| 학습의 주안점 |

이 단원에서는 사회, 정치, 경제와 관련 있는 한자들을 읽고 쓰며,
그 뜻을 정확히 알도록 노력합시다.

w w w . h a n j a 1 1 4 . o r g

 새로 익힐 선정 한자

覺	깨달을	각	模	법	모	獎	권면할	장
刻	새길	각	貿	무역할	무	張	베풀	장
姦	간사할	간	敏	재빠를	민	抵	거스를	저
介	낄	개	般	일반	반	賊	도둑	적
兼	겸할	겸	妨	방해할	방	廷	조정	정
係	맬	계	邊	가	변	提	끌	제
契	맺을	계	奔	달릴	분	租	조세	조
姑	시어미	고	紛	어지러울	분	座	자리	좌
慣	버릇	관	肥	살찔	비	俊	준걸	준
構	얽을	구	捨	버릴	사	姪	조카	질
謹	삼갈	근	署	관청	서	贊	도울	찬
畿	경기	기	恕	용서할	서	債	빚	채
欺	속일	기	輸	보낼	수	策	꾀	책
貸	빌릴	대	驛	역마	역	拓	넓힐	척
盜	도둑	도	援	도울	원	妾	첩	첩
突	갑자기	돌	委	맡길	위	値	값	치
輪	바퀴	륜	裕	넉넉할	유	浦	물가	포
孟	맏	맹	姻	혼인할	인	憲	법	헌
盟	맹세	맹	逸	편안	일	昏	저물	혼
募	모을	모	資	재물	자	確	굳을	확

 교과서에 나오는 한자어

갈등	葛藤	명예	名譽	이윤	利潤
격차	隔差	미신	迷信	익명성	匿名性
결핍	缺乏	미필	未畢	임금	賃金
고용	雇傭	배상	賠償	자문	諮問
공황	恐慌	병동	病棟	재판	裁判
과점	寡占	복지	福祉	점포	店鋪
관료	官僚	분만	分娩	제휴	提携
관청	官廳	분열	分裂	준법	遵法
교수	絞首	사면	赦免	증여	贈與
교외	郊外	사양	斜陽	지체	遲滯
교정	矯正	사이비	似而非	징벌	懲罰
교체	交替	살포	撒布	참상	慘狀
교편	敎鞭	상위권	上位圈	첨단	尖端
교환	交換	상호	相互	체결	締結
구속	拘束	서행	徐行	체증	遞增
근간	根幹	선박	船舶	추세	趨勢
근린	近鄰	선회	旋回	충돌	衝突
금융	金融	섬유	纖維	탈취	奪取
급등	急騰	수뢰	受賂	탐닉	耽溺
기소	起訴	수사	搜査	특수	特殊
기아	飢餓	수요	需要	폐광	廢鑛
긴장	緊張	신뢰	信賴	폐사	弊社
납치	拉致	신탁	信託	포기	抛棄
내빈	來賓	안녕	安寧	하자	瑕疵
단련	鍛鍊	여론	輿論	학대	虐待
대지	垈地	예금	預金	혼탁	混濁
도배	塗褙	요람	搖籃	획득	獲得
도약	跳躍	우열	優劣	훈장	勳章
동사	凍死	운반	運搬	훼손	毀損
매체	媒體	위조	僞造	희롱	戲弄
면직	綿織	위협	威脅	희소	稀少

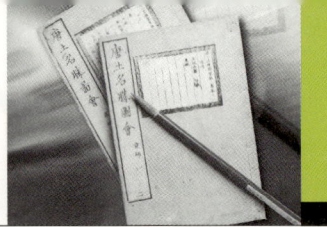

훈	음	부수	총획
깨달을	각	見	20

각

용례
- 覺悟(각오):(앞으로 닥칠 일에 대비하여) 마음의 준비를 함, 또는 그 준비
- 感覺(감각):눈, 코, 귀, 혀, 살갗을 통하여 바깥의 어떤 자극을 알아차림
- 發覺(발각):숨기던 것이 드러남

훈	음	부수	총획
새길	각	刀(刂)	8

각

용례
- 刻印(각인):도장을 새김. 새긴 도장
- 板刻(판각):글씨나 그림 등을 판에 새김, 또는 그 새긴 것

훈	음	부수	총획
간사할	간	女	9

간

용례
- 強姦(강간):폭행 또는 협박 따위의 불법적인 수단으로 부녀자를 간음함
- 姦通(간통):배우자가 있는 사람이 배우자 이외의 이성(異性)과 성적 관계를 가지는 일

훈	음	부수	총획
낄	개	人	4

개

용례
- 介入(개입):어떤 일에 끼어들어 관계함
- 介意(개의):마음에 두어 생각함

훈	음	부수	총획
겸할	겸	八	10

겸

용례
- 兼任(겸임):(한 사람이) 두 가지 이상의 직무를 겸하여 맡아봄, 또는 그 직무
- 兼用(겸용):하나를 가지고 두 가지 이상의 목적에 사용함

훈	음	부수	총획
맬	계	人	9

계

용례
- 關係(관계):사람과 사람, 사람과 사물, 사물과 사물 등 둘 이상이 서로 걸리는 일
- 係數(계수):大數(대수)에서 단항식을 수와 문자의 곱으로 구분할 때의 수

훈	음	부수	총획
맺을 계약	계	大	9

계

용례
- 契約(계약):약정(約定). 약속
- 契機(계기):어떤 일이 일어나거나 변화하도록 만드는 결정적인 원인이나 기회

훈	음	부수	총획
시어미	고	女	8

고

용례
- 姑婦(고부):시어머니와 며느리
- 姑母(고모):아버지의 누이

선정 한자 익히기

	훈	음	부수	총획
慣 관	버릇 익숙할	관	心(忄)	14

용례
- 慣習(관습):일정한 사회에서 오랫동안 지켜 내려와, 일반적으로 인정되고 습관화되어 온 질서나 규칙
- 慣行(관행):1.예전부터 관례에 따라 행하여지는 일 2.평소부터 늘 되풀이하여 함

	훈	음	부수	총획
構 구	얽을	구	木	14

용례
- 構造(구조):어떤 물건이나 조직체 따위의, 전체를 이루고 있는 부분들의 서로 짜인 관계나 그 체계
- 構成(구성):1.몇 개의 부분이나 요소를 얽어서 하나로 만드는 일, 또는 그렇게 해서 짜여진 것 2.예술 작품에서, 작품을 이루는 여러 요소를 결합하여 전체적인 통일을 꾀하는 일. 플롯

	훈	음	부수	총획
謹 근	삼갈	근	言	18

용례
- 謹身(근신):몸차림이나 행동을 삼감
- 謹弔(근조):삼가 조상(弔喪)함

	훈	음	부수	총획
畿 기	경기	기	田	15

용례
- 京畿(경기):한반도 중부 서쪽에 있는 도
- 畿湖(기호):우리나라의 서쪽 중앙부를 차지하고 있는 지역. 경기도와 황해도 남부 및 충청남도 북부를 이름

	훈	음	부수	총획
欺 기	속일	기	欠	12

용례
- 詐欺(사기):1.못된 목적으로 남을 속임 2.남을 속여 착오에 빠지도록 하는 범죄 행위
- 欺瞞(기만):남을 속여 넘김 (*瞞:속일 만-2급)

	훈	음	부수	총획
貸 대	빌릴	대	貝	12

용례
- 貸借(대차):꾸어 주거나 꾸어 옴
- 貸與(대여):빌려 주거나 꾸어 줌. 대급(貸給)

	훈	음	부수	총획
盜 도	도둑	도	皿	12

용례
- 盜賊(도적):도둑
- 盜聽(도청):몰래 엿들음

	훈	음	부수	총획
突 돌	갑자기 부딪칠	돌	穴	9

용례
- 突然(돌연):갑자기. 별안간
- 激突(격돌):세차게 부딪침

훈	음	부수	총획
바퀴 돌	륜	車	15

용례
- 車輪(차륜):수레바퀴
- 輪作(윤작):같은 경작지에 일정한 연한마다 여러 가지 농작물을 순서에 따라 돌려 가며 재배하는 경작법. 돌려짓기

훈	음	부수	총획
맏 성	맹	子	8

용례
- 孟子(맹자):중국 전국시대의 유생(儒生)인 맹가(孟軻), 또는 그의 사상을 전하는 책 이름
- 孟浪(맹랑):1.(생각과는 달리) 매우 허망함
  2.처리하기가 어렵다.
  3.함부로 얕잡아 볼 수 없을 만큼 깜찍하다.

훈	음	부수	총획
맹세	맹	皿	13

용례
- 同盟(동맹):둘 이상의 개인이나 단체가 동일한 목적을 이루거나 이해를 함께 하기 위하여 공동 행동을 취하기로 하는 맹세
- 血盟(혈맹):1.혈판(血判)을 찍어서 하는 맹세
  2.굳은 맹세

훈	음	부수	총획
모을	모	力	13

용례
- 募集(모집):조건에 맞는 사람이나 사물을 모음
- 應募(응모):모집에 응함

훈	음	부수	총획
법 본뜰	모	木	15

용례
- 模樣(모양):겉으로 나타나는 생김새나 모습
- 模範(모범):본받아 배울 만한 대상

훈	음	부수	총획
무역할 바꿀	무	貝	12

용례
- 貿易(무역):1.지방과 지방 사이에 상품을 팔고 사거나 교환하는 상행위
  2.외국 상인과 물품을 수출입하는 상행위
- 貿易風(무역풍):남·북회귀선 가까이에서 적도 쪽으로 일 년 내내 일정한 방향으로 부는 바람. 지구의 자전으로 북반구에서는 북동풍, 남반구에서는 남동풍이 됨. 항신풍(恒信風)

훈	음	부수	총획
재빠를 총명할	민	攴(攵)	11

용례
- 銳敏(예민):무엇인가를 느끼는 능력이나 분석하고 판단하는 능력이 빠르고 뛰어남
- 敏感(민감):느낌이나 반응이 날카롭고 빠름

훈	음	부수	총획
일반	반	舟	10

용례
- 一般(일반):1.(어떤 공통되는 요소가) 전체에 두루 미치고 있는 일
  2.(특별한 점이 없이) 보통인 것, 또는 그러한 사람들
- 全般(전반):통틀어 모두. 여러 가지 것의 전부

선정 한자 익히기

	훈	음	부수	총획
妨 (방)	방해할	방	女	7

용례
- 妨害(방해):남의 일에 훼방을 놓아 못하게 함
- 無妨(무방):방해될것이 없음

	훈	음	부수	총획
邊 (변)	가	변	辶	19

용례
- 江邊(강변):강가
- 海邊(해변):바닷가

	훈	음	부수	총획
奔 (분)	달릴 힘쓸	분	大	9

용례
- 奔走(분주):몹시 바쁘게 뛰어다님
- 奔忙(분망):매우 바쁨

	훈	음	부수	총획
紛 (분)	어지러울 혼잡할	분	糸	10

용례
- 紛亂(분란):어수선하고 떠들썩함
- 內紛(내분):내부에서 일어난 분쟁

	훈	음	부수	총획
肥 (비)	살찔	비	肉(月)	8

용례
- 肥滿(비만):살이 쪄서 몸이 뚱뚱함
- 肥大(비대):살이 쪄서 몸집이 크고 뚱뚱함

	훈	음	부수	총획
捨 (사)	버릴	사	手(扌)	11

용례
- 取捨(취사):쓸 것은 쓰고 버릴 것은 버림
- 捨生取義(사생취의):목숨을 버리고 의를 좇는다는 뜻으로, 목숨을 버릴지언정 옳은 일을 함을 이르는 말

	훈	음	부수	총획
署 (서)	관청 맡을	서	网(罒)	14

용례
- 署長(서장):(경찰서·세무서·소방서 따위와 같이) '서(署)' 자가 붙은 기관의 최고 직위에 있는 사람
- 警察署(경찰서):일정한 구역 안의 경찰 사무를 맡아보는 관청

	훈	음	부수	총획
恕 (서)	용서할 어질	서	心	10

용례
- 容恕(용서):잘못이나 죄를 꾸짖거나 벌하지 않고 끝냄
- 忠恕(충서):스스로 정성을 다하며 남의 사정을 헤아릴 줄 앎

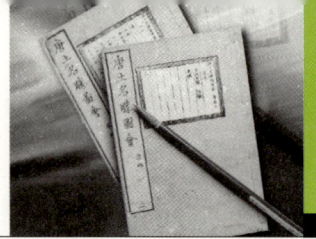

한자자격시험 3급

輸 수

훈	음	부수	총획
보낼	수	車	16

용례
- 輸出(수출): 국내의 상품이나 기술 따위를 외국으로 팔아 내보냄
- 輸入(수입): 1. 외국에서 물품 따위를 사들임 2. 외국에서 사상·문화 등을 들여옴

驛 역

훈	음	부수	총획
역마 역	역	馬	23

용례
- 驛長(역장): 철도역의 책임자
- 驛前(역전): 정거장 앞

援 원

훈	음	부수	총획
도울	원	手(扌)	12

용례
- 救援(구원): 위험이나 곤란에 빠져 있는 사람을 구하여 줌
- 援助(원조): 도와줌

委 위

훈	음	부수	총획
맡길	위	女	8

용례
- 委任(위임): 1. 일이나 처리를 남에게 맡김 2. 법률에서, 당사자의 한 편(위임자)이 다른 편(수임자)에게 사무 처리를 맡기는 계약
- 委員(위원): 선거나 임명에 의하여 지명되어 단체의 특정 사항을 처리할 것을 위임받은 사람

裕 유

훈	음	부수	총획
넉넉할 너그러울	유	衣(衤)	11

용례
- 餘裕(여유): (정신적·경제적·물질적·시간적으로) 넉넉하여 남음이 있음
- 富裕(부유): 재물이 많아 생활이 넉넉함

姻 인

훈	음	부수	총획
혼인할	인	女	9

용례
- 婚姻(혼인): 장가들고 시집가는 일, 곧 남녀가 부부가 되는 일. 결혼
- 姻親(인친): 사돈

逸 일

훈	음	부수	총획
편안할 뛸(뛰다)	일	辶	12

용례
- 安逸(안일): 1. 편안하고 한가로움 2. 편하고 쉬움
- 逸脫(일탈): 정하여진 영역 또는 본디의 목적이나 길, 사상, 규범, 조직 따위로부터 빠져 벗어남

資 자

훈	음	부수	총획
재물	자	貝	13

용례
- 資料(자료): 무엇을 하기 위한 재료. 특히 연구나 조사 등의 바탕이 되는 재료
- 資本(자본): 1. 사업을 하는 데 필요한 돈. 밑천 2. (토지·노동과 함께)생산의 기본 요소의 하나

선정 한자 익히기

獎 장	훈	음	부수	총획
	권면할 칭찬할	장	大	14

용례
- 獎學(장학):공부나 학문을 장려함
- 勸獎(권장):권하고 장려(獎勵)함

張 장	훈	음	부수	총획
	베풀 벌릴	장	弓	11

용례
- 主張(주장):자기의 의견이나 주의를 굳게 내세움. 또는 그런 의견이나 주의
- 緊張(긴장):마음을 다잡아 정신을 바짝 차리거나 몸이 굳어질 정도로 켕기는 일, 또는 그런 심리 상태

抵 저	훈	음	부수	총획
	거스를 막을	저	手(扌)	8

용례
- 抵抗(저항):1.(어떤 힘·권위 따위에) 맞서서 버팀
2.힘의 작용에 대하여 그 방향과 반대 방향으로 작용하는 힘
- 抵當(저당):볼모로 삼음

賊 적	훈	음	부수	총획
	도둑	적	貝	13

용례
- 盜賊(도적):남의 물건을 빼앗거나 훔치는 짓, 또는 그런 짓을 하는 사람
- 山賊(산적):산속에 숨어 살면서 남의 재물을 빼앗는 도둑

廷 정	훈	음	부수	총획
	조정 법정	정	廴	7

용례
- 朝廷(조정):임금이 나라의 정치를 집행하던 곳
- 休廷(휴정):법정(法廷)에서, 재판 도중에 쉬는 일

提 제	훈	음	부수	총획
	끌 들	제	手(扌)	12

용례
- 提示(제시):글이나 말로 어떤 내용·문제·의사·방향 따위를 드러내어 보임
- 提議(제의):의논이나 의안을 냄, 또는 그 의논이나 의안

租 조	훈	음	부수	총획
	조세 구실	조	禾	10

용례
- 租稅(조세):국가나 지방 자치 단체가 필요한 경비를 마련하기 위하여 국민으로부터 강제로 거두어 들이는 돈
- 租借(조차):한 나라가 다른 나라 땅의 일부분을 세로 얻어 일정한 기한 동안 사용권과 통치권을 행하는 일

座 좌	훈	음	부수	총획
	자리	좌	广	10

용례
- 座席(좌석):1.앉는 자리↔입석(立席)
2.여러 사람이 모인 자리
- 玉座(옥좌):임금이 앉는 자리

俊 준

훈	음	부수	총획
준걸 클(크다)	준	人(亻)	9

용례
- 俊秀(준수):재주와 슬기가 남달리 뛰어남
- 俊嚴(준엄):매우 엄함

姪 질

훈	음	부수	총획
조카	질	女	9

용례
- 姪婦(질부):조카며느리
- 姪女(질녀):조카 딸

贊 찬

훈	음	부수	총획
도울 찬성할	찬	貝	19

용례
- 贊成(찬성):(다른 사람의 의견이나 제안 등을) 좋다고 인정하여 동의함
- 協贊(협찬):찬동하여 도움

債 채

훈	음	부수	총획
빚 빌릴	채	人(亻)	13

용례
- 債務(채무):재산상의 처리에 관련하여 일정한 당사자의 요구에 응하여 급부(給付)를 해야 하는 의무
- 外債(외채):1.〈외국 공채(外國公債)〉의 준말
2.〈외국채(外國債)〉의 준말

策 책

훈	음	부수	총획
꾀	책	竹	12

용례
- 計策(계책):꾀나 방책을 생각해 냄. 또는 그 꾀나 방책
- 妙策(묘책):매우 교묘한 꾀. 절묘한 계책

拓 척

훈	음	부수	총획
넓힐	척	手(扌)	8

용례
- 開拓(개척):1.거친 땅을 일구어 논밭을 만듦
2.아무도 손대지 않은 새로운 분야를 열어 그 부문의 길을 닦음
- 干拓(간척):호수나 바닷가에 둑을 쌓아 그 안의 물을 빼내고 농경지 등으로 만드는 일

妾 첩

훈	음	부수	총획
첩	첩	女	8

용례
- 妾室(첩실):1.'첩'을 점잖게 이르는 말
2.지난날, 여자가 윗사람에게 '자기 방'을 이르던 말.
- 愛妾(애첩):사랑하는 첩

値 치

훈	음	부수	총획
값 만날	치	人(亻)	10

용례
- 價値(가치):1.값. 값어치
2.어떤 사물이 지니고 있는 의의나 중요성
- 加重値(가중치):1.평균치를 산출할 때, 개별치(個別値)에 부여되는 중요도
2.어떤 상품이 경제생활에서 차지하는 중요도

선정 한자 익히기

훈	음	부수	총획
물가	포	水(氵)	10

용례
- 浦口(포구):배가 드나드는 개의 어귀
- 浦港(포항):포구와 항구

훈	음	부수	총획
법	헌	心	16

용례
- 憲法(헌법):국가의 통치 체제에 관한 근본 원칙을 정한 기본법
- 改憲(개헌):헌법을 고침

훈	음	부수	총획
저물 어두울	혼	日	8

용례
- 黃昏(황혼):해가 지고 어둑어둑할 때
- 昏困(혼곤):정신이 흐릿하고 고달픔

훈	음	부수	총획
굳을 확실할	확	石	15

용례
- 確固(확고):태도나 상황 따위가 확실하고 굳음
- 確實(확실):틀림이 없음

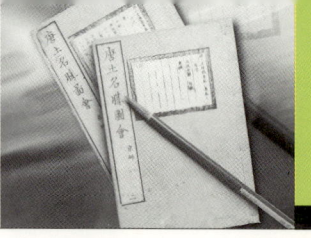

한자자격시험 3급

갈등 / 葛藤
- **훈음**: 칡 **갈**, 등나무 **등**
- **풀이**: (견해, 주장, 이해 등이) 뒤엉킨 복잡한 상태. 서로 다른 두 가지의 욕구가 충돌하는 상태
- **쓰임**: 사회 葛藤의 증가는 현대 사회의 큰 문제로서, 이러한 葛藤의 해결은 마음을 열고 대화를 하는 데서 시작된다.

격차 / 隔差
- **훈음**: 사이뜰 **격**, 어긋날 **차**
- **풀이**: 수준이나 품질, 수량 따위의 차이
- **쓰임**: 산업화의 부작용으로 소득 隔差가 심화되면서, 또 그 隔差가 교육과 정보 부문의 隔差로 이어지고 있어 대책이 필요하다.

결핍 / 缺乏
- **훈음**: 이지러질 **결**, 가난할 **핍**
- **풀이**: 있어야 할 것이 없어지거나 모자람
- **쓰임**: 지도력의 缺乏이 그 정치가의 약점이다.

고용 / 雇傭
- **훈음**: 품살 **고**, 품팔이 **용**
- **풀이**: 삯을 받고 남의 일을 해 줌
- **쓰임**: 장기실업자의 雇傭을 위한 일자리를 창출해야 한다.

공황 / 恐慌
- **훈음**: 두려울 **공**, 절박할 **황**
- **풀이**: 자본주의 경제에서 과잉 생산으로 시장의 수요 공급이 급격하게 붕괴되어 나타나는 경제 침체 현상
- **쓰임**: 경제 恐慌은 이전에도 주기적으로 발생했으나, 1929년의 恐慌은 전 세계에 큰 영향을 주었다.

3. 사회, 정치, 경제

교과서 한자어 자세히 알기

www.hanja114.org

과점 寡占
- **훈음**: 적을 **과**, 차지할 **점**
- **풀이**: 어떤 상품 시장의 대부분을 소수의 기업이 차지하는 일
- **쓰임**: 시장에 공급자가 하나인 경우를 독점, 소수인 경우를 寡占이라고 한다.

관료 官僚
- **훈음**: 벼슬 **관**, 동료 **료**
- **풀이**: 직업적인 관리. 또는 그들의 집단. 특히, 정치에 영향력이 있는 고급 관리
- **쓰임**: 할아버지께서는 정부 고위 官僚로 일하셨다.

관청 官廳
- **훈음**: 벼슬 **관**, 청사 **청**
- **풀이**: 국가의 사무를 집행하는 국가 기관. 또는 그런 곳
- **쓰임**: 官廳은 일의 성격에 따라 행정 官廳, 사법 官廳 등으로 나뉜다.

교수 絞首
- **훈음**: 목맬 **교**, 머리 **수**
- **풀이**: 목을 졸라 죽임
- **쓰임**: 살인자는 絞首형을 선고 받았다.

교외 郊外
- **훈음**: 들 **교**, 바깥 **외**
- **풀이**: 도시의 주변 지역
- **쓰임**: 주말이면 郊外로 놀러나가는 차들로 길이 막힌다.

3-2. 교과서 한자어 자세히 알기

한 자 자 격 시 험 3 급

교정 — 矯正
- **훈음**: 바로잡을 **교**, 바를 **정**
- **풀이**: 틀어지거나 잘못된 것을 바로잡음
- **쓰임**: 재소자들의 갱생을 위한 矯正 프로그램을 많이 실시하고 있다.

교체 — 交替
- **훈음**: 사귈 **교**, 바꿀 **체**
- **풀이**: 사람이나 사물을 다른 사람이나 사물로 대신하여 바꿈
- **쓰임**: 이번 선거에서는 세대 交替가 많이 이루어졌다.

교편 — 教鞭
- **훈음**: 가르칠 **교**, 채찍 **편**
- **풀이**: 교사가 수업이나 강의를 할 때 필요한 사항을 가리키기 위하여 사용하는 가느다란 막대기
- **쓰임**: 어머니께서는 한 고등학교에서 教鞭을 잡고 있다.

교환 — 交換
- **훈음**: 사귈 **교**, 바꿀 **환**
- **풀이**: 서로 바꿈
- **쓰임**: 경제에서 交換이란 어떤 재화나 용역을 다른 사람에게 주고, 그 가격만큼 다른 재화나 용역 또는 화폐를 얻는 일을 말한다.

구속 — 拘束
- **훈음**: 잡을 **구**, 묶을 **속**
- **풀이**: 행동이나 의사의 자유를 제한하거나 속박함
- **쓰임**: 자유를 拘束하는 것은 참을 수가 없다.

3. 사회, 정치, 경제

교과서 한자어 자세히 알기

근간 根幹
- **훈음**: 뿌리 **근**, 줄기 **간**
- **풀이**: 사물의 바탕이나 중심이 되는 중요한 것
- **쓰임**: 도로 사업은 국가의 根幹 사업의 하나이다.

근린 近鄰
- **훈음**: 가까울 **근**, 이웃 **린**
- **풀이**: 가까운 이웃
- **쓰임**: 이곳에는 주택가 주변에 시민들이 쉽게 이용할 수 있는, 조그마한 近鄰 공원이 있다.

금융 金融
- **훈음**: 쇠 **금**, 화할 **융**
- **풀이**: 돈의 융통. 경제에서 자금의 수요와 공급의 관계
- **쓰임**: 우리의 예금은 金融 기관에서 대출을 통해서 기업의 생산 활동에 쓰이게 된다.

급등 急騰
- **훈음**: 급할 **급**, 오를 **등**
- **풀이**: 물가나 시세 따위가 갑자기 오름
- **쓰임**: 이번 명절에는 물가가 急騰했다.

기소 起訴
- **훈음**: 일어날 **기**, 하소연할 **소**
- **풀이**: 검사가 특정한 형사 사건에 대하여 법원에 심판을 요구하는 일
- **쓰임**: 그 의원은 수뢰 혐의로 起訴되었다.

기아
飢餓

- **훈음**: 굶주릴 **기**, 주릴 **아**
- **풀이**: 굶주림
- **쓰임**: 아직도 세계 곳곳에는 飢餓에 떨고 있는 아이들이 있다.

긴장
緊張

- **훈음**: 굳게얽을 **긴**, 베풀 **장**
- **풀이**: 마음을 조이고 정신을 바짝 차림
- **쓰임**: 두 정당 간에 緊張이 높아 가고 있다.

납치
拉致

- **훈음**: 끌고갈 **랍**, 이를 **치**
- **풀이**: 강제 수단을 써서 억지로 데리고 감
- **쓰임**: 한국 전쟁 때 拉致를 당하신 할아버님의 생사는 아직도 알 수가 없다.

내빈
來賓

- **훈음**: 올 **래**, 손님 **빈**
- **풀이**: 모임에 공식적으로 초대를 받고 온 사람
- **쓰임**: 來賓이라는 말은 초대손님으로 바꾸어 쓴다.

단련
鍛鍊

- **훈음**: 단련할 **단**, 쇠불릴 **련**
- **풀이**: 쇠붙이를 불에 달군 후 두드려서 단단하게 함. 몸과 마음을 굳세게 함
- **쓰임**: 달리기는 체력 鍛鍊에 좋은 방법이다.

교과서 한자어 자세히 알기

www.hanja114.org

대지 垈地
- **훈음**: 터 **대**, 땅 **지**
- **풀이**: 집터로서의 땅
- **쓰임**: 이 집은 垈地가 넓다.

도배 塗褙
- **훈음**: 바를 **도**, 속적삼 **배**
- **풀이**: 종이로 벽이나 반자, 장지 따위를 바르는 일
- **쓰임**: 塗褙를 새로 하고 이사를 했다.

도약 跳躍
- **훈음**: 뛸 **도**, 뛸 **약**
- **풀이**: 몸을 위로 솟구쳐 뛰는 일. 더 높은 단계로 발전하는 것
- **쓰임**: 우리 나라가 개발도상국에서 선진국으로 跳躍할 수 있었던 것은 국민의 노력 덕분이다.

동사 凍死
- **훈음**: 얼 **동**, 죽을 **사**
- **풀이**: 얼어죽음
- **쓰임**: 겨울에는 노숙자들이 凍死하는 경우가 있다.

매체 媒體
- **훈음**: 중매 **매**, 몸 **체**
- **풀이**: 어떤 일을 전달하는데 매개가 되는 것
- **쓰임**: 현대 사회는 대중媒體의 발전으로 많은 정보들을 편리하게 알 수 있다.

면직
綿織
- 훈음: 솜 **면**, 짤 **직**
- 풀이: 목화솜을 주원료로 하여 짠 직물
- 쓰임: 綿織은 천연 섬유이다.

명예
名譽
- 훈음: 이름 **명**, 기릴 **예**
- 풀이: 세상에서 훌륭하다고 인정되는 이름이나 자랑
- 쓰임: 그 선수는 올림픽에서 나라의 名譽를 빛냈다.

미신
迷信
- 훈음: 미혹할 **미**, 믿을 **신**
- 풀이: 비과학적이고 종교적으로 망령되다고 판단되는 신앙
- 쓰임: 어머니는 迷信을 믿지 않으신다.

미필
未畢
- 훈음: 아닐 **미**, 마칠 **필**
- 풀이: 아직 끝내지 못함
- 쓰임: 그는 아직 병역 未畢이다.

배상
賠償
- 훈음: 배상할 **배**, 갚을 **상**
- 풀이: 남의 권리를 침해한 사람이 그 손해를 물어주는 일
- 쓰임: 피해자가 賠償을 요구했다.

3. 사회, 정치, 경제

교과서 한자어 자세히 알기

병동 病棟
- **훈음**: 병들 **병**, 마룻대 **동**
- **풀이**: 병원 안의 건물 한 채 한 채를 이르는 말
- **쓰임**: 그 의사의 진료실은 외과 病棟에 있다.

복지 福祉
- **훈음**: 복 **복**, 복 **지**
- **풀이**: 만족할 만한 생활 환경. 행복
- **쓰임**: 정부는 福祉 사회를 만들기 위해 많은 노력을 한다.

분만 分娩
- **훈음**: 나눌 **분**, 해산할 **만**
- **풀이**: 아이를 낳음
- **쓰임**: 分娩 시설이 부족한 상황이다.

분열 分裂
- **훈음**: 나눌 **분**, 찢을 **렬**
- **풀이**: 찢어져 나누어짐
- **쓰임**: 정치가 혼란하면 사회가 分裂되기 쉽다.

사면 赦免
- **훈음**: 용서할 **사**, 면할 **면**
- **풀이**: 죄를 용서하여 형벌을 면제함
- **쓰임**: 광복절 특사로 그의 동생이 赦免 복권되었다.

사양 — 斜陽

- **훈음**: 비낄 **사**, 볕 **양**
- **풀이**: 석양. 새로운 것에 밀려 점점 몰락해 감
- **쓰임**: 섬유산업은 斜陽의 길로 접어들었다.

사이비 — 似而非

- **훈음**: 같을 **사**, 말이을 **이**, 아닐 **비**
- **풀이**: 겉으로는 비슷하나 속은 완전히 다름
- **쓰임**: 似而非 종교를 믿는 사람도 의외로 많다.

살포 — 撒布

- **훈음**: 뿌릴 **살**, 펼 **포**
- **풀이**: 액체, 가루 따위를 흩어 뿌림. 금품, 전단 따위를 여러 사람에게 나누어 줌
- **쓰임**: 이번 총선에서 금품을 撒布한 후보는 크게 불이익을 받을 것이다.

상위권 — 上位圈

- **훈음**: 윗 **상**, 자리 **위**, 둘레 **권**
- **풀이**: 높은 위치나 지위에 속하는 범위
- **쓰임**: 이 작품은 세계대회에서 上位圈에 선정되어 호평을 받았다.

상호 — 相互

- **훈음**: 서로 **상**, 서로 **호**
- **풀이**: 상대가 되는 이쪽과 저쪽 모두
- **쓰임**: 남북한은 相互 교류가 필요하다.

교과서 한자어 자세히 알기

서행 徐行
- **훈음**: 천천히 **서**, 다닐 **행**
- **풀이**: 사람이나 차가 천천히 감
- **쓰임**: 학교 앞에서는 徐行 운전해야 한다.

선박 船舶
- **훈음**: 배 **선**, 큰배 **박**
- **풀이**: 배. 해상법에서, 상행위를 할 목적으로 물 위를 항해하는 구조물
- **쓰임**: 다른 나라에 船舶을 많이 수출하였다.

선회 旋回
- **훈음**: 돌 **선**, 돌 **회**
- **풀이**: 둘레를 빙글빙글 돎
- **쓰임**: 항공기가 활주로 주변을 旋回하고 있다.

섬유 纖維
- **훈음**: 가늘 **섬**, 벼리 **유**
- **풀이**: 생물체의 몸을 이루는 가늘고 긴 실 모양의 물질
- **쓰임**: 식물 纖維의 대부분은 방적 섬유나 종이 따위의 원료가 된다.

수뢰 受賂
- **훈음**: 받을 **수**, 뇌물줄 **뢰**
- **풀이**: 뇌물을 받음
- **쓰임**: 검찰은 受賂 혐의로 전직 의원을 기소했다.

수사 搜查
- **훈음**: 찾을 **수**, 조사할 **사**
- **풀이**: 찾아서 조사함
- **쓰임**: 사건이 커지자 검찰이 搜查에 나섰다.

수요 需要
- **훈음**: 구할 **수**, 구할 **요**
- **풀이**: 필요한 상품을 얻고자 하는 일
- **쓰임**: 需要는 적은데 공급이 과다하면 가격이 떨어진다.

신뢰 信賴
- **훈음**: 믿을 **신**, 힘입을 **뢰**
- **풀이**: 굳게 믿고 의지함
- **쓰임**: 그 정치인은 국민의 信賴를 받고 있다.

신탁 信託
- **훈음**: 믿을 **신**, 부탁할 **탁**
- **풀이**: 일정한 목적에 따라 재산의 관리와 처분을 남에게 맡기는 일
- **쓰임**: 여유가 있는 돈을 은행에 信託했다.

안녕 安寧
- **훈음**: 편안할 **안**, 편안할 **녕**
- **풀이**: 아무 탈 없이 편안함
- **쓰임**: 경찰은 사회의 安寧과 질서를 유지한다.

교과서 한자어 자세히 알기

www.hanja114.org

여론 輿論
- **훈음**: 수레 **여**, 논할 **론**
- **풀이**: 사회 대중의 공통된 의견
- **쓰임**: 대중 매체는 輿論을 형성하는 기능을 하는데, 최근에는 인터넷을 통해서 輿論을 형성하는 기능이 커졌다.

예금 預金
- **훈음**: 미리 **예**, 쇠 **금**
- **풀이**: 은행 등의 금융 기관에 돈을 맡김
- **쓰임**: 사람들은 은행에 보통 預金을 하고 돈이 필요할 때 언제든지 찾아 쓴다.

요람 搖籃
- **훈음**: 흔들 **요**, 바구니 **람**
- **풀이**: 젖먹이를 태우고 흔들어 놀게 하거나 잠재우는 물건
- **쓰임**: 영국의 복지제도는 '搖籃에서 무덤까지'라는 말로 표현한다.

우열 優劣
- **훈음**: 넉넉할 **우**, 못할 **렬**
- **풀이**: 나음과 못함
- **쓰임**: 두 선수의 실력은 優劣을 가리기가 어렵다.

운반 運搬
- **훈음**: 부릴 **운**, 운반할 **반**
- **풀이**: 물건 따위를 옮겨 나름
- **쓰임**: 요즈음은 포장이사로 이삿짐을 運搬한다.

3-2. 교과서 한자어 자세히 알기

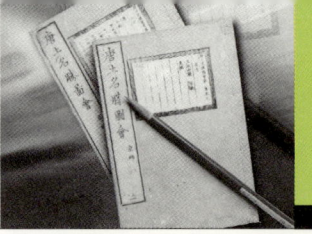

한자자격시험 3급

위조 僞造
- **훈음** 거짓 **위**, 만들 **조**
- **풀이** 어떤 물건을 속일 목적으로 꾸며 진짜처럼 만듦
- **쓰임** 僞造 지폐가 자꾸 발견되고 있다.

위협 威脅
- **훈음** 위엄 **위**, 위협할 **협**
- **풀이** 힘으로 으르고 협박함
- **쓰임** 지나친 이기주의는 사회의 발전을 威脅한다.

이윤 利潤
- **훈음** 이로울 **리**, 윤택할 **윤**
- **풀이** 장사 따위를 하여 남은 돈
- **쓰임** 기업의 목적은 利潤 추구이다.

익명성 匿名性
- **훈음** 숨을 **닉**, 이름 **명**, 성품 **성**
- **풀이** 본인의 이름이 드러나지 않는 성질
- **쓰임** 정보화 사회에서 컴퓨터를 통해 이루어지는 인간 관계는 그 匿名性 때문에 많은 문제가 발생하기도 한다.

임금 賃金
- **훈음** 품팔이 **임**, 쇠 **금**
- **풀이** 근로자가 노동의 대가로 사용자에게 받는 보수
- **쓰임** 賃金 인상이 물가 인상을 따르지 못하니 생활하기가 힘이 든다.

3. 사회, 정치, 경제

교과서 한자어 자세히 알기

자문 諮問
- **훈음**: 물을 **자**, 물을 **문**
- **풀이**: 어떤 일을 좀 더 효율적이고 바르게 처리하려고 그 방면의 전문가나 전문가들로 이루어진 기구에 의견을 물음
- **쓰임**: 정부는 전문가의 諮問을 통해 개발 제한 구역을 해제하였다.

재판 裁判
- **훈음**: 마를 **재**, 판가름할 **판**
- **풀이**: 구체적인 소송으로 인한 다툼을 해결하기 위하여 법원이나 법관이 내리는 공권적 판단
- **쓰임**: 민사 裁判은 개인 사이의 법적 분쟁을 다루고, 형사 裁判은 범죄에 대해서 검사가 기소하여 열리는 裁判이다.

점포 店鋪
- **훈음**: 가게 **점**, 점방 **포**
- **풀이**: 물건을 늘어놓고 파는 곳
- **쓰임**: 그 店鋪는 자리가 좋다.

제휴 提携
- **훈음**: 이끌 **제**, 끌 **휴**
- **풀이**: 행동을 함께하기 위하여 서로 붙들어 도와줌
- **쓰임**: 두 기업이 기술 개발을 提携하였다.

준법 遵法
- **훈음**: 좇을 **준**, 법 **법**
- **풀이**: 법을 올바로 지킴
- **쓰임**: 권리 보장과 사회 질서는 遵法 정신에서 비롯된다.

증여 贈與
- **훈음**: 줄 **증**, 줄 **여**
- **풀이**: 물품 따위를 선물로 줌
- **쓰임**: 부모가 자식에게 재산을 贈與할 때에도 세금을 낸다.

지체 遲滯
- **훈음**: 더딜 **지**, 막힐 **체**
- **풀이**: 때를 늦추거나 질질 끎
- **쓰임**: 잠시도 遲滯하지 말고 바로 집으로 돌아가거라.

징벌 懲罰
- **훈음**: 징계할 **징**, 벌할 **벌**
- **풀이**: 옳지 아니한 일을 하거나 죄를 지은 데 대하여 벌을 줌. 또는 그 벌
- **쓰임**: 잘못에 비해 懲罰이 너무 가혹하다.

참상 慘狀
- **훈음**: 참혹할 **참**, 모양 **상**
- **풀이**: 비참하고 끔찍한 상태나 상황
- **쓰임**: 전쟁의 慘狀을 보고 그는 정신을 잃었다.

첨단 尖端
- **훈음**: 뾰족할 **첨**, 끝,바를 **단**
- **풀이**: 맨 앞장
- **쓰임**: 그 기업은 尖端 기술을 개발하는 데에 앞장서고 있다.

교과서 한자어 자세히 알기

체결 締結
- **훈음**: 맺을 **체**, 맺을 **결**
- **풀이**: 계약이나 조약 따위를 공식적으로 맺음
- **쓰임**: 양국이 조약을 締結하였다.

체증 遞增
- **훈음**: 갈마들 **체**, 더할 **증**
- **풀이**: 수량이 차례로 더해 감
- **쓰임**: 상품생산량을 遞增하였다.

추세 趨勢
- **훈음**: 달릴 **추**, 권세 **세**
- **풀이**: 어떤 현상이 일정한 방향으로 나아가는 경향
- **쓰임**: 집 값이 하락하는 趨勢를 보이고 있다.

충돌 衝突
- **훈음**: 부딪힐 **충**, 부딪힐 **돌**
- **풀이**: 서로 맞부딪치거나 맞섬
- **쓰임**: 의견이 衝突할 때에는 상대방의 의견을 잘 들어보고 대화로 풀어야 한다.

탈취 奪取
- **훈음**: 빼앗을 **탈**, 가질 **취**
- **풀이**: 빼앗아 가짐
- **쓰임**: 강도가 현금을 奪取하였다.

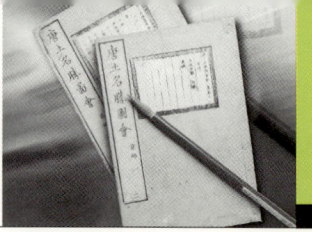

한 자 자 격 시 험 3 급

탐닉 耽溺
- **훈음** 즐길 **탐**, 빠질 **닉**
- **풀이** 어떤 일을 지나치게 즐겨 거기에 빠짐
- **쓰임** 물질적인 풍요로움 속에서 현대인들은 많은 열락(悅樂)을 耽溺하고 있다.

특수 特殊
- **훈음** 특별할 **특**, 다를 **수**
- **풀이** 특별히 다름
- **쓰임** 特殊한 기능을 가진 물건을 시장에 내놓았다.

폐광 廢鑛
- **훈음** 폐할 **폐**, 쇳돌 **광**
- **풀이** 광산에서 광물을 캐내는 일을 중지함. 또는 그 광산
- **쓰임** 이 지역에는 廢鑛이 많다.

폐사 弊社
- **훈음** 해질 **폐**, 모임 **사**
- **풀이** 말하는 이가 자기 회사를 낮추어 이르는 말
- **쓰임** 고객께서 弊社에 귀한 정보를 보내 주셔서 고맙습니다.

포기 抛棄
- **훈음** 던질 **포**, 버릴 **기**
- **풀이** 하려던 일을 도중에 그만두어 버림
- **쓰임** 부친의 채무가 너무 복잡하여 그는 상속권을 抛棄하였다.

교과서 한자어 자세히 알기

하자 瑕疵
- **훈음**: 티 **하**, 흠 **자**
- **풀이**: 흠. 법률 또는 당사자가 예기한 상태나 성질이 결여되어 있는 일
- **쓰임**: 제품에 瑕疵가 있으면 바로 반품하거나 교환한다.

학대 虐待
- **훈음**: 사나울 **학**, 기다릴 **대**
- **풀이**: 몹시 괴롭히거나 가혹하게 대우함
- **쓰임**: 아직도 아동을 虐待하는 사람들이 있다.

혼탁 混濁
- **훈음**: 섞일 **혼**, 흐릴 **탁**
- **풀이**: 불순물이 섞이어 깨끗하지 못하고 흐림. 정치, 도덕 따위 사회적 현상이 어지럽고 깨끗하지 못함
- **쓰임**: 선거 운동이 混濁한 모습을 보이고 있다.

획득 獲得
- **훈음**: 사로잡을 **획**, 얻을 **득**
- **풀이**: 얻어내거나 얻어 가짐
- **쓰임**: 그는 외화를 獲得하기 위해 외국으로 진출했다.

훈장 勳章
- **훈음**: 공 **훈**, 글 **장**
- **풀이**: 나라에 크게 공헌한 사람에게 그 공로를 기리기 위하여 나라에서 주는 휘장
- **쓰임**: 선생은 교육계에서 큰 공을 세워 勳章을 받았다.

훼손
毀損
- **훈음** 헐 **훼**, 덜 **손**
- **풀이** 체면이나 명예를 손상함
- **쓰임** 자연 환경의 毀損이 너무 심하다.

희롱
戱弄
- **훈음** 희롱할 **희**, 희롱 **롱**
- **풀이** 말이나 행동으로 실없이 놀림
- **쓰임** 이성에게 상대편의 의사에 관계없이 성적으로 수치심을 주는 말이나 행동을 하는 일을 성戱弄이라 한다.

희소
稀少
- **훈음** 드물 **희**, 적을 **소**
- **풀이** 드물고 적음
- **쓰임** 경제에서 발생하는 자원의 문제는 주로 稀少 가치 때문에 발생한다.

고사성어와 한자성어

 고사성어

 산해진미

산과 바다에서 나오는 온갖 재료로 만든 진기한 음식.

　우리 나라 고전소설 《토끼전》에 보면 용왕의 병을 고치기 위해 토끼의 간이 필요하다는 의원의 말에 따라, 충신인 별주부가 토끼를 잡으러 육지로 갑니다. 부귀영화(富貴榮華)를 보장해 주겠다는 말을 들은 토끼는 별주부를 따라 용궁으로 향합니다. 토끼는 화려한 용궁과 아리따운 미녀들, 온갖 보석, 그리고 '진수성찬(珍羞盛饌)'과 '산해진미(山海珍味)'를 보고는 너무 기뻐하지요. 하지만 자기가 죽을 위험에 처해있음을 알게 되자 '산해진미(山海珍味)'의 맛도 느끼지 못하고 걱정만 깊어 갑니다. 그러나 토끼는 간을 산에 두고 왔다고 거짓말을 하여 극적으로 용궁을 탈출합니다.

　'산해진미(山海珍味)'란 말은 당나라 자연파 시인의 대표적 인물인 위응물(韋應物:737~804)이 저술한 《장안도시(長安道詩)》에 나오는 말인데, 그야말로 다양한 재료로 만든 진기한 음식을 이르는 말입니다. 중국에서는 예전부터 "백성은 먹는 것을 하늘처럼 여긴다."라고 할 정도로 먹는 것을 즐기고 중요하게 생각하여 식욕을 만족시키기 위한 다양한 음식이 발달하였습니다.

　중국에서는 '바다 제비집 요리', '사슴 힘줄 요리', '뜸부기 포'와 같은 진식(珍食:진기한 음식), '낙타 혹으로 만든 음식', '버섯 요리' 같은 기식(奇食:기이한 음식), '고릴라 입술로 만든 음식', '원숭이 뇌로 만든 음식', '곰 발바닥으로 만든 음식' 같은 잔식(殘食:잔인한 음식)등을 '산해진미(山海珍味)'로 여긴다고 합니다.

　'산해진미(山海珍味)' 역시 권력이나 재물 못지 않게 사람들의 마음을 사로잡습니다. 요즘은 맛있는 음식만 즐기는 미식가(美食家)뿐 아니라 평범한 사람들도 먹는 것 자체를 즐기는 일이 많아졌답니다. 이 때문에 다양한 재료로 만든 음식이 소개되기도 하고, 색다른 방식으로 만든 음식이 인기를 끌기도 한답니다. 그러나 아무리 소박한 음식이라 해도 건강에 좋은 음식이라면 '산해진미(山海珍味)'와 견줄 만 하겠지요?

한 자 자 격 시 험 3 급

指 가리킬 지   鹿 사슴 록   爲 할 위   馬 말 마

지록위마

'사슴을 가리켜 말이라고 한다'는 뜻으로 꾀를 부려 다른 사람을 농락하거나 권세를 휘두름을 뜻함

《사기(史記)》에 보면 멋대로 권세를 부리던 환관 조고(趙高)의 이야기가 나옵니다. 중국 천하를 통일하였던 진나라 시황제는 죽으면서 장자인 부소(扶蘇)에게 왕위를 물려주고자 했으나, 환관 조고는 자신의 권력을 잃을까 두려워 거짓 조서를 꾸밉니다. 조고의 계략으로 부소는 자결하고 어린 호해(胡亥)가 2대 황제가 되었습니다. 장자인 부소와는 달리 호해는 천하의 모든 쾌락을 탐하고자하는 어리석은 인물이었습니다. 따라서 정치에는 아무 관심이 없었으므로 조고는 이런 호해를 이용하여 권력을 장악하게 됩니다. 그러나 조고는 이에 만족하지 못하고 스스로 황제가 되고 싶어 신하들 가운데 자신을 반대하는 무리들을 가려내기로 하였습니다. 그래서 어느 날 황제에게 사슴 한 마리를 바치며 이렇게 말했습니다.

"폐하, 여기 말을 바치오니 받아주옵소서."

"승상은 농담도 잘 하는구려. 사슴을 가리켜 말이라 하다니(指鹿爲馬), 신들은 어찌 생각하오?"

황제가 말을 마치고 좌중에게 물으니 뜻밖에도 사슴을 말이라 하는 이가 대부분이었고, 사슴이라고 말하는 사람은 드물었습니다. 조고는 사슴이라고 정직하게 말한 사람들을 기억해 두었다가 나중에 죄를 뒤집어 씌워 죽여버렸습니다. 그 후 궁중에는 조고의 권력을 두려워한 나머지 그를 반대하는 사람이 아무도 없었다고 합니다.

훗날 진나라는 항우와 유방에 의해 수도 함양을 함락 당합니다. 이에 조고는 자신의 죄를 조금이라도 숨기고자 호해를 위협하여 죽게 하고, 자신 때문에 억울하게 죽었던 부소의 아들인 자영을 새로운 황제로 삼으려 합니다. 그러나 자영은 이에 현혹되지 않고 조고를 죽이니, 천하의 권력을 쥐고 흔들었던 간신은 그 영욕의 생을 마감하게 됩니다.

이후로 윗사람을 농락하여 권세를 자기 마음대로 휘두르는 것을 비유할 때 '지록위마(指鹿爲馬)'라는 고사가 흔히 인용됩니다. 권력 앞에서도 당당하게 정의를 행하고자 하는 사람들이 많아진다면 사슴을 보고도 말이라 해야 하는 상황도 없어질 것입니다. '지록위마(指鹿爲馬)'는 요즘에 와서는 그 뜻이 확대되어 사실이 아닌 것을 사실로 만들어 강압으로 인정하게 한다는 뜻으로 쓰이기도 합니다.

고사성어와 한자성어

알아두면 유익한 한자성어

結(맺을 결) 者(사람 자) 解(풀 해) 之(그것 지)

결자해지
'맺은 사람이 그것을 풀어야 한다.'는 뜻으로, 일을 벌인 사람이 그 일을 마무리해야 한다는 뜻

苦(괴로울 고) 肉(고기 육) 之(어조사 지) 策(꾀 책)

고육지책
'자기의 살을 괴롭게 하는 꾀'라는 뜻으로, 적을 속이기 위하여 자신의 괴로움을 무릅쓰고 꾸미는 계책. 고육지계(苦肉之計)

近(가까울 근) 墨(먹 묵) 者(사람 자) 黑(검을 흑)

근묵자흑
'먹을 가까이 하는 사람은 검게 된다.'는 뜻으로, 나쁜 사람과 가까이 지내면 나쁜 버릇에 물들기 쉬움을 비유적으로 이르는 말

難(어려울 난) 攻(칠 공) 不(아니 불) 落(떨어질 락)

난공불락
'공격하기 어려워 함락되지 않는다'는 뜻으로, 장애물이 견고해서 일을 이루기 어려움을 이름

한자자격시험 3급

大器晩成
큰 대 / 그릇 기 / 늦을 만 / 이룰 성

대기만성
'큰 그릇은 늦게 이루어진다.'는 뜻으로 ①크게 될 인물은 늦게 이루어진다. ②나이가 들어서 성공한다라는 뜻을 지닌다는 말

孟母斷機
맏 맹 / 어미 모 / 끊을 단 / 베틀 기

맹모단기
맹자가 학업을 중도에 폐지하고 돌아왔을 때, 그 어머니가 짜던 베를 칼로 끊어 학업의 중단을 훈계하였다는 고사(故事)에서 유래한 말

博覽強記
넓을 박 / 볼 람 / 강할 강 / 기억할 기

박람강기
'넓게 보고 잘 기억한다'는 뜻으로, 넓은 학식과 좋은 기억력을 갖춤을 의미함

不可思議
아니 불 / 가히 가 / 생각 사 / 의논할 의

불가사의
생각하거나 의논해 볼 수조차 없는 신기한 일을 뜻함

한 자 자 격 시 험 3 급

유유상종
비슷한 사람끼리 서로 오가며 사귐

類(무리 류) 類(무리 류) 相(서로 상) 從(좇을 종)

일각천금
'일각(一刻, 15분)이 천금'이라는 뜻으로, 매우 짧은 시간도 천금처럼 아깝고 귀중하다는 말

一(하나 일) 刻(시각 각) 千(일천 천) 金(쇠 금)

절세가인
세상에 견줄 만한 사람이 없을 정도로 뛰어나게 아름다운 여인

絕(뛰어날 절) 世(세상 세) 佳(아름다울 가) 人(사람 인)

지호지간
손짓으로 부를 만한 가까운 거리

指(가리킬 지) 呼(부를 호) 之(어조사 지) 間(사이 간)

3. 사회, 정치, 경제

고사성어와 한자성어

천편일률
千(일천 천) 篇(책 편) 一(한 일) 律(법 률)

'천권의 책이 하나의 내용과 형식으로 이루어져 있다.'는 뜻으로, 모든 것이 획일적이어서 변화나 다양함이 없음. 모두 다 똑같이 그대로라는 뜻

타산지석
他(다를 타) 山(메 산) 之(어조사 지) 石(돌 석)

'다른 산의 돌이라도 자신의 옥(玉)을 갈고 닦는 데 도움이 된다.' 이라는 뜻으로, 다른 사람의 하찮은 말과 행동도 자신의 지식과 덕을 닦는 데 도움이 될 수 있다는 말

포복절도
抱(안을 포) 腹(배 복) 絶(끊을 절) 倒(넘어질 도)

'배를 안고 기절하여 넘어진다.'는 뜻으로, 배를 그러안고 넘어질 정도로 몹시 웃는것을 이름

회자정리
會(모일 회) 者(사람 자) 定(정할 정) 離(떠날 리)

'만난 사람은 헤어짐이 정해져 있다.'는 말로, 만난 사람은 반드시 헤어지기 마련이라는 뜻

3-3. 알아두면 유익한 한자성어

단원 마무리 연습문제

♣ 다음 ( )안에 공통으로 들어갈 한자를 〈보기〉에서 골라 쓰세요. (1~8)

보기
| 贊 | 妨 | 兼 | 憲 |
| 盟 | 裕 | 肥 | 構 |

1. (   )法, 改(   )
2. (   )成, 協(   )
3. (   )害, 無(   )
4. (   )造, (   )成
5. (   )任, (   )用
6. (   )滿, (   )大
7. 同(   ), 血(   )
8. 餘(   ), 富(   )

♣ 다음 〈보기〉의 한자를 조합하여 설명에 맞는 한자어를 쓰세요. (9~15)

보기
| 姑 | 畿 | 資 | 昏 | 開 | 婦 | 獎 |
| 荒 | 驛 | 料 | 勸 | 京 | 前 | 拓 |

9. 역의 앞쪽
   (   )

10. 권하여 장려함
    (   )

11. 해가 지고 어스름해질 때
    (   )

12. 연구나 조사 따위의 바탕이 되는 재료
    (   )

13. 시어머니와 며느리를 아울러 이르는 말
    (   )

14. 서울을 중심으로 한 가까운 주위의 지방
    (   )

15. 거친 땅을 일구어 논이나 밭과 같이 쓸모 있는 땅으로 만듦
    (   )

♣ 다음 문장의 ( )안에 들어갈 한자어가 바르게 쓰인 것을 고르세요. (16~19)

16. 국민들의 예금은 (   )기관에서 대출을 통해서 기업의 생산 활동에 쓰이게 된다.
    ① 郊外   ② 金融   ③ 塗藥   ④ 抛棄

17. 이번 명절에는 물가가 (   )했다.
    ① 急騰   ② 需要   ③ 僞造   ④ 戱弄

18. 정부는 (   )사회를 만들기 위해 많은 노력을 한다.
    ① 福祉   ② 撒布   ③ 懲罰   ④ 奪取

19. 정치가 혼란하면 사회가 (   )되기 쉽다.
    ① 寡占   ② 分裂   ③ 纖維   ④ 安寧

♣ 다음에 주어진 설명이 뜻하는 한자어를 고르세요. (20~23)

20. 죄를 용서하여 형벌을 면제함
① 斜陽　② 弊社　③ 赦免　④ 虐待

21. 근거 없는 두려움이나 공포로 갑자기 생기는 심리적 불안 상태
① 稀少　② 戲弄　③ 病棟　④ 恐慌

22. 뿌리와 줄기를 아울러 이르는 말
① 飢餓　② 迷信　③ 根幹　④ 勳章

23. 행동을 함께하기 위하여 서로 붙들어 도와줌
① 提携　② 衝突　③ 跳躍　④ 起訴

♣ 다음 지시에 적합한 한자를 <보기>에서 골라 써 보세요. (24~30)

보기
管　賊　覺　模　捨　係　署

24. 慣와(과) 소리가 같은 것? (　　　)
25. 契와(과) 소리가 같은 것? (　　　)
26. 恕와(과) 소리가 같은 것? (　　　)
27. 取와(과) 반대의 뜻을 가진 것? (　　　)
28. 悟와(과) 의미가 유사한 것? (　　　)
29. 盜와(과) 의미가 유사한 것? (　　　)
30. 範와(과) 의미가 유사한 것? (　　　)

♣ 다음 한자의 뜻과 음을 쓰세요. (31~34)

31. 孟　(　　　)
32. 姻　(　　　)
33. 敏　(　　　)
34. 輸　(　　　)

♣ 다음 한자어의 독음을 쓰세요. (35~40)

35. 介意　(　　　)
36. 輪作　(　　　)
37. 詐欺　(　　　)
38. 奔走　(　　　)
39. 救援　(　　　)
40. 激突　(　　　)

정답

1. 憲　2. 贊　3. 妨　4. 構
5. 兼　6. 肥　7. 盟　8. 裕
9. 驛前　10. 勸獎　11. 黃昏　12. 資料
13. 姑婦　14. 京畿　15. 開拓　16. ②
17. ①　18. ①　19. ②　20. ③
21. ④　22. ③　23. ①　24. 管
25. 係　26. 署　27. 捨　28. 覺
29. 賊　30. 模　31. 맏 맹　32. 혼인 인
33. 재빠를 민　34. 보낼 수　35. 개의　36. 윤작
37. 사기　38. 분주　39. 구원　40. 격돌

4 역사, 지리

4-1. 선정 한자 익히기
4-2. 교과서 한자어 자세히 알기
4-3. 알아두면 유익한 한자성어
4-4. 단원 마무리 연습문제

| 학습의 주안점 |
이 단원에서는 역사, 지리와 관련 있는 한자들을 읽고 쓰며,
그 뜻을 정확히 알도록 노력합시다.

www.hanja114.org

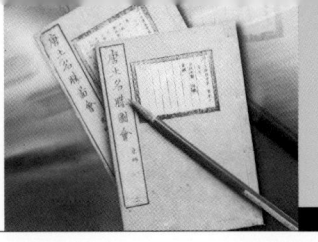

새로 익힐 선정 한자

硬	굳을	경	府	관청	부	倉	곳집	창
系	이어맬	계	負	질	부	踐	밟을	천
孔	구멍	공	司	맡을	사	賤	천할	천
供	이바지할	공	祀	제사	사	哲	밝을	철
攻	칠	공	囚	가둘	수	聰	귀밝을	총
冠	갓	관	役	부릴	역	築	쌓을	축
企	꾀할	기	延	끌	연	測	헤아릴	측
紀	벼리	기	辱	욕될	욕	置	둘	치
祈	빌	기	帳	휘장	장	侵	침노할	침
奴	종	노	底	밑	저	歎	탄식할	탄
黨	무리	당	績	길쌈	적	塔	탑	탑
帶	띠	대	占	점칠	점	鬪	싸울	투
亂	어지러울	란	濟	건널	제	捕	잡을	포
離	떠날	리	弔	조상할	조	爆	터질	폭
履	밟을	리	柱	기둥	주	被	입을	피
吏	아전	리	周	두루	주	避	피할	피
博	넓을	박	陳	늘어놓을	진	抗	겨룰	항
邦	나라	방	珍	보배	진	享	누릴	향
譜	족보	보	鎭	진압할	진	亨	형통할	형
卜	점	복	陣	진칠	진	悔	뉘우칠	회

 교과서에 나오는 한자어

개선	凱旋	배척	排斥	장애	障碍
개탄	慨歎	백록담	白鹿潭	장원	莊園
갱도	坑道	백부	伯父	장인	匠人
게양	揭揚	범람	氾濫	재앙	災殃
고분	古墳	벽지	僻地	조각	彫刻
공격	攻擊	보국	輔國	족벌	族閥
공란	空欄	봉건	封建	종묘	宗廟
괴뢰	傀儡	봉밀	蜂蜜	종횡	縱橫
구릉	丘陵	부속	附屬	주축	主軸
굴복	屈伏	부임	赴任	찬란	燦爛
궁궐	宮闕	분발	奮發	창해	滄海
궁전	宮殿	붕괴	崩壞	천도	遷都
기호	嗜好	사당	祠堂	천부	天賦
노예	奴隷	사막	沙漠	초월	超越
녹봉	祿俸	사찰	寺刹	축척	縮尺
누각	樓閣	산악	山岳	칙서	勅書
단군	檀君	삼강	三綱	친척	親戚
답사	踏査	선종	禪宗	탄생	誕生
도공	陶工	수렴	垂簾	파시	罷市
도작	稻作	수렵	狩獵	패권	覇權
돈오	頓悟	순장	殉葬	편서풍	偏西風
둔전	屯田	액운	厄運	폐백	幣帛
만	灣	옥토	沃土	포로	捕虜
매장	埋藏	왜란	倭亂	혈거	穴居
멸망	滅亡	요새	要塞	호란	胡亂
모옥	茅屋	우익	右翼	혼백	魂魄
묘목	苗木	울창	鬱蒼	환곡	還穀
박물관	博物館	위도	緯度	활엽	闊葉
발굴	發掘	유적	遺蹟	휴게	休憩
방어	防禦	융성	隆盛		

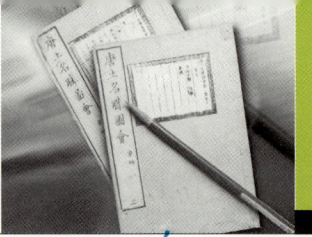

훈	음	부수	총획
굳을	경	石	12

용례
- 硬直(경직):굳어서 꼿꼿해짐
- 強硬(강경):굳세게 버티어 굽히지 아니함

훈	음	부수	총획
이어맬	계	糸	7

용례
- 系列(계열):서로 관계가 있거나, 공통되거나, 유사한 점에서 연결되는 계통이나 조직
- 體系(체계):1.낱낱이 다른 것을 계통을 세워 통일한 전체
  2.일정한 원리에 따라 조직한 지식의 통일된 전체

훈	음	부수	총획
구멍	공	子	4

용례
- 孔子(공자):중국 춘추시대의 사상가. 유교(儒敎)의 개조(開祖). 이름은 구(丘), 자(字)는 중니(仲尼)
- 氣孔(기공):숨구멍

훈	음	부수	총획
이바지할	공	人(亻)	8

용례
- 供給(공급):1.요구나 필요에 따라 물품 따위를 제공함
  2.판매나 교환을 위하여 상품을 시장에 내놓음
- 提供(제공):갖다 줌. 내놓음. 보내어 이바지함

훈	음	부수	총획
칠	공	攴(攵)	7

용례
- 攻防(공방):서로 공격하고 방어함
- 專攻(전공):어느 한 분야를 전문적으로 연구함

훈	음	부수	총획
갓	관	冖	9

용례
- 冠禮(관례):지난날, 아이가 어른이 될 때에 올리던 예식. 남자는 갓을 쓰고, 여자는 쪽을 쪘음
- 王冠(왕관):왕위를 상징하는 관

훈	음	부수	총획
꾀할 바랄	기	人	6

용례
- 企業(기업):영리를 목적으로 하여 사업을 경영하는 일, 또는 그 사업
- 企劃(기획):일을 꾸미어 꾀함

훈	음	부수	총획
벼리	기	糸	9

용례
- 紀元(기원):1.연대를 계산하는 데에 기준이 되는 해
  2.새로운 출발이 되는 시대나 시기
- 紀行(기행):여행 중의 견문이나 체험·감상 따위를 적은 글

선정 한자 익히기

기

훈	음	부수	총획
빌	기	示	9

용례
- 祈福(기복):복을 빎
- 祈願(기원):소원이 이루어지기를 빎

노

훈	음	부수	총획
종	노	女	5

용례
- 私奴(사노):권문세가(權門勢家)에서 사적(私的)으로 부리던 노비
- 守錢奴(수전노):돈을 모을 줄만 알아 한번 손에 들어간 것은 도무지 쓰지 않는 사람을 낮잡아 이르는 말

당

훈	음	부수	총획
무리	당	黑	20

용례
- 黨論(당론):1.붕당의 논의
  2.조선시대에 사색당파가 서로 헐뜯고 멀리하던 일
  3.정당의 의견이나 논의
- 入黨(입당):정당(政黨) 등에 가입함

대

훈	음	부수	총획
띠	대	巾	11

용례
- 地帶(지대):자연적, 또는 인위적으로 한정된 일정 구역
- 革帶(혁대):가죽으로 만든 띠

란

훈	음	부수	총획
어지러울	란	乙	13

용례
- 國亂(국란):1.나라가 어지러움
  2.나라에 닥친 변란
- 混亂(혼란):1.뒤섞여서 어지러움
  2.뒤죽박죽이 되어 질서가 없음

리

훈	음	부수	총획
떠날	리	隹	19

용례
- 離散(이산):헤어져 흩어짐
- 距離(거리):서로 떨어져 있는 두 곳 사이의 길이

리

훈	음	부수	총획
밟을 신	리	尸	15

용례
- 履行(이행):1.실제로 함. 말과 같이 함
  2.법적 의무의 실행. 채무 소멸의 경우의 변제(辨濟)를 이름
- 履歷書(이력서):이력을 적은 문서

리

훈	음	부수	총획
아전 벼슬아치	리	口	6

용례
- 官吏(관리):관직에 있는 사람. 벼슬아치. 공무원. 관헌
- 吏讀(이두):삼국시대부터 한자의 음과 뜻을 빌려서 우리 나라 말을 표기하는 데 쓰이는 문자

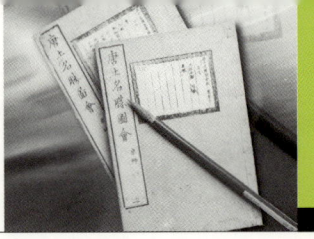

훈	음	부수	총획
넓을	박	十	12

용례
- 博士(박사):1.대학원의 박사 과정을 졸업하여 학위 논문의 심사와 시험에 합격한 사람에게 교육 인적 자원부 장관이 주는 학위, 또는 그 학위를 가진 사람
  2. '널리 아는 것이 많거나 어느 부분에 능통한 사람'을 비유하여 이르는 말
- 博學(박학):배운 것이 많고 학식이 넓음. 또는 그 학식

훈	음	부수	총획
나라	방	邑(阝)	7

용례
- 聯邦(연방):자치권을 가지는 여러 국가에 의하여 구성되는 국가
- 合邦(합방):둘 이상의 나라를 한 나라로 합침, 또는 그 합친 나라

훈	음	부수	총획
족보 적을	보	言	19

용례
- 族譜(족보):한 가문의 대대의 혈통 관계를 기록한 책. 일족의 계보(系譜)
- 樂譜(악보):음악의 곡조를 일정한 부호를 써서 나타낸 것

훈	음	부수	총획
점	복	卜	2

용례
- 卜占(복점):점을 쳐서 길흉(吉凶)을 미리 가리는 일
- 卜債(복채):점을 친 대가로 점쟁이에게 주는 돈

훈	음	부수	총획
관청	부	广	8

용례
- 政府(정부):1.(입법부·사법부에 대하여) 국가의 정책을 집행하는 행정부
  2.국가의 통치권을 행사하는 입법·사법·행정을 통틀어 이르는 말
- 司法府(사법부):삼권 분립에 따라, 사법권을 행사하는 '법원'을 이르는 말

훈	음	부수	총획
질 패할	부	貝	9

용례
- 負擔(부담):어떤 일이나 의무·책임 따위를 떠맡음, 또는 떠맡게 된 일이나 의무·책임 따위
- 勝負(승부):이김과 짐

훈	음	부수	총획
맡을 벼슬	사	口	5

용례
- 司法(사법):삼권의 하나. 법에 의한 재판 및 그에 관련되는 국가 작용
- 司令官(사령관):육군의 야전군, 해군의 함대, 공군의 작전 사령부 및 기지를 지휘·통솔하는 최고 지휘관

훈	음	부수	총획
제사	사	示	8

용례
- 祭祀(제사):신령이나 죽은 사람의 넋에게 음식을 차려 놓고 정성을 나타냄, 또는 그런 의식
- 告祀(고사):(액운을 쫓고 행운을 맞게 해 달라고) 음식을 차려 놓고 신령에게 제사를 지냄, 또는 그 제사

선정 한자 익히기

훈	음	부수	총획
가둘	수	囗	5

용례
- 罪囚(죄수):죄를 저지르고 옥에 갇힌 사람
- 囚人(수인):옥에 갇힌 사람. 죄수

훈	음	부수	총획
부릴 직무	역	彳	7

용례
- 役事(역사):토목이나 건축 따위의 공사
- 配役(배역):영화나 연극 따위에서 배우에게 어떤 역(役)을 맡김, 또는 맡긴 그 역

훈	음	부수	총획
끌 늘일	연	廴	7

용례
- 延着(연착):예정된 날짜나 시각보다 늦게 도착함
- 延期(연기):정해 놓은 기한을 물림

훈	음	부수	총획
욕될	욕	辰	10

용례
- 辱說(욕설):남의 인격을 무시하는 모욕적인 말
- 恥辱(치욕):수치와 모욕

훈	음	부수	총획
휘장 장막	장	巾	11

용례
- 記帳(기장):장부에 적음. 또는 그 장부
- 日記帳(일기장):그날그날 겪은 일이나 생각, 느낌 따위를 적는 장부

훈	음	부수	총획
밑	저	广	8

용례
- 底邊(저변):1.'밑변'의 구용어
2.사회적·경제적으로 기저(基底)를 이루는 계층
- 底力(저력):속에 간직하고 있는 든든한 힘

훈	음	부수	총획
길쌈	적	糸	17

용례
- 功績(공적):쌓은 공로. 공로의 실적
- 業績(업적):(어떤 사업이나 연구 따위에서) 이룩해 놓은 성과

훈	음	부수	총획
점칠 차지할	점	卜	5

용례
- 占居(점거):(어느 곳을) 차지하여 삶
- 獨占(독점):1.독차지. 전유(專有)
2.특정 자본이 생산과 시장을 지배하고 이익을 독차지함

	훈	음	부수	총획
제	건널 구할	제	水 (氵)	17

용례
- 經濟(경제):1.인간이 공동생활을 하는 데에 필요한 재화(財貨)를 획득·이용하는 활동을 함, 또는 이를 통하여 이루어지는 사회관계
  2.비용이나 시간 따위를 적게 들이는 일
- 救濟(구제):어려운 처지에 있는 사람을 도와줌

	훈	음	부수	총획
조	조상할	조	弓	4

용례
- 弔意(조의):남의 죽음을 슬퍼하는 뜻
- 謹弔(근조):삼가 조상(弔喪)함

柱 주	훈	음	부수	총획
	기둥	주	木	9

용례
- 支柱(지주):1.버팀대. 받침대
  2.'의지할 대상'을 비유하여 이르는 말
- 四柱八字(사주팔자):1.사주의 간지(干支)가 되는 여덟 글자
  2.타고난 운수

	훈	음	부수	총획
주	두루	주	口	8

용례
- 周邊(주변):둘레의 언저리
- 周圍(주위):1.둘레. 사방(四方). 사위(四圍). 울녘
  2.어떤 사람이나 사물을 둘러싸고 있는 환경

	훈	음	부수	총획
진	늘어놓을 베풀	진	阜 (阝)	11

용례
- 陳列(진열):(여러 사람에게 보이려고) 물건을 죽 벌여 놓음
- 陳述(진술):1.자세히 벌여 말함, 또는 그 말
  2.소송 당사자나 관계인이 법원에 대하여 사건에 관한 사실이나 법률상의 의견을 말함, 또는 그 내용

	훈	음	부수	총획
진	보배	진	玉 (王)	9

용례
- 山海珍味(산해진미):산과 바다의 온갖 산물로 차린 음식
- 珍貴(진귀):보배롭고 귀중함

	훈	음	부수	총획
진	진압할 진정할	진	金	18

용례
- 鎭火(진화):불이 난 것을 끔
- 鎭痛(진통):아픔을 가라앉혀 멎게 함

	훈	음	부수	총획
진	진칠	진	阜 (阝)	10

용례
- 退陣(퇴진):1.군사의 진지를 뒤로 물림
  2.관여하던 직장이나 직무에서 물러남
- 陣營(진영):1.군사가 둔(屯)을 치고 있는 일정한 구역. 진(陣). 군영(軍營)
  2.서로 대립하는 각각의 세력

선정 한자 익히기

창

훈	음	부수	총획
곳집 창고	창	人	10

용례
- 倉庫(창고):1.곳집
  2.창고업자가 남의 화물을 보관하기 위하여 사용하는 설비
- 穀倉(곡창):1.곡식을 쌓아 두는 창고
  2.곡식이 많이 생산되는 지방을 비유적으로 이르는 말

천

훈	음	부수	총획
밟을	천	足(𧾷)	15

용례
- 實踐(실천):실제로 이행함
- 踐言(천언):한 말을 실행하다

천

훈	음	부수	총획
천할	천	貝	15

용례
- 賤民(천민):신분이 천한 사람
- 貴賤(귀천):신분이 높은 사람과 낮은 사람

철

훈	음	부수	총획
밝을	철	口	10

용례
- 哲學(철학):자연과 인생, 현실 및 理想(이상)에 관한 근본 원리를 연구하는 학문
- 哲人(철인):어질고 밝은 사람

총

훈	음	부수	총획
귀밝을 총명할	총	耳	17

용례
- 聰明(총명):1.보고 들은 것에 대한 기억력이 좋음
  2.영리하고 재주가 있음
- 聰氣(총기):총명한 기질. 지닐총

축

훈	음	부수	총획
쌓을	축	竹	16

용례
- 新築(신축):새로 축조하거나 건축함
- 建築(건축):건물을 만드는 일, 또는 그 건물

측

훈	음	부수	총획
헤아릴 잴	측	水(氵)	12

용례
- 測量(측량):1.생각하여 헤아림
  2.기기(器機)를 써서, 물건의 높이·크기·위치·거리·방향 따위를 잼
- 測定(측정):1.일정한 양을 기준으로 하여 같은 종류의 다른 양의 크기를 잼
  2.헤아려 결정함

치

훈	음	부수	총획
둘	치	网(罒)	13

용례
- 設置(설치):1.기계나 설비 따위를 마련하여 둠
  2.어떤 기관을 마련함
- 位置(위치):1.자리나 처소
  2.사회적인 자리. 지위

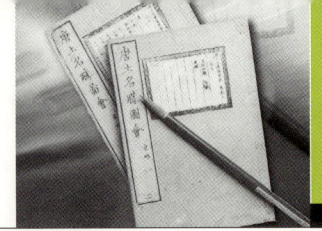

한자자격시험 3급

	훈	음	부수	총획
侵 (침)	침노할	침	人(亻)	9

용례
- 侵略(침략):쳐들어가 노략질함
- 侵入(침입):침범하여 들어오거나 들어감

	훈	음	부수	총획
歎 (탄)	탄식할	탄	欠	15

용례
- 感歎(감탄):감동(감격)하여 찬탄함. 마음에 깊이 느끼어 탄복함
- 恨歎(한탄):(뉘우쳐지거나 원통하여) 한숨을 지음, 또는 그 한숨

	훈	음	부수	총획
塔 (탑)	탑	탑	土	13

용례
- 佛塔(불탑): 절의 탑
- 鐵塔(철탑):1.철근이나 철골을 써서 만든 탑
  2.(송전선 따위의) 전선(電線)을 지탱하기 위해 세운 쇠기둥

	훈	음	부수	총획
鬪 (투)	싸울	투	鬥	20

용례
- 鬪爭(투쟁):1.상대편을 이기려고 다툼(싸움)
  2.(사회 운동이나 노동 운동 등에서) 목적을 이루기 위해서 다투는 일
- 戰鬪(전투):전쟁에서 이기기 위해 온갖 병기를 써서 직접 맞붙어 싸움, 또는 그런 무력 행동

	훈	음	부수	총획
捕 (포)	잡을	포	手(扌)	10

용례
- 生捕(생포):산 채로 잡음
- 捕手(포수):야구에서, 본루를 지키며 투수가 던지는 공을 받는 선수

	훈	음	부수	총획
爆 (폭)	터질	폭	火	19

용례
- 爆發(폭발):1.갑자기 터짐
  2.(어떤 일이) 별안간 벌어짐
- 爆風(폭풍):폭발물이 터질 때 일어나는 강한 바람

	훈	음	부수	총획
被 (피)	입을	피	衣(衤)	10

용례
- 被害(피해):신체·재물·정신상의 손해를 입는 일, 또는 그 손해
- 被告(피고):민사 소송에서, 소송을 당한 측의 당사자

	훈	음	부수	총획
避 (피)	피할	피	辶	17

용례
- 避身(피신):몸을 숨겨 피함
- 避暑(피서):시원한 곳으로 옮겨 더위를 피함

4. 역사, 지리

선정 한자 익히기

抗 항	훈	음	부수	총획
	겨룰 막을	항	手(扌)	7

용례
- 對抗(대항).:1.서로 맞서서 버팀. 서로 상대하여 승부를 겨룸
  2.상대하여 덤빔
- 抗爭(항쟁):맞서 싸움

享 향	훈	음	부수	총획
	누릴 드릴	향	亠	8

용례
- 享有(향유):누려서 가짐
- 享樂(향락):즐거움을 누림

亨 형	훈	음	부수	총획
	형통할	형	亠	7

용례
- 亨通(형통):모든 일이 뜻대로 잘되어 감
- 萬事亨通(만사형통):모든 것이 뜻대로 잘됨

悔 회	훈	음	부수	총획
	뉘우칠	회	心(忄)	10

용례
- 悔改(회개):(이전의 잘못을) 뉘우치고 고침
- 後悔(후회):이전의 잘못을 뉘우침

개선 凱旋
- 훈음: 개선할 **개**, 돌 **선**
- 풀이: 싸움에서 이기고 돌아옴
- 쓰임: 凱旋 행진곡이 울려 퍼졌다.

개탄 慨歎
- 훈음: 슬퍼할 **개**, 탄식할 **탄**
- 풀이: 분하거나 못마땅하게 여겨 한탄함
- 쓰임: 힘이 약하여 나라를 잃은 것을 慨歎하였다.

갱도 坑道
- 훈음: 구덩이 **갱**, 길 **도**
- 풀이: 광산에서, 갱 안에 뚫어 놓은 길. 사람이 드나들며, 광석이나 자재를 나르거나 바람을 통하게 하는 데 쓴다.
- 쓰임: 坑道가 무너져 사람이 다치는 경우도 있다.

게양 揭揚
- 훈음: 높이들 **게**, 떨칠 **양**
- 풀이: 기 따위를 높이 걺
- 쓰임: 국경일엔 꼭 국기를 揭揚하자.

고분 古墳
- 훈음: 옛 **고**, 무덤 **분**
- 풀이: 옛 무덤
- 쓰임: 古墳을 발굴하여 문화재를 찾아내었다.

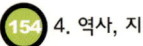

교과서 한자어 자세히 알기

공격 攻擊
- **훈음**: 칠 **공**, 칠 **격**
- **풀이**: 나아가 적을 침
- **쓰임**: 한밤중에 적에게 攻擊을 가했다.

공란 空欄
- **훈음**: 빌 **공**, 난간 **란**
- **풀이**: 책, 서류, 공책 따위의 지면에 글자 없이 비워 둔 칸이나 줄
- **쓰임**: 그 칸은 空欄으로 두시오.

괴뢰 傀儡
- **훈음**: 꼭두각시 **괴**, 꼭두각시 **뢰**
- **풀이**: 꼭두각시. 남의 조종에 따라 움직이는 사람이나 조직
- **쓰임**: 그 정부는 傀儡 정부였다.

구릉 丘陵
- **훈음**: 언덕 **구**, 언덕 **릉**
- **풀이**: 땅이 비탈지고 조금 높은 곳
- **쓰임**: 丘陵은 언덕으로 순화해서 쓴다.

굴복 屈伏
- **훈음**: 굽힐 **굴**, 엎드릴 **복**
- **풀이**: 머리를 숙이고 꿇어 엎드림
- **쓰임**: 아군의 힘에 적군이 屈伏했다.

궁궐 宮闕
- **훈음**: 집 **궁**, 대궐 **궐**
- **풀이**: 임금이 거처하는 집
- **쓰임**: 서울에는 조선의 宮闕이 많이 남아 있다.

궁전 宮殿
- **훈음**: 집 **궁**, 대궐 **전**
- **풀이**: 궁궐
- **쓰임**: 이 宮殿은 로코코 양식의 대표적인 건물로 손꼽힌다.

기호 嗜好
- **훈음**: 즐길 **기**, 좋을 **호**
- **풀이**: 즐기고 좋아함
- **쓰임**: 사람들의 嗜好는 매우 다양하다.

노예 奴隷
- **훈음**: 종 **노**, 종 **례**
- **풀이**: 남의 소유물로 되어 부림을 당하는 사람
- **쓰임**: 현대에도 奴隷 제도가 변형되어 존재한다고 말하는 이도 있다.

녹봉 祿俸
- **훈음**: 녹 **록**, 봉급 **봉**
- **풀이**: 벼슬아치에게 일 년 또는 계절 단위로 나누어주던 금품을 통틀어 이르는 말
- **쓰임**: 쌀, 보리, 명주, 베, 돈 따위를 祿俸으로 주었다.

교과서 한자어 자세히 알기

누각 樓閣
- **훈음**: 다락 **루**, 문설주 **각**
- **풀이**: 사방을 바라볼 수 있도록 문과 벽이 없이 다락처럼 높이 지은 집
- **쓰임**: 樓閣에서는 전망이 좋다.

단군 檀君
- **훈음**: 박달나무 **단**, 임금 **군**
- **풀이**: 우리 겨레의 시조로 받드는 태초의 임금
- **쓰임**: 檀君 신화는 檀君의 출생과 즉위에 관한 신화다.

답사 踏査
- **훈음**: 밟을 **답**, 조사할 **사**
- **풀이**: 실지로 현장에 가서 보고 조사함
- **쓰임**: 정서네 학급은 백제의 옛 도읍지인 부여로 踏査 여행을 떠났다.

도공 陶工
- **훈음**: 질그릇 **도**, 장인 **공**
- **풀이**: 옹기 만드는 일을 업으로 하는 사람
- **쓰임**: 도자기에는 陶工들의 정성이 들어가 있다.

도작 稻作
- **훈음**: 벼 **도**, 지을 **작**
- **풀이**: 벼를 심고 가꾸어 거두는 일. 벼농사
- **쓰임**: 그 고장은 稻作을 주로 한다.

한 자 자 격 시 험 3 급

돈오 頓悟
- **훈음**: 조아릴 **돈**, 깨달을 **오**
- **풀이**: 갑자기 깨달음
- **쓰임**: 불교에서 소승에서 대승에 이르는 얕고 깊은 차례를 거치지 아니하고, 처음부터 바로 대승의 깊고 묘한 교리를 듣고 단번에 깨닫는 일을 頓悟라 한다.

둔전 屯田
- **훈음**: 모일 **둔**, 밭 **전**
- **풀이**: 변경이나 군사 요지에 주둔한 군대의 군량을 마련하기 위하여 설치한 토지
- **쓰임**: 屯田은 군인이 직접 경작하는 경우와 농민에게 경작시켜 수확량의 일부를 거두어 가는 두 가지 경우가 있었다.

만 灣
- **훈음**: 물굽이 **만**
- **풀이**: 바다가 육지 속으로 파고들어 와 있는 곳
- **쓰임**: 서해안에는 灣이 많이 있다.

매장 埋藏
- **훈음**: 묻을 **매**, 감출 **장**
- **풀이**: 광물 따위가 묻혀 있음
- **쓰임**: 석유는 전 세계의 60%가 서남아시아의 페르시아만 부근에 埋藏되어 있어, 지역적으로 매우 불균등한 분포를 보인다.

멸망 滅亡
- **훈음**: 멸망할 **멸**, 망할 **망**
- **풀이**: 망하여 없어짐
- **쓰임**: 로마제국도 결국은 滅亡하였다.

4. 역사, 지리

교과서 한자어 자세히 알기

모옥 茅屋
- **훈음**: 띠 **모**, 집 **옥**
- **풀이**: 띠나 이엉 따위로 지붕을 인 초라한 집
- **쓰임**: 요즘은 茅屋을 거의 볼 수 없다.

묘목 苗木
- **훈음**: 싹 **묘**, 나무 **목**
- **풀이**: 옮겨 심는 어린 나무
- **쓰임**: 식목일에 苗木을 온 가족이 심었다.

박물관 博物館
- **훈음**: 넓을 **박**, 만물 **물**, 집 **관**
- **풀이**: 역사·민속·산업·과학·예술 등에 관한 자료를 수집, 보관하고 전시하여 사회 교육과 학술 연구에 도움이 되게 만든 시설
- **쓰임**: 博物館에는 문화재들이 많이 있다.

발굴 發掘
- **훈음**: 필 **발**, 팔 **굴**
- **풀이**: 땅속이나 큰 덩치의 흙, 돌 더미 따위에 묻혀 있는 것을 찾아서 파냄
- **쓰임**: 유적을 發掘하였다.

방어 防禦
- **훈음**: 막을 **방**, 막을 **어**
- **풀이**: 상대편의 공격을 막음
- **쓰임**: 적의 침입에 대비하여 防禦 태세를 갖추었다.

배척 排斥

- 훈음: 물리칠 **배**, 물리칠 **척**
- 풀이: 따돌리거나 거부하여 밀어 내침
- 쓰임: 민족 문화의 전통을 계승하는 것이 외래문화를 무조건 排斥하는 것은 아니다.

백록담 白鹿潭

- 훈음: 흰 **백**, 사슴 **록**, 못 **담**
- 풀이: 제주도 한라산 봉우리에 있는 화구호. 정지용이 지은 시. 또는 그의 시집
- 쓰임: 白鹿潭은 신생대 제3,4기의 화산 작용으로 생긴 분화구에 물이 고여 형성되었다.

백부 伯父

- 훈음: 맏 **백**, 아버지 **부**
- 풀이: 큰아버지
- 쓰임: 伯父와 부친은 사이가 아주 좋으시다.

범람 氾濫

- 훈음: 넘칠 **범**, 넘칠 **람**
- 풀이: 넘쳐흐름
- 쓰임: 홍수로 강이 氾濫했다.

벽지 僻地

- 훈음: 후미질 **벽**, 땅 **지**
- 풀이: 도시에서 멀리 떨어져 있어 교통이 불편하고 문화의 혜택이 적은 곳
- 쓰임: 僻地에는 문화 시설이 매우 부족하다.

교과서 한자어 자세히 알기

보국 輔國
- **훈음**: 도울 **보**, 나라 **국**
- **풀이**: 충성을 다하여 나랏일을 도움
- **쓰임**: 그들은 輔國안민의 기치를 내걸었다.

봉건 封建
- **훈음**: 봉할 **봉**, 세울 **건**
- **풀이**: 중세 유럽에서, 영주가 가신(家臣)에게 봉토를 주고, 그 대신에 군역의 의무를 부과하는 주종 관계를 기본으로 한 통치 제도
- **쓰임**: 그 사람의 사고 방식은 너무 封建적이어서 호감이 가지 않는다.

봉밀 蜂蜜
- **훈음**: 벌 **봉**, 꿀 **밀**
- **풀이**: 꿀. 꿀벌이 꽃에서 빨아들여 벌집 속에 모아 두는, 달콤하고 끈끈한 액체
- **쓰임**: 蜂蜜의 성분은 대부분 당분이며 먹거나 약으로 쓴다.

부속 附屬
- **훈음**: 붙을 **부**, 붙일 **속**
- **풀이**: 주된 사물이나 기관에 딸려서 붙음
- **쓰임**: 그 기관은 중앙 부처의 附屬 기관이다.

부임 赴任
- **훈음**: 다다를 **부**, 맡길 **임**
- **풀이**: 임명이나 발령을 받아 근무할 곳으로 감
- **쓰임**: 새 근무처로 赴任하였다.

분발 奮發
- **훈음**: 떨칠 **분**, 필 **발**
- **풀이**: 마음과 힘을 다하여 떨쳐 일어남
- **쓰임**: 선수들이 모두 奮發하였다.

붕괴 崩壞
- **훈음**: 무너질 **붕**, 무너질 **괴**
- **풀이**: 무너지고 깨어짐
- **쓰임**: 사회주의는 崩壞되었다.

사당 祠堂
- **훈음**: 사당 **사**, 집 **당**
- **풀이**: 조상의 신주를 모셔 놓은 집
- **쓰임**: 祠堂에 위패를 모셨다.

사막 沙漠
- **훈음**: 모래 **사**, 사막 **막**
- **풀이**: 강수량이 적어서 식생이 보이지 않거나 적고, 인간의 활동도 제약되는 지역
- **쓰임**: 沙漠은 열대 沙漠, 해안 沙漠, 내륙 沙漠, 한랭지 沙漠으로 나눈다.

사찰 寺刹
- **훈음**: 절 **사**, 절 **찰**
- **풀이**: 중이 불상을 모시고 불도(佛道)를 닦으며 교법을 펴는 집. 절
- **쓰임**: 유명 寺刹들은 명승지에 있다.

교과서 한자어 자세히 알기

www.hanja114.org

산악
山岳

- 훈음: 메 **산**, 큰산 **악**
- 풀이: 높고 험준하게 솟은 산들
- 쓰임: 강원도에는 山岳지대가 많다.

삼강
三綱

- 훈음: 석 **삼**, 벼리 **강**
- 풀이: 유교의 도덕에서 기본이 되는 세 가지 강령
- 쓰임: 三綱은 군위신강, 부위자강, 부위부강을 이른다.

선종
禪宗

- 훈음: 고요할 **선**, 마루 **종**
- 풀이: 참선으로 자신의 본성을 구명하여 깨달음의 묘경을 터득하고, 부처의 깨달음을 교설 외에 이심전심으로 중생의 마음에 전하는 것을 종지로 하는 종파
- 쓰임: 禪宗은 중국 양나라 때 달마 대사가 중국에 전하였고 우리나라에는 신라 중엽에 전해져 구산문이 성립되었다.

수렴
垂簾

- 훈음: 드리울 **수**, 발 **렴**
- 풀이: 발을 드리움
- 쓰임: 임금이 어린 나이로 즉위하였을 때, 왕대비나 대왕대비가 이를 도와 정사를 돌보던 일을 垂簾청정이라 한다.

수렵
狩獵

- 훈음: 사냥 **수**, 사냥할 **렵**
- 풀이: 사냥
- 쓰임: 이곳은 狩獵 금지 구역이다.

순장 殉葬

- 훈음: 따라죽을 **순**, 장사지낼 **장**
- 풀이: 한 집단의 지배층 계급에 속하는 사람이 죽었을 때 그 사람의 뒤를 따라 강제로 혹은 자진하여 산 사람을 함께 묻던 일. 사후 세계를 믿어, 지배 계급의 인물이 죽었을 때에 부인, 신하, 노비 등을 함께 묻는 장례법
- 쓰임: 부여에는 殉葬과 껴묻거리를 묻는 장례 관습이 있었다.

액운 厄運

- 훈음: 재앙 **액**, 부릴 **운**
- 풀이: 액을 당할 운수
- 쓰임: 지난 해 그는 厄運을 만났다.

옥토 沃土

- 훈음: 기름질 **옥**, 흙 **토**
- 풀이: 농작물이 잘 자랄 수 있는 영양분이 풍부한 좋은 땅
- 쓰임: 沃土는 기름진 땅이다.

왜란 倭亂

- 훈음: 왜나라 **왜**, 어지러울 **란**
- 풀이: 왜인이 일으킨 난리
- 쓰임: 1592년 임진 倭亂이 일어났다.

요새 要塞

- 훈음: 중요할 **요**, 변방 **새**
- 풀이: 군사적으로 중요한 곳에 튼튼하게 만들어 놓은 방어 시설
- 쓰임: 그곳은 난공불락의 要塞이다.

교과서 한자어 자세히 알기

우익 右翼
- **훈음**: 오른 **우**, 날개 **익**
- **풀이**: 보수적이거나 국수적인 경향. 또는 그런 단체. 새나 비행기 따위의 오른쪽 날개
- **쓰임**: 그는 좌익도 右翼도 아니다.

울창 鬱蒼
- **훈음**: 답답할 **울**, 푸를 **창**
- **풀이**: 나무들이 빽빽하게 들어서 매우 무성하고 푸름
- **쓰임**: 그 산은 鬱蒼하다.

위도 緯度
- **훈음**: 씨줄 **위**, 정도 **도**
- **풀이**: 지구 위의 위치를 나타내는 좌표축 중에서 가로로 된 것
- **쓰임**: 緯度는 적도를 중심으로 하여 남북으로 평행하게 그은 선이다.

유적 遺蹟
- **훈음**: 남길 **유**, 자취 **적**
- **풀이**: 남아 있는 자취
- **쓰임**: 고려시대의 遺蹟이 발견되었다.

융성 隆盛
- **훈음**: 높을 **륭**, 번성할 **성**
- **풀이**: 기운차게 일어나거나 대단히 번성함
- **쓰임**: 국가의 隆盛은 개인의 발전과도 관계가 있다.

한자자격시험 3급

장애 — 障碍
- **훈음**: 막을 **장**, 막을 **애**
- **풀이**: 어떤 사물의 진행을 가로막아 거치적거리게 하거나 충분한 기능을 하지 못하게 함
- **쓰임**: 障碍가 있는 사람을 위한 시설이 아직도 부족하다.

장원 — 莊園
- **훈음**: 풀 성할 **장**, 동산 **원**
- **풀이**: 서양이 중세 봉건사회에서, 귀족이나 승려, 교회 등에 의해 이루어졌던 토지 소유의 한 형태
- **쓰임**: 중세는 莊園을 중심으로 경제 활동이 이루어졌다.

장인 — 匠人
- **훈음**: 장인 **장**, 사람 **인**
- **풀이**: 손으로 물건을 만드는 일을 업으로 하는 사람
- **쓰임**: 匠人 정신이 있는 사람은 물건을 함부로 만들지 않는다.

재앙 — 災殃
- **훈음**: 재앙 **재**, 재앙 **앙**
- **풀이**: 뜻하지 아니하게 생긴 불행한 변고
- **쓰임**: 자연은 인간을 이롭게도 하지만 때로는 災殃을 가져오기도 한다.

조각 — 彫刻
- **훈음**: 새길 **조**, 새길 **각**
- **풀이**: 재료를 새기거나 깎아서 입체 형상을 만듦
- **쓰임**: 문화재에는 불상 彫刻이 많이 있다.

4. 역사, 지리

교과서 한자어 자세히 알기

족벌 族閥
- **훈음**: 겨레 **족**, 문벌 **벌**
- **풀이**: 큰 세력을 가진 가문의 일족
- **쓰임**: 그 회사는 族閥 경영을 한다.

종묘 宗廟
- **훈음**: 마루 **종**, 사당 **묘**
- **풀이**: 조선 시대에, 역대 임금과 왕비의 위패를 모시던 왕실의 사당
- **쓰임**: 宗廟는 1996년에 유네스코 세계 문화 유산으로 지정되었다.

종횡 縱橫
- **훈음**: 세로 **종**, 가로 **횡**
- **풀이**: 세로와 가로를 아울러 이르는 말. 거침없이 마구 오가거나 이리저리 다님
- **쓰임**: 의병들이 縱橫으로 활약하였다.

주축 主軸
- **훈음**: 중심 **주**, 굴대 **축**
- **풀이**: 전체 가운데서 중심이 되어 영향을 미치는 존재나 세력
- **쓰임**: 이 캠페인은 청소년이 활동의 主軸이 되었다.

찬란 燦爛
- **훈음**: 빛날 **찬**, 빛날 **란**
- **풀이**: 훌륭하고 빛남
- **쓰임**: 우리 민족은 燦爛한 문화 유산을 갖고 있다.

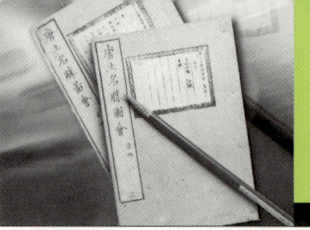

한자자격시험 3급

창해 滄海
- 훈음: 큰바다 **창**, 바다 **해**
- 풀이: 넓고 큰 바다
- 쓰임: 滄海 위에 배가 떠있는 풍경이 아름답다.

천도 遷都
- 훈음: 옮길 **천**, 도읍 **도**
- 풀이: 도읍을 옮김
- 쓰임: 신돈은 평양 遷都를 주장했다.

천부 天賦
- 훈음: 하늘 **천**, 구실 **부**
- 풀이: 하늘이 줌. 선천적으로 타고남
- 쓰임: 근대의 시민들은 절대 권력에 대해 天賦 인권을 주장하면서 자유와 권리를 얻으려 투쟁하였다.

초월 超越
- 훈음: 넘을 **초**, 넘을 **월**
- 풀이: 어떠한 한계나 표준을 뛰어넘음
- 쓰임: 수출이 기대치를 超越했다.

축척 縮尺
- 훈음: 줄어질 **축**, 자 **척**
- 풀이: 지도나 설계도 따위를 실물보다 작게 그릴 때, 그 축소한 정도
- 쓰임: 그 지도는 縮尺 오만분의 일 지도다.

168 4. 역사, 지리

교과서 한자어 자세히 알기

칙서 勅書
- **훈음**: 칙서 **칙**, 글 **서**
- **풀이**: 임금이 특정인에게 훈계하거나 알릴 내용을 적은 글이나 문서
- **쓰임**: 신하들이 임금의 勅書를 기다리고 있다.

친척 親戚
- **훈음**: 친할 **친**, 겨레 **척**
- **풀이**: 친족과 외척을 아울러 이르는 말
- **쓰임**: 우리는 명절 때마다 親戚 어른들을 찾아 뵙는다.

탄생 誕生
- **훈음**: 낳을 **탄**, 날 **생**
- **풀이**: 태어남을 높여 이르는 말. 조직, 제도 등이 새로 생김
- **쓰임**: 새로운 정권이 들어서면서 새로운 제도가 誕生하였다.

파시 罷市
- **훈음**: 파할 **파**, 시장 **시**
- **풀이**: 중국에서, 도시의 상인이 일제히 가게를 닫고 매매를 중지하는 일
- **쓰임**: 罷市는 중국 진나라의 양호가 형주 도독으로 재임하던 중 죽자, 백성들이 그를 추모하여 시장을 열지 않았다는 고사에서 유래한다.

패권 覇權
- **훈음**: 으뜸 **패**, 권세 **권**
- **풀이**: 어떤 분야에서 우두머리나 으뜸의 자리를 차지하여 누리는 공인된 권리와 힘
- **쓰임**: 국제 사회의 覇權을 차지하려고 많은 나라들이 경쟁을 한다.

편서풍 偏西風

- **훈음**: 치우칠 **편**, 서녘 **서**, 바람 **풍**
- **풀이**: 중위도 지방의 상공을 서쪽에서 동쪽으로 약간 쏠려 부는 바람
- **쓰임**: 우리 나라에서 미국으로 갈 때보다 미국에서 우리 나라로 올 때 偏西風 때문에 시간이 더 많이 걸린다.

폐백 幣帛

- **훈음**: 폐백 **폐**, 비단 **백**
- **풀이**: 신부가 처음으로 시부모를 뵐 때 큰절을 하고 올리는 물건
- **쓰임**: 幣帛을 드릴 시부모가 안 계셔서 서운했다.

포로 捕虜

- **훈음**: 사로잡을 **포**, 포로 **로**
- **풀이**: 사로잡은 적
- **쓰임**: 그의 형은 전쟁 때 捕虜로 잡혀갔다.

혈거 穴居

- **훈음**: 구멍 **혈**, 살 **거**
- **풀이**: 동굴 속에서 삶
- **쓰임**: 원시인들은 穴居 생활을 했다.

호란 胡亂

- **훈음**: 오랑캐 **호**, 어지러울 **란**
- **풀이**: 호인(胡人)들이 일으킨 난리
- **쓰임**: 호인들이 조선시대 병자년에 胡亂을 일으키다.

교과서 한자어 자세히 알기

혼백 魂魄
- **훈음**: 넋 **혼**, 넋 **백**
- **풀이**: 넋, 정신이나 마음
- **쓰임**: 죽은 이의 魂魄을 위로하는 기도회를 가졌다.

환곡 還穀
- **훈음**: 돌아올 **환**, 곡식 **곡**
- **풀이**: 조선시대 백성에게 봄에 꾸어 주고 가을에 이자를 붙여 받아들이던 관청의 곡식
- **쓰임**: 세도정치 때 還穀이 실제로는 고리대 구실을 하여 가난한 농민들만 원치 않는 還穀을 떠맡아 높은 이자를 물어야 했다.

활엽 闊葉
- **훈음**: 넓을 **활**, 잎 **엽**
- **풀이**: 넓고 큰 잎사귀
- **쓰임**: 오동나무는 闊葉을 갖는다.

휴게 休憩
- **훈음**: 쉴 **휴**, 쉴 **게**
- **풀이**: 어떤 일을 하다가 잠깐 동안 쉼
- **쓰임**: 일을 하다가 休憩 시설에서 休憩 시간을 갖는 것도 필요하다.

한자자격시험 3급

 고사성어

물 수 / 물고기 어 / 어조사 지 / 사귈 교

 수어지교
'물과 물고기의 사귐'이라는 뜻으로, 물과 물고기처럼 매우 친밀하여 떨어질 수 없는 사이를 비유함

    '수어지교(水魚之交)'라는 말은 중국 삼국시대의 유비(劉備)와 제갈량(諸葛亮)의 사이를 비유한 데서 비롯되었습니다. 원래 물고기가 물을 떠나서는 잠시도 살 수 없는 것을 이르는 말로 군신 사이의 친밀한 관계를 뜻하는 말이었으나 오늘날에는 변치 않는 깊은 우정을 이르는 말로 쓰이기도 합니다.

    《삼국지》에 보면 당시 위나라의 조조는 강북의 땅, 오나라의 손권은 강동의 땅에서 자리를 잡고 세력을 펴고 있었으나, 촉나라의 유비는 아직 기반을 잡지 못하고 있었습니다. 게다가 유비는 관우와 장비 같은 훌륭한 장수는 얻었으나, 천하를 도모할 지략가는 얻지 못하고 있었습니다.

    이러한 때에 유비는 삼고초려한 끝에 제갈공명을 얻게 되어 매우 흡족해 했습니다. 유비의 지략가로 자리매김을 한 제갈공명은 이후에 취해야 할 방침을 다음과 같이 구체적으로 제시합니다.

    "형주와 악주를 눌러서 그곳을 근거지로 삼고, 서쪽과 남쪽의 이민족을 어루만져 뒤탈을 없애고, 내정을 다스려 부국강병의 실리를 올리며, 손권과 결탁하여 조조를 고립시켜서 시기를 보아 조조를 토벌할 것입니다."

    이를 들은 유비는 전적으로 찬성하여 적극 추진하였습니다. 이를 계기로 유비는 제갈공명을 절대적으로 믿게 되었고, 스승으로 모시며 함께 기거할 정도로 두 사람의 교분은 갈수록 깊어갔습니다.

    그러자 관우와 장비는 불만이 생겼습니다. 유비가 젊은 제갈공명만을 중요하게 여기고, 자기들은 가볍게 취급하는 줄로 생각하여 마음 속에 불만을 품게 되었습니다. 이것을 눈치 챈 유비는, "내가 제갈공명을 얻은 것은 물고기가 물을 얻은 것과 같다. 즉 나와 제갈공명의 관계는 물고기와 물과 같이 떨어질 수가 없는 사이(水魚之交)라는 것이다. 그러니 더 이상 아무 말도 하지 말기를 바란다."라고 준엄하게 타일러 그 이후로 관우와 장비는 불만을 표시하지 않게 되었답니다.

4. 역사, 지리

고사성어와 한자성어

匹 짝 필 / 夫 지아비, 사내 부 / 之 갈, 어조사 지 / 勇 날랠 용

 필부지용

'한 사나이(대수롭지 않은 평범한 남자)의 용기'라는 뜻으로, 혈기만 믿고 함부로 덤비는 소인(小人)의 용기를 이르는 말

《맹자(孟子)》의 〈양혜왕(梁惠王)〉 하편에 다음과 같은 이야기가 나옵니다.
춘추시대 제(齊)나라 선왕(宣王)이 맹자에게 물었습니다.
"이웃 나라와 사귀는 데 방법이 있습니까?"
이에 맹자는 다음과 같이 말했습니다.
"큰 나라는 작은 나라를 섬기는 자세로 겸허하게 하여야 하는데, 이는 오직 어진 사람이라야 가능합니다. 은(殷)나라의 탕왕(湯王)이나 주나라의 문왕 같은 이가 그것을 행했습니다. 그리고 작은 나라가 큰 나라를 섬기는 것은 하늘의 도리인데, 이는 오직 지혜 있는 왕이라야 행할 수 있는 일입니다. 주태왕(주문왕의 아버지)이 훈육을 섬겼고, 구천이 오(吳)나라를 섬긴 것이 바로 그 예입니다.
큰 나라의 입장에서 작은 나라를 섬기는 자는 하늘을 즐거워하는 자이고, 작은 나라의 입장에서 큰 나라를 섬기는 자는 하늘을 두려워하는 자이니, 하늘을 즐거워하는 자는 천하를 보전하고 하늘을 두려워하는 자는 자기 나라를 보전합니다."

그러자 제나라의 선왕은 "과인은 용기를 좋아합니다."라고 말했습니다. 선왕은 작은 나라를 받들기보다는 작은 나라를 합병하여 나라를 키우고 싶었고, 큰 나라와 싸워 이김으로써 제후의 맹주가 되고 싶었기 때문에 이렇게 말한 것입니다.
그러자 맹자가 이렇게 말했습니다. "왕께서는 소용(小勇)을 좋아해서는 안 됩니다. 칼을 어루만지고 눈을 부라려, 너 같은 자는 나의 적수가 아니라고 하는 것은 '필부의 용기(匹夫之勇)'로 기껏해야 한 사람을 상대하는 것 밖에 안 됩니다. 부디 좀더 큰 용기를 지니려고 힘쓰십시오."

맹자는 남에게 지기 싫어하여 덤비는 것은 작은 용기로서 혈기에 차서 남을 제압하려는 것에 불과하지만 '큰 용기', 즉 백성을 도탄에서 구하려고 일어서는 매우 훌륭한 것이라고 말하고자 했습니다. 이 대화에서 '혈기에서 오는 소인의 용기'란 뜻을 지닌 '필부지용(匹夫之勇)'이란 말이 유래하였으며, 이는 '소인지용(小人之勇)'과 같은 말입니다.

한자자격시험 3급

알아두면 유익한 한자성어

敬而遠之
공경할 경 / 말이을 이 / 멀 원 / 그것 지

경이원지
'공경하나 그를 멀리한다.'는 뜻으로, 겉으로는 공경하는 체하면서 속으로는 멀리하는 경우

苦盡甘來
괴로울 고 / 다할 진 / 달 감 / 올 래

고진감래
'고통이 다하면 기쁨이 온다.'는 뜻

過猶不及
지나칠 과 / 같을 유 / 아니 불 / 미칠 급

과유불급
'지나친 것은 미치지 못한 것과 같다.'는 뜻

金石盟約
쇠 금 / 돌 석 / 맹세 맹 / 약속 약

금석맹약
'쇠나 돌처럼 단단하고 굳은 맹세와 약속'이라는 뜻

4. 역사, 지리

한자자격시험 3급

불치하문
不恥下問 (아니 불 / 부끄러울 치 / 아래 하 / 물을 문)

'아랫 사람에게 묻기를 부끄러워하지 않는다.' 는 뜻

삼인성호
三人成虎 (석 삼 / 사람 인 / 이룰 성 / 범 호)

'세 사람이면 없는 호랑이도 만들어 낸다.' 는 뜻으로, 거짓말이라도 여러 사람이 하면 참말로 듣는다는 뜻

심기일전
心機一轉 (마음 심 / 틀 기 / 하나 일 / 구를 전)

(어떤 동기에 의하여) 지금까지 품었던 생각과 마음의 자세를 완전히 바꿈

오합지졸
烏合之卒 (까마귀 오 / 합할 합 / 어조사 지 / 군사 졸)

'까마귀 떼처럼 (아무런 질서도 없이) 모여있는 군사' 라는 뜻으로, 아무런 규율도 없고 보잘 것도 없는 사람들의 무리

4. 역사, 지리

한자자격시험 3급

鐵 面 皮
쇠 철 / 얼굴 면 / 가죽 피

철면피
'쇠로 만든 얼굴가죽'이라는 뜻으로, 뻔뻔스럽고 염치없는 사람을 이르는 말

卓 上 空 論
책상 탁 / 윗 상 / 빌 공 / 의논할 론

탁상공론
실제적인 이용 가치도 없는 것을 둘러 앉아 의논한다는 뜻

匹 夫 匹 婦
홀 필 / 지아비 부 / 홀 필 / 지어미 부

필부필부
'한 명의 남자와 여자'라는 뜻으로, 평범한 보통 사람을 이름. 갑남을녀(甲男乙女)

厚 顔 無 恥
두터울 후 / 얼굴 안 / 없을 무 / 부끄러울 치

후안무치
'얼굴이 두꺼워 부끄러움이 없다'는 뜻으로, 뻔뻔스러워 부끄러움이 없음을 이름

4. 역사, 지리

단원 마무리 연습문제

♣ 다음 ( )안에 공통으로 들어갈 한자를 〈보기〉에서 골라 쓰세요.(1~8)

보기

譜 亂 築 弔 硬 府 抗 侵

1. 對( ), ( )爭
2. 國( ), 混( )
3. 族( ), 樂( )
4. 政( ), 司法( )
5. 謹( ), ( )意
6. 新( ), 建( )
7. ( )略, ( )入
8. ( )直, 强( )

♣ 다음 〈보기〉의 한자를 조합하여 설명에 맞는 한자어를 쓰세요. (9~15)

보기

守 通 測 告 亨 錢 恥 奴 暑
萬 祀 貴 辱 量 避 事 賤

9. 모든 것이 뜻대로 잘됨
( )

10. 신분이나 일 따위의 귀함과 천함
( )

11. 수치와 모욕을 아울러 이르는 말
( )

12. 더위를 피하여 시원한 곳으로 옮김
( )

13. 기기를 써서 물건의 높이, 깊이, 넓이, 방향 따위를 잼
( )

14. 돈을 모을 줄만 알아 한번 손에 들어간 것은 도무지 쓰지 않는 사람을 낮잡아 이르는 말
( )

15. 액운은 없어지고 풍요와 행운이 오도록 집안에서 섬기는 신(神)에게 음식을 차려 놓고 비는 제사
( )

♣ 다음 문장의 ( )안에 들어갈 한자어가 바르게 쓰인 것을 고르세요. (16~19)

16. 유적을 ( )하였다.
① 封建 ② 寺刹 ③ 垂簾 ④ 發掘

17. 그 칸은 ( )으로 두시오.
① 丘陵 ② 空欄 ③ 宮殿 ④ 祠堂

18. ( ) 행진곡이 울려 퍼졌다.
① 凱旋 ② 慨歎 ③ 奴隷 ④ 排斥

19. 식목일에 ( )을 심었다.
① 樓閣 ② 封建 ③ 苗木 ④ 魂魄

♣ 다음에 주어진 설명이 뜻하는 한자어를 고르세요. (20~23)

20. 즐기고 좋아함
① 緯度 ② 罷市 ③ 嗜好 ④ 穴居

21. 꼭두각시, 남의 조종에 따라 움직이는 사람이나 조직
    ① 坑道 ② 傀儡 ③ 崩壞 ④ 頓悟

22. 따돌리거나 거부하여 밀어 내침
    ① 輔國 ② 奮發 ③ 排斥 ④ 燦爛

23. 주된 사물이나 기관에 딸려서 붙음
    ① 附屬 ② 殉葬 ③ 莊園 ④ 遷都

♣ 다음 지시에 적합한 한자를 〈보기〉에서 골라 써 보세요. (24~30)

보기

勝　柱　濟　祈　黨　吏　捕

24. 紀와(과) 소리가 같은 것?
    (　　　　　　　)

25. 履와(과) 소리가 같은 것?
    (　　　　　　　)

26. 周와(과) 소리가 같은 것?
    (　　　　　　　)

27. 負와(과) 반대의 뜻을 가진 것?
    (　　　　　　　)

28. 徒와(과) 의미가 유사한 것?
    (　　　　　　　)

29. 救와(과) 의미가 유사한 것?
    (　　　　　　　)

30. 獲와(과) 의미가 유사한 것?
    (　　　　　　　)

♣ 다음 한자의 뜻과 음을 쓰세요. (31~34)

31. 邦 (　　　　　　　)

32. 司 (　　　　　　　)

33. 哲 (　　　　　　　)

34. 塔 (　　　　　　　)

♣ 다음 한자어의 독음을 쓰세요. (35~40)

35. 企劃 (　　　　　　　)

36. 罪人 (　　　　　　　)

37. 聰氣 (　　　　　　　)

38. 被害 (　　　　　　　)

39. 享樂 (　　　　　　　)

40. 悔改 (　　　　　　　)

정답

1. 抗　2. 亂　3. 譜　4. 府
5. 弔　6. 築　7. 侵　8. 硬
9. 萬事亨通　10. 貴賤　11. 恥辱　12. 避暑
13. 測量　14. 守錢奴　15. 告祀　16. ④
17. ②　18. ①　19. ③　20. ③
21. ②　22. ③　23. ①　24. 祈
25. 吏　26. 柱　27. 勝　28. 黨
29. 濟　30. 捕　31. 나라 방　32. 맡을 사
33. 밝을 철　34. 탑 탑　35. 기획　36. 죄인
37. 총기　38. 피해　39. 향락　40. 회개

5 나와 우리

5-1. 선정 한자 익히기
5-2. 교과서 한자어 자세히 알기
5-3. 알아두면 유익한 한자성어
5-4. 단원 마무리 연습문제

| 학습의 주안점 |
이 단원에서는 공동체 생활과 관련 있는 한자들을 읽고 쓰며, 그 뜻을 정확히 알도록 노력하고 민주적 생활 태도가 무엇인지 함께 생각해 보도록 합시다.

www.hanja114.org

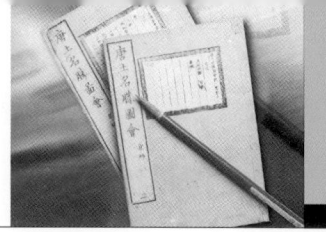

 새로 익힐 선정 한자

傑	뛰어날	걸	妄	망령될	망	殘	남을	잔
恭	공손	공	盲	눈멀	맹	裝	꾸밀	장
貢	바칠	공	銘	새길	명	障	막을	장
貫	꿸	관	睦	화목할	목	丈	어른	장
拳	주먹	권	頌	기릴	송	亭	정자	정
克	이길	극	岸	언덕	안	齊	가지런할	제
奇	기이할	기	額	이마	액	堤	둑	제
寄	부칠	기	壤	흙	양	條	조목	조
娘	아가씨	낭	緣	인연	연	株	그루	주
耐	견딜	내	宴	잔치	연	舟	배	주
茶	차	다	泳	헤엄칠	영	症	증세	증
擔	멜	담	慾	욕심	욕	秩	차례	질
倒	넘어질	도	優	넉넉할	우	超	넘을	초
逃	달아날	도	愚	어리석을	우	側	곁	측
嶺	고개	령	郵	우편	우	恥	부끄러울	치
鹿	사슴	록	圍	에울	위	妥	평온할	타
龍	용	룡	悠	멀	유	澤	못	택
栗	밤	률	維	벼리	유	吐	토할	토
梨	배	리	儀	거동	의	販	팔	판
麻	삼	마	姿	맵시	자	咸	다	함

교과서에 나오는 한자어

격려	激勵	몰입	沒入	잠수	潛水
결함	缺陷	무용	舞踊	잠시	暫時
겸손	謙遜	미모	美貌	전도	顚倒
경각	頃刻	반려	伴侶	절규	絶叫
공헌	貢獻	비방	誹謗	주말	週末
과년	瓜年	사치	奢侈	중용	中庸
관용	寬容	소외	疏外	증오	憎惡
광인	狂人	수면	睡眠	지옥	地獄
괘도	掛圖	수모	受侮	지혜	智慧
교묘	巧妙	수치	羞恥	착잡	錯雜
교활	狡猾	순간	瞬間	청렴	淸廉
권태	倦怠	신중	愼重	축구	蹴球
금수	錦繡	애도	哀悼	취기	醉氣
금슬	琴瑟	연민	憐憫	취미	趣味
긍지	矜持	염세	厭世	침구	鍼灸
기도	祈禱	영결	永訣	침묵	沈默
기로	岐路	영양	令孃	칭찬	稱讚
기만	欺瞞	오만	傲慢	타락	墮落
기탄	忌憚	완화	緩和	탁마	琢磨
나태	懶怠	외경	畏敬	탐욕	貪慾
노옹	老翁	요절	夭折	태기	胎氣
대작	對酌	위로	慰勞	허락	許諾
돈독	敦篤	유대	紐帶	형설	螢雪
동량	棟梁	유치	幼稚	홀연	忽然
멸시	蔑視	유혹	誘惑	화촉	華燭
명부	冥府	익일	翌日	회자	膾炙
모험	冒險	임신	姙娠	희생	犧牲
목욕	沐浴	자괴	自愧		

5. 나와 우리

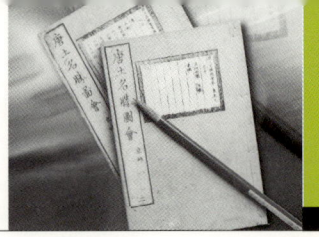

	훈	음	부수	총획
傑 걸	뛰어날	걸	人(亻)	12

용례
- 傑出(걸출):남보다 훨씬 뛰어남. 또는 그런 사람
- 俊傑(준걸):재주와 슬기가 매우 뛰어남, 또는 그런 사람

	훈	음	부수	총획
恭 공	공손	공	心(忄)	10

용례
- 恭敬(공경):(남을 대할 때) 몸가짐을 공손히 하고 존경함
- 恭待(공대):공손하게 잘 대접함

	훈	음	부수	총획
貢 공	바칠	공	貝	10

용례
- 貢納(공납):백성이 그 지방에서 나는 특산물을 조정에 바치던 일
- 朝貢(조공):왕조 때, 속국이 종주국에게 때마다 예물을 바치던 일

	훈	음	부수	총획
貫 관	꿸	관	貝	11

용례
- 貫通(관통):이쪽에서 저쪽 끝까지 꿰뚫음
- 始終一貫(시종일관):처음부터 끝까지 똑같은 방침이나 태도로 나감

	훈	음	부수	총획
拳 권	주먹	권	手	10

용례
- 拳鬪(권투):두 경기자가 링 위에서 양손에 글러브를 끼고, 주먹으로 서로 상대편을 쳐서 승부를 겨루는 경기. 체중에 따라 여러 체급(體級)으로 나뉨. 복싱(boxing)
- 鐵拳(철권):1.쇠뭉치같이 굳센 주먹
    2.타격이나 제재를 가하기 위하여 쓰는 폭력을 비유적으로 이르는 말

	훈	음	부수	총획
克 극	이길	극	儿	7

용례
- 克服(극복):(어렵고 힘든 일을) 이겨 냄
- 克己復禮(극기복례):지나친 욕심을 누르고 예의범절을 좇음

	훈	음	부수	총획
奇 기	기이할	기	大	8

용례
- 奇妙(기묘):생김새 따위가 기이하고 묘함
- 好奇心(호기심):새롭거나 신기한 것에 끌리는 마음

	훈	음	부수	총획
寄 기	부칠 줄	기	宀	11

용례
- 寄生蟲(기생충):다른 동물체에 붙어서 양분을 빨아먹고 사는 벌레
- 寄與(기여):1.남에게 금품을 줌. 기증(寄贈)
    2.자기 재산을 무상으로 상대편에게 줄 의사를 나타내고, 상대편이 이를 받아들이는 일, 또는 그 계약

선정 한자 익히기

娘 낭

훈	음	부수	총획
아가씨	낭	女	10

용례
- 娘子(낭자):소녀, 아가씨, 아내
- 娘家(낭가):어머니의 친정. 외가

耐 내

훈	음	부수	총획
견딜 참을	내	而	9

용례
- 忍耐(인내):(괴로움이나 노여움 따위를) 참고 견딤
- 耐久性(내구성):(물질이) 변질되거나 변형되지 않고 오래 견디는 성질

茶 다

훈	음	부수	총획
차	다 (차)	艸 (艹)	10

용례
- 綠茶(녹차):푸른빛이 그대로 나도록 말린 부드러운 찻잎, 또는 그 찻잎을 우린 물
- 茶道(다도):차를 손에게 대접하거나 마실 때의 방식 및 예의범절

擔 담

훈	음	부수	총획
멜	담	手 (扌)	16

용례
- 擔當(담당):(일을) 맡음
- 負擔(부담):어떤 일이나 의무·책임 따위를 떠맡음, 또는 떠맡게 된 일이나 의무·책임 따위

倒 도

훈	음	부수	총획
넘어질 거꾸러질	도	人 (亻)	10

용례
- 倒置(도치):1.뒤바꾸거나 뒤바뀜
2.거꾸로 있거나 거꾸로 함
- 打倒(타도):어떤 대상이나 세력을 쳐서 거꾸러뜨림

逃 도

훈	음	부수	총획
달아날	도	辶	10

용례
- 逃亡(도망):1.몰래 피해 달아남
2.쫓기어 달아남
- 逃避(도피):도망하여 피함

嶺 령

훈	음	부수	총획
고개	령	山	17

용례
- 嶺東(영동):강원도(江原道)의 태백산맥 동쪽 지방. 관동(關東)
- 分水嶺(분수령):1.분수계가 되는 산마루나 산맥
2.사물이나 사태가 발전하는 전환점을 비유적으로 이르는 말

鹿 록

훈	음	부수	총획
사슴	록	鹿	11

용례
- 鹿角(녹각):사슴의 머리에 난 뿔
- 指鹿爲馬(지록위마):윗사람을 농락하여 권세를 마음대로 함을 이르는 말

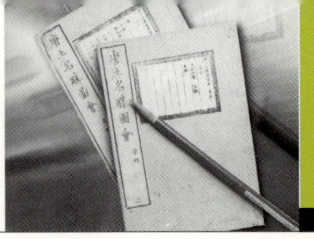

훈	음	부수	총획
용	룡	龍	16

용례
- 左靑龍(좌청룡):풍수설에서, 동쪽을 상징하는 '청룡'이 주산(主山)의 왼쪽에 있다는 뜻으로 이르는 말
- 龍床(용상):임금이 정무(政務)를 볼 때 앉는 평상

훈	음	부수	총획
밤	률	木	10

용례
- 生栗(생률):1.날밤 2.껍질과 보늬를 벗기고 나부죽하게 친 날밤
- 黃栗(황률):말려서 껍질과 보늬를 벗긴 밤≒황밤

훈	음	부수	총획
배	리	木	11

용례
- 梨花(이화):배나무의 꽃. 배꽃
- 烏飛梨落(오비이락):[까마귀 날자 배 떨어진다는 뜻으로] '공교롭게도 어떤 일이 같은 때에 일어나 남의 의심을 받게 됨'을 이르는 말

훈	음	부수	총획
삼	마	麻	11

용례
- 麻織(마직):삼실이나 아마실 따위로 짠 천(麻織物)
- 大麻草(대마초):(환각제로 쓰이는) 삼의 이삭이나 잎

훈	음	부수	총획
망령될	망	女	6

용례
- 妄言(망언):망령(妄靈)되게 말함, 또는 그런 말. 망발(妄發). 망설(妄說)
- 老妄(노망):늙어서 망령을 부림, 또는 그 망령

훈	음	부수	총획
눈멀 소경	맹	目	8

용례
- 盲人(맹인):눈이 먼 사람. 소경. 맹자. 장님
- 色盲(색맹):빛깔을 가려내지 못하는 상태, 또는 그러한 증상이 있는 사람. 색소경

훈	음	부수	총획
새길	명	金	14

용례
- 座右銘(좌우명):늘 자리 옆에 갖추어 두고 가르침으로 삼는 말이나 문구
- 銘心(명심):마음에 새기어 둠

훈	음	부수	총획
화목할	목	目	13

용례
- 親睦(친목):서로 친하여 화목함
- 和睦(화목):뜻이 맞고 정다움

선정 한자 익히기

 頌 송

훈	음	부수	총획
기릴 칭송할	송	頁	13

용례
- 稱頌(칭송):공덕을 칭찬하여 기림, 또는 그러한 말
- 頌德(송덕):공덕을 기림

岸 안

훈	음	부수	총획
언덕	안	山	8

용례
- 西海岸(서해안):서쪽 해안
- 沿岸(연안):1.바닷가·강가·호숫가의 육지
2.바닷가·강가·호숫가에 가까운 수역(水域)

 額 액

훈	음	부수	총획
이마 현판 수량	액	頁	18

용례
- 額面(액면):1.채권·증권·화폐 등의 권면(券面)
2.액면가격(額面價格)의 준말
3.'말이나 글의 표현된 그대로의 것'을 비유하여 이르는 말
- 額子(액자):그림·글씨·사진 따위를 넣어 벽에 걸기 위한 틀. 액틀
- 金額(금액):돈의 액수

 壤 양

훈	음	부수	총획
흙	양	土	20

용례
- 土壤(토양):땅
- 平壤(평양):평안남도 남서쪽에 있는 도시. 명승지로 부벽루, 을밀대, 모란대 따위가 있다

 緣 연

훈	음	부수	총획
인연	연	糸	15

용례
- 因緣(인연):1.사물들 사이에 서로 맺어지는 관계
2.연분
- 血緣(혈연):같은 핏줄로 이어진 인연. 같은 핏줄의 관계

 宴 연

훈	음	부수	총획
잔치	연	宀	10

용례
- 宴會(연회):여러 사람이 모여 술을 마시거나 음식을 먹으면서 즐기는 모임
- 回甲宴(회갑연):환갑잔치

 泳 영

훈	음	부수	총획
헤엄칠	영	水(氵)	8

용례
- 背泳(배영):수영법의 한 가지. 위를 향해 반듯이 누워서 치는 헤엄
- 泳法(영법):수영하는 방법

 慾 욕

훈	음	부수	총획
욕심	욕	心	15

용례
- 慾望(욕망):무엇을 하거나 가지고 싶어 간절히 바라고 원함, 또는 그 마음
- 虛慾(허욕):헛된 욕심

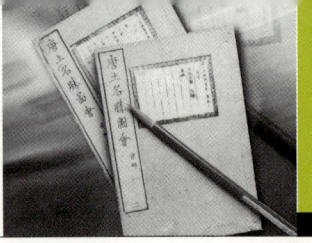

훈	음	부수	총획
넉넉할 뛰어날	우	人 (亻)	17

용례
- 優待(우대):특별히 잘 대우함. 또는 그런 대우
- 優勝(우승):경기, 경주 등에서, 최고의 성적으로 이김

훈	음	부수	총획
어리석을	우	心	13

용례
- 愚問賢答(우문현답):어리석은 질문에 대한 현명한 대답
- 愚直(우직):어리석고 고지식함

훈	음	부수	총획
우편	우	邑 (阝)	11

용례
- 郵便(우편):공중(公衆)의 의뢰로 편지나 기타의 물품을 전국 또는 전 세계에 보내 주는 제도
- 郵票(우표):우편물에 붙여 수수료를 낸 증표로 삼는 정부 발행의 종이 딱지

훈	음	부수	총획
에울 둘레	위	口	12

용례
- 範圍(범위):1.얼마만큼 한정된 구역의 언저리
2.어떤 힘이 미치는 한계. 테두리
- 包圍(포위):둘레를 에워쌈

훈	음	부수	총획
멀 한가할	유	心	11

용례
- 悠久(유구):연대가 오래 됨
- 悠悠自適(유유자적):속세를 떠나 아무것에도 매이지 않고 자유롭게 마음 편히 삶

훈	음	부수	총획
벼리 맬	유	糸	14

용례
- 維新(유신):1.새롭게 함
2.낡은 제도나 체제를 아주 새롭게 고침
- 維持(유지):어떤 상태나 상황을 그대로 보존하거나 변함없이 계속하여 지탱함

훈	음	부수	총획
거동	의	人 (亻)	15

용례
- 儀禮(의례):형식을 갖춘 예의
- 儀式(의식):행사를 치르는 일정한 법식. 또는 정하여진 방식에 따라 치르는 행사

훈	음	부수	총획
맵시 모양	자	女	9

용례
- 姿勢(자세):1.(앉아 있다든가 서 있다든가 하는) 몸을 가누는 모양
2.무슨 일에 대하는 마음가짐, 곧 정신적인 태도
- 姿態(자태):1.몸가짐과 맵시
2.모양이나 모습

선정 한자 익히기

殘 잔	훈	음	부수	총획
	남을 잔인할	잔	歹	12

용례
- 殘忍(잔인):인정이 없고 몹시 모짊
- 殘額(잔액):나머지 금액. 잔고(殘高). 잔금(殘金)

裝 장	훈	음	부수	총획
	꾸밀	장	衣	13

용례
- 端裝(단장):단정하게 차림
- 包裝(포장):물건을 싸서 꾸림

障 장	훈	음	부수	총획
	막을	장	阜(阝)	14

용례
- 障壁(장벽):1.가리어 막은 벽
  2.장애가 되는 것이나 극복하기 어려운 것
- 故障(고장):1.기계나 설비 따위의 기능에 이상이 생기는 일
  2.'몸에 탈이 생기는 일'을 비유하여 이르는 말

丈 장	훈	음	부수	총획
	어른	장	一	3

용례
- 丈母(장모):아내의 친정어머니
- 大丈夫(대장부):건장하고 씩씩한 사나이

亭 정	훈	음	부수	총획
	정자	정	亠	9

용례
- 亭子(정자):놀거나 쉬기 위하여, 주로 경치나 전망이 좋은 곳에 아담하게 지은 집.
- 八角亭(팔각정):여덟모가 지게 지은 정자.

齊 제	훈	음	부수	총획
	가지런할	제	齊	14

용례
- 齊家(제가):집안을 다스림
- 齊唱(제창):여러 사람이 다 같이 큰 소리로 외침

堤 제	훈	음	부수	총획
	둑	제	土	12

용례
- 堤防(제방):홍수의 예방이나 저수(貯水)를 위해 둘레를 돌·흙 따위로 높이 막아 쌓은 언덕
- 防波堤(방파제):난바다로부터 밀려오는 거친 파도를 막아 항구 안의 수면을 잔잔하게 유지하기 위하여 바다에 쌓은 둑

條 조	훈	음	부수	총획
	조목 가지	조	木	11

용례
- 條目(조목):정해 놓은 법률이나 규정 따위의, 낱낱의 조항이나 항목
- 法條(법조):법률의 조문. 법령의 조항. 법조문

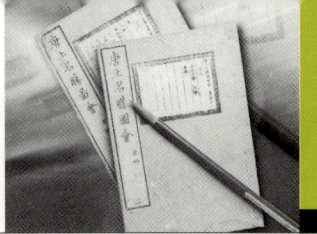

	훈	음	부수	총획
株 주	그루 주식	주	木	10

용례
- 株價(주가):주권의 가격
- 株主(주주):주권을 갖고 있는 사람

	훈	음	부수	총획
舟 주	배	주	舟	6

용례
- 方舟(방주):네모진 모양의 배
- 刻舟求劍(각주구검):'어리석고 미련하여 융통성이 없음'을 비유하여 이르는 말['여씨춘추(呂氏春秋)'의 '찰금편(察今篇)'에 나오는 말로, 배에서 물속에 빠뜨린 칼을 찾을 속셈에서, 빠뜨린 자리를 뱃전에 표시해 놓았다가 나중에 그 표시를 보고 칼을 찾으려 했다는 고사(故事)에서 유래함]

	훈	음	부수	총획
症 증	증세	증	疒	10

용례
- 症狀(증상):병이나 상처 때문에 나타나는 현상이나 상태
- 痛症(통증):아픈 증세

	훈	음	부수	총획
秩 질	차례	질	禾	10

용례
- 秩序(질서):사물 또는 사회가 올바른 상태를 유지하기 위해서 지켜야 할 일정한 차례나 규칙
- 秩然(질연):질서가 정연한 모양

	훈	음	부수	총획
超 초	넘을 뛰어날	초	走	12

용례
- 超音波(초음파):사람의 귀에 소리로 들리는 한계 주파수 이상이어서 들을 수 없는 음파
- 超過(초과):일정한 수나 한도를 넘음

	훈	음	부수	총획
側 측	곁	측	人(亻)	11

용례
- 側面(측면):1.옆면 2.정면이 아닌 방면
- 側近(측근):1.곁의 가까운 곳 2.측근자(側近者)의 준말

	훈	음	부수	총획
恥 치	부끄러울 욕될	치	心	10

용례
- 恥辱(치욕):수치와 모욕
- 國恥日(국치일):나라가 수치를 당한 날. 흔히 우리나라가 일본에게 국권을 강탈당한 날인 1910년 8월 29일을 이름

	훈	음	부수	총획
妥 타	평온할 온당할	타	女	7

용례
- 妥當(타당):사리에 마땅하고 온당함
- 妥協(타협):두 편이 서로 좋도록 절충하여 협의함, 또는 그 협의

선정 한자 익히기

澤 택	훈	음	부수	총획
	못 윤 덕택	택	水(氵)	16

용례
- 德澤(덕택):베풀어 준 은혜나 도움
- 惠澤(혜택):은혜와 덕택

吐 토	훈	음	부수	총획
	토할	토	口	6

용례
- 吐露(토로):마음에 있는 것을 죄다 드러내어 말
- 實吐(실토):사실대로 내용을 모두 밝히어 말함

販 판	훈	음	부수	총획
	팔	판	貝	11

용례
- 販賣(판매):상품을 팖
- 自販機(자판기):돈을 넣고 지정된 단추를 누르면, 원하는 물건이나 차표 따위가 자동적으로 나오게 되어 있는 기계 장치

咸 함	훈	음	부수	총획
	다	함	口	9

용례
- 咸興差使(함흥차사):심부름을 가서 돌아오지 않거나 소식이 없음의 비유

격려
激勵
- **훈음**: 부딪힐 **격**, 힘쓸 **려**
- **풀이**: 용기나 의욕이 솟아나도록 북돋워 줌
- **쓰임**: 부모님은 나에게 激勵를 아끼지 않으신다.

결함
缺陷
- **훈음**: 빠질 **결**, 빠질 **함**
- **풀이**: 부족하거나 완전하지 못하여 흠이 되는 부분
- **쓰임**: 그 차에는 치명적인 缺陷이 있다.

겸손
謙遜
- **훈음**: 겸손할 **겸**, 겸손할 **손**
- **풀이**: 남을 존중하고 자기를 내세우지 않는 태도가 있음
- **쓰임**: 예로부터 謙遜은 우리 민족의 자랑스러운 미덕이었다.

경각
頃刻
- **훈음**: 잠깐 **경**, 새길 **각**
- **풀이**: 아주 짧은 시간
- **쓰임**: 그의 목숨이 頃刻에 달려있다.

공헌
貢獻
- **훈음**: 바칠 **공**, 드릴 **헌**
- **풀이**: 힘을 써 이바지함
- **쓰임**: 민주주의를 수호하는 데에 많은 시민들의 貢獻이 있었다.

교과서 한자어 자세히 알기

www.hanja114.org

과년 瓜年
- **훈음**: 오이 **과**, 해 **년**
- **풀이**: 결혼하기에 적당한 여자의 나이
- **쓰임**: 그녀의 나이는 瓜年이 되었다.

관용 寬容
- **훈음**: 너그러울 **관**, 얼굴 **용**
- **풀이**: 남이 잘못을 저질렀을 때 그것을 너그럽게 용서하거나 자신과 의견을 달리하는 사람들을 너그럽게 받아들이는 것
- **쓰임**: 민주 시민은 寬容의 태도를 가져야 한다.

광인 狂人
- **훈음**: 미칠 **광**, 사람 **인**
- **풀이**: 미친 사람
- **쓰임**: 하는 짓으로 보아 그는 狂人이다.

괘도 掛圖
- **훈음**: 걸 **괘**, 그림 **도**
- **풀이**: 벽에 걸어 놓고 보는 학습용 그림이나 지도
- **쓰임**: 요새는 掛圖가 거의 쓰이지 않는다.

교묘 巧妙
- **훈음**: 공교할 **교**, 묘할 **묘**
- **풀이**: 솜씨나 재치가 있고 약삭빠름
- **쓰임**: 巧妙한 공예품을 발견했다.

교활
狡猾
- **훈음**: 교활할 **교**, 교활할 **활**
- **풀이**: 간사하고 음흉함
- **쓰임**: 狡猾한 사람이 되지 말아라.

권태
倦怠
- **훈음**: 게으를 **권**, 게으를 **태**
- **풀이**: 어떤 일이나 상태에 시들해져서 생기는 게으름이나 싫증
- **쓰임**: 요즘에 생활이 단조로워 倦怠를 느낀다.

금수
錦繡
- **훈음**: 비단 **금**, 수놓을 **수**
- **풀이**: 수를 놓은 비단
- **쓰임**: 우리나라를 錦繡강산이라 한다.

금슬
琴瑟
- **훈음**: 거문고 **금**, 비파 **슬**
- **풀이**: 거문고와 비파를 아울러 이르는 말. 금실
- **쓰임**: 예전에는 부부간의 사랑을 琴瑟이라고 했으나 지금은 금실로 바뀌었다.

긍지
矜持
- **훈음**: 자랑할 **긍**, 가질 **지**
- **풀이**: 자신의 재능이나 능력 따위를 믿음으로써 가지는 자랑
- **쓰임**: 대한민국 국민으로서의 矜持를 지니고 살고 싶다.

교과서 한자어 자세히 알기

기도 祈禱
- **훈음**: 기도할 **기**, 빌 **도**
- **풀이**: 인간보다 능력이 뛰어나다고 생각하는 어떠한 절대적 존재에게 빎
- **쓰임**: 병든 아들을 위하여 어머니는 간절하게 祈禱했다.

기로 岐路
- **훈음**: 갈림길 **기**, 길 **로**
- **풀이**: 갈림길
- **쓰임**: 여러분은 지금 성공과 실패의 岐路에 서있다.

기만 欺瞞
- **훈음**: 속일 **기**, 속일 **만**
- **풀이**: 남을 속여넘김
- **쓰임**: 남을 欺瞞하는 사람은 벌을 받는다.

기탄 忌憚
- **훈음**: 꺼릴 **기**, 꺼릴 **탄**
- **풀이**: 어렵게 여겨 꺼림
- **쓰임**: 어려운 일이 있으면 아무런 忌憚이 없이 말을 하세요.

나태 懶怠
- **훈음**: 게으를 **라**, 게으를 **태**
- **풀이**: 게으르고 느림
- **쓰임**: 역사 속에서 懶怠, 사치와 낭비를 일삼아 후진국으로 전락하게 된 나라를 많이 볼 수 있다.

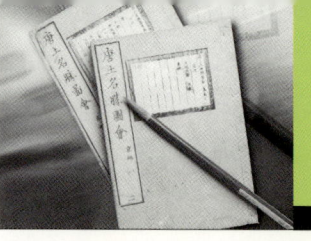

한자자격시험 3급

노옹 老翁
- 훈음: 늙을 **로**, 늙은이 **옹**
- 풀이: 늙은 남자
- 쓰임: 나무 아래에서 老翁 두 분이 장기를 두고 있었다.

대작 對酌
- 훈음: 대할 **대**, 따를 **작**
- 풀이: 마주 대하고 술을 마심
- 쓰임: 그는 對酌할 사람이 없어서 서운했다.

돈독 敦篤
- 훈음: 도타울 **돈**, 도타울 **독**
- 풀이: 인정이 두터움
- 쓰임: 그 아파트 주민들은 이웃 간에 敦篤한 정을 나눈다.

동량 棟梁
- 훈음: 마룻대 **동**, 들보 **량**
- 풀이: 기둥과 들보를 아울러 이르는 말
- 쓰임: 청소년은 나라의 棟梁이다.

멸시 蔑視
- 훈음: 업신여길 **멸**, 보일 **시**
- 풀이: 업신여기거나 하찮게 여겨 깔봄
- 쓰임: 사람을 함부로 蔑視해서는 안된다.

교과서 한자어 자세히 알기

명부 冥府
- **훈음**: 어두울 **명**, 관청 **부**
- **풀이**: 사람이 죽은 뒤에 간다는 영혼의 세계
- **쓰임**: 불교의 冥府는 기독교의 지옥과 비슷하다.

모험 冒險
- **훈음**: 무릅쓸 **모**, 험할 **험**
- **풀이**: 위험을 무릅쓰고 어떠한 일을 함
- **쓰임**: 젊은이들은 위험을 무릅쓰고 冒險을 하곤 한다.

목욕 沐浴
- **훈음**: 목욕할 **목**, 목욕할 **욕**
- **풀이**: 머리를 감으며 온몸을 씻는 일
- **쓰임**: 요즘은 沐浴을 하러 찜질방에 간다.

몰입 沒入
- **훈음**: 빠질 **몰**, 들 **입**
- **풀이**: 깊이 파고들거나 빠짐
- **쓰임**: 나는 어떤 일에 沒入하면 행복하다.

무용 舞踊
- **훈음**: 춤출 **무**, 뛸 **용**
- **풀이**: 음악에 맞추어 율동적인 동작으로 감정과 의지를 표현하는 예술
- **쓰임**: 舞踊은 몸으로 표현하는 예술이다.

미모
美貌
- **훈음**: 아름다울 **미**, 모양 **모**
- **풀이**: 아름다운 얼굴 모습
- **쓰임**: 美貌를 가진 것도 행운이다.

반려
伴侶
- **훈음**: 짝 **반**, 짝 **려**
- **풀이**: 짝이 되는 동무
- **쓰임**: 인생의 伴侶를 구하는 일은 신중히 결정하여야 한다.

비방
誹謗
- **훈음**: 비방할 **비**, 헐뜯을 **방**
- **풀이**: 남을 비웃고 헐뜯어서 말함
- **쓰임**: 함부로 남을 誹謗하지 말아라.

사치
奢侈
- **훈음**: 사치할 **사**, 사치할 **치**
- **풀이**: 필요 이상의 돈이나 물건을 쓰거나 분수에 지나친 생활을 함
- **쓰임**: 그녀는 화려한 것을 좋아하지만 奢侈스러운 것은 아니다.

소외
疏外
- **훈음**: 성길 **소**, 바깥 **외**
- **풀이**: 어떤 무리에서 싫어하여 따돌리거나 멀리함
- **쓰임**: 인간이 인간을 疏外시키는 것은 매우 나쁜 일이다.

교과서 한자어 자세히 알기

www.hanja114.org

수면 睡眠
- **훈음**: 졸 **수**, 잠잘 **면**
- **풀이**: 잠을 자는 일
- **쓰임**: 요즘 학생은 睡眠 부족이다.

수모 受侮
- **훈음**: 받을 **수**, 업신여길 **모**
- **풀이**: 모욕을 받음
- **쓰임**: 受侮는 '창피당함'으로 순화해서 쓴다.

수치 羞恥
- **훈음**: 부끄러울 **수**, 부끄러울 **치**
- **풀이**: 부끄러움
- **쓰임**: 그런 일을 저지르고도 羞恥를 모르면 사람이 아니다.

순간 瞬間
- **훈음**: 눈깜짝할 **순**, 사이 **간**
- **풀이**: 아주 짧은 동안
- **쓰임**: 지금이 가장 중요한 瞬間이다.

신중 愼重
- **훈음**: 삼갈 **신**, 무거울 **중**
- **풀이**: 매우 조심스러움
- **쓰임**: 다음 일은 더욱 愼重을 기해야 했다.

5-2. 교과서 한자어 자세히 알기 199

애도 哀悼
- **훈음**: 슬플 애, 슬퍼할 도
- **풀이**: 사람의 죽음을 슬퍼함
- **쓰임**: 유가족에게 심심한 哀悼의 뜻을 표했다.

연민 憐憫
- **훈음**: 불쌍할 련, 불쌍히여길 민
- **풀이**: 불쌍하고 가련하게 여김
- **쓰임**: 자기 憐憫에 빠지면 우울해진다.

염세 厭世
- **훈음**: 싫을 염, 세상 세
- **풀이**: 세상을 괴롭고 귀찮은 것으로 여겨 비관함
- **쓰임**: 그가 지독한 厭世에 빠져버렸다.

영결 永訣
- **훈음**: 길 영, 이별할 결
- **풀이**: 죽은 사람과 산 사람이 서로 영원히 헤어짐
- **쓰임**: 아버지와 永訣하는 자리에서 그 아이는 내내 울었다.

영양 令嬢
- **훈음**: 하여금 령, 아가씨 양
- **풀이**: 윗사람의 딸을 높여 이르는 말. 영애
- **쓰임**: 이 아가씨가 그분의 令嬢이시다.

교과서 한자어 자세히 알기

오만 傲慢
- **훈음**: 거만할 **오**, 거만할 **만**
- **풀이**: 태도나 행동이 건방지거나 거만함
- **쓰임**: '傲慢과 편견'은 재미있는 책이다.

완화 緩和
- **훈음**: 느릴 **완**, 화할 **화**
- **풀이**: 긴장된 상태나 급박한 것을 느슨하게 함
- **쓰임**: 온갖 규제를 緩和했다.

외경 畏敬
- **훈음**: 두려울 **외**, 공경 **경**
- **풀이**: 공경하면서 두려워함
- **쓰임**: 조국 광복에 몸 바친 열사의 삶은 畏敬의 대상이다.

요절 夭折
- **훈음**: 일찍죽을 **요**, 꺾을 **절**
- **풀이**: 젊은 나이에 죽음
- **쓰임**: 김소월은 夭折했다.

위로 慰勞
- **훈음**: 위로할 **위**, 힘쓸 **로**
- **풀이**: 따뜻한 말이나 행동으로 괴로움을 덜어 주거나 슬픔을 달래 줌
- **쓰임**: 슬픈 사람에게는 慰勞가 필요하다.

유대 紐帶
- 훈음: 끈 **뉴**, 띠 **대**
- 풀이: 끈과 띠라는 뜻으로, 둘 이상을 서로 연결하거나 결합하게 하는 것. 또는 그런 관계
- 쓰임: 건강한 가정은 가족 간의 紐帶가 긴밀한 가정이다.

유치 幼稚
- 훈음: 어릴 **유**, 어릴 **치**
- 풀이: 나이가 어림. 생각이나 하는 짓이 어림
- 쓰임: 나이에 비해 그는 幼稚하다.

유혹 誘惑
- 훈음: 꾈 **유**, 미혹할 **혹**
- 풀이: 꾀어서 정신을 혼미하게 하거나 좋지 아니한 길로 이끎
- 쓰임: 그분은 많은 誘惑을 물리쳤다.

익일 翌日
- 훈음: 다음날 **익**, 날 **일**
- 풀이: 어느 날의 뒤에 오는 날. 다음 날
- 쓰임: 翌日에 또 봅시다.

임신 姙娠
- 훈음: 아이밸 **임**, 아이밸 **신**
- 풀이: 아이나 새끼를 뱀
- 쓰임: 姙娠을 하면 좋은 부모가 되는 법을 배우며, 아이의 출산을 기다려야 한다.

5. 나와 우리

교과서 한자어 자세히 알기

자괴 自愧
- **훈음**: 스스로 **자**, 부끄러울 **괴**
- **풀이**: 스스로 부끄러워함
- **쓰임**: 내가 이 정도의 인간이라는 데에 自愧감을 갖게 되었다.

잠수 潛水
- **훈음**: 잠길 **잠**, 물 **수**
- **풀이**: 물속으로 잠겨 들어감
- **쓰임**: 바다 속 깊이 潛水를 하면 아름다운 풍경이 펼쳐진다.

잠시 暫時
- **훈음**: 잠깐 **잠**, 때 **시**
- **풀이**: 짧은 시간
- **쓰임**: 그 아이는 暫時도 엄마와 떨어지려고 하지 않는다.

전도 顚倒
- **훈음**: 넘어질 **전**, 넘어질 **도**
- **풀이**: 거꾸로 됨
- **쓰임**: 가치가 顚倒되어 있는 상태에서는 무엇이 옳고 그른지 알 수가 없다.

절규 絕叫
- **훈음**: 끊을 **절**, 부르짖을 **규**
- **풀이**: 있는 힘을 다하여 절절하고 애타게 부르짖음
- **쓰임**: 이산가족들의 絕叫가 처절하다.

주말
週末
- 훈음: 주일 **주**, 끝 **말**
- 풀이: 한 주일의 끝 무렵
- 쓰임: 週末에는 나들이 차량이 많다.

중용
中庸
- 훈음: 가운데 **중**, 떳떳할 **용**
- 풀이: 지나치거나 모자라지도 아니하고 한쪽으로 치우치지도 아니한, 떳떳하며 변함이 없는 상태나 정도
- 쓰임: 中庸을 지키기가 쉽지 않다.

증오
憎惡
- 훈음: 미워할 **증**, 미워할 **오**
- 풀이: 아주 사무치게 미워함
- 쓰임: 그는 그녀의 憎惡 대상이 되었다.

지옥
地獄
- 훈음: 땅 **지**, 지옥 **옥**
- 풀이: 큰 죄를 짓고 죽은 사람들이 구원을 받지 못하고 끝없이 벌을 받는다는 곳
- 쓰임: 전쟁으로 자식을 잃는 부모들에게는 세상이 地獄이나 다름없다.

지혜
智慧
- 훈음: 지혜 **지**, 지혜 **혜**
- 풀이: 사물의 이치를 빨리 깨닫고 사물을 정확하게 처리하는 정신적 능력
- 쓰임: 우리의 문화 유산에는 조상들의 정신과 智慧가 담겨있다.

교과서 한자어 자세히 알기

착잡 錯雜
- **훈음**: 섞일 **착**, 섞일 **잡**
- **풀이**: 뒤섞이어 어수선함
- **쓰임**: 시험 결과를 기다리는 동안 그녀의 마음은 錯雜했다.

청렴 淸廉
- **훈음**: 맑을 **청**, 청렴할 **렴**
- **풀이**: 마음이 고결하고 재물 욕심이 없음
- **쓰임**: 공직자들은 다른 사람보다 더욱 淸廉해야 한다.

축구 蹴球
- **훈음**: 찰 **축**, 공 **구**
- **풀이**: 주로 발로 공을 차서 상대편의 골에 공을 많이 넣는 것으로 승부를 겨루는 경기
- **쓰임**: 월드컵 蹴球 경기는 많은 사람의 관심을 끌었다.

취기 醉氣
- **훈음**: 술취할 **취**, 기운 **기**
- **풀이**: 술에 취하여 얼근하여진 기운
- **쓰임**: 醉氣가 느껴질 땐 행동을 조심해야 한다.

취미 趣味
- **훈음**: 취미 **취**, 맛 **미**
- **풀이**: 전문적으로 하는 것이 아니라 즐기기 위하여 하는 일
- **쓰임**: 趣味 생활을 즐기는 것이 여가를 보람 있게 보내는 하나의 방법이다.

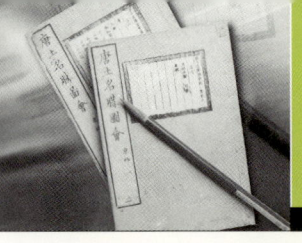

한 자 자 격 시 험 3 급

침구 鍼灸
- 훈음: 침 **침**, 뜸 **구**
- 풀이: 침과 뜸을 아울러 이르는 말
- 쓰임: 한의사가 鍼灸를 이용하여 치료를 한다.

침묵 沈默
- 훈음: 잠길 **침**, 잠잠할 **묵**
- 풀이: 아무 말도 없이 잠잠히 있음. 또는 그런 상태
- 쓰임: 웅변은 은이요, 沈默은 금이다.

칭찬 稱讚
- 훈음: 부를 **칭**, 기릴 **찬**
- 풀이: 좋은 점이나 착하고 훌륭한 일을 높이 평가함
- 쓰임: '稱讚은 고래도 춤추게 한다'는 책도 있다.

타락 墮落
- 훈음: 떨어질 **타**, 떨어질 **락**
- 풀이: 올바른 길에서 벗어나 잘못된 길로 빠지는 일
- 쓰임: 자신을 소중히 여기지 않으면 쉽게 墮落할 수 있다.

탁마 琢磨
- 훈음: 쪼을 **탁**, 갈 **마**
- 풀이: 옥이나 돌 따위를 쪼고 갊. 학문이나 덕행 따위를 닦음
- 쓰임: 학자는 학문을 琢磨해야 한다.

206 5. 나와 우리

교과서 한자어 자세히 알기

탐욕 貪慾
- **훈음**: 탐할 **탐**, 욕심 **욕**
- **풀이**: 지나치게 탐하는 욕심
- **쓰임**: 貪慾은 자신뿐만 아니라 다른 사람까지도 불행하게 한다.

태기 胎氣
- **훈음**: 아이밸 **태**, 기운 **기**
- **풀이**: 아이를 밴 기미
- **쓰임**: 자손이 귀한 그 집안에서 며느리에게 胎氣가 있자 가족들이 모두 즐거워한다.

허락 許諾
- **훈음**: 허락할 **허**, 허락할 **낙**
- **풀이**: 청하는 일을 하도록 들어줌
- **쓰임**: 아이가 게임을 지나치게 많이 하도록 許諾할 수는 없다.

형설 螢雪
- **훈음**: 반딧불 **형**, 눈 **설**
- **풀이**: 고생하면서도 꾸준히 학문을 닦음
- **쓰임**: 그는 螢雪의 공을 쌓았다.

홀연 忽然
- **훈음**: 갑자기 **홀**, 그럴 **연**
- **풀이**: 뜻하지 아니하게 갑자기
- **쓰임**: 그는 忽然히 떠났다.

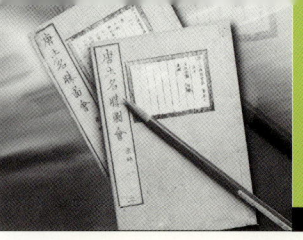

한자자격시험 3급

화촉 華燭

- **훈음** 빛날 **화**, 촛불 **촉**
- **풀이** 빛깔을 들인 밀초
- **쓰임** 춘향과 이도령은 華燭을 밝혔다.

회자 膾炙

- **훈음** 회 **회**, 고기구울 **자**
- **풀이** 칭찬을 받으며 사람의 입에 자주 오르내림을 이르는 말
- **쓰임** 그의 명언은 많은 사람의 입에 膾炙되고 있다.

희생 犧牲

- **훈음** 희생 **희**, 희생 **생**
- **풀이** 다른 사람이나 어떤 목적을 위하여 자신의 목숨, 재산, 명예, 이익 따위를 바치거나 버림
- **쓰임** 전쟁은 선량한 많은 사람들을 犧牲시킨다.

208 5. 나와 우리

고사성어와 한자성어

 **고사성어**

 신상필벌
(상을 받을 만한 사람에게는) 반드시 상을 주고, (벌을 받을 만한 사람에게는) 반드시 벌을 준다'는 뜻으로, 상벌을 규정대로 분명하게 하는 경우를 이름

 해마다 연말이 되면 각 방송사는 연말 특집 프로그램을 준비하느라 분주합니다. 이 때 빠지지 않는 것이 연기대상, 가요대상 등 각종 시상 프로그램입니다. 그런데 실제로 연기를 잘하거나 노래를 잘한 사람보다는 인기를 많이 얻은 사람이 상을 받는 경우가 많아 '신상필벌(信賞必罰)' 이 잘 지켜지지 않는다고 합니다. 이렇게 되면 열심히 하려는 사람들을 격려하려는 본래의 취지를 잃어버리고 마는 것입니다. 비단 연예 프로그램 뿐 아니라 사회 전반을 보더라도 '신상필벌'이 잘 지켜질 때 원칙과 질서가 바로 설 수 있을 것입니다. '신상필벌(信賞必罰)' 은 법가의 학문 중 대표적인 것으로 상앙(商鞅)에 의해 유명해진 말입니다.

상앙은 진나라에 등용이 되자 평상시 자신의 생각대로 '신상필벌(信賞必罰)' 의 원칙에 따라 매우 엄격한 법을 만들었습니다. 그러나 당시 진나라를 다스리던 효공은 그 법이 너무 엄격하다고 생각하여 받아들이지 못했습니다.

이에 상앙은 효공을 설득할 방법을 생각했습니다. 그리고는 길다란 장대 하나를 시장의 남쪽 문에 세워놓고 그 장대를 북쪽 문에 옮겨 놓는 사람에게는 금 10돈을 주겠다고 방을 내걸었습니다. 그러나 아무도 옮기지 않았습니다. 그러자 이번에는 금 50돈을 주겠다고 하였습니다. 이에 거지 한 명이 장난삼아 장대를 북쪽으로 옮기자, 상앙은 기다렸다는 듯이 그 자리에서 금 50돈을 주었습니다.

이 일로 백성들에게서 믿음을 얻었다고 생각한 그는 자신이 만든 법령을 공포했습니다. 법이 너무 엄격했기 때문에 백성들은 모두 불만이 많았습니다. 그러다가 태자가 법을 어겼습니다. 그러자 그는 태자를 죽이는 대신 그를 가르친 스승을 참형에 처했습니다. 이렇게 하기를 10년. 마침내 진나라는 강대국이 되었고, 진시황은 중국을 통일하게 되었습니다.

그러나 결국 가혹한 법을 만든 상앙도 자신이 만든 법에 걸려 마침내 자신이 창안한 거열형(죄인의 사지를 각각 네 수레에 매어 달리게 하여 신체를 찢는 가혹한 형벌)에 처해져 죽고 말았다고 합니다.

여기서 유래한 '신상필벌(信賞必罰)' 이란 상과 벌을 정해진 규정대로 분명하게 지켜서 행하는 것, 즉 법을 제대로 지켜 상을 받을 만한 사람에게는 지위에 상관없이 반드시 상을 주고, 법을 어긴 사람은 그 누구라도 벌을 받아야 한다는 것입니다. 요즈음은 특히 기업에서 실적 평가나 각종 업무 수행에 있어 '신상필벌(信賞必罰)' 을 확실하게 하여 경쟁 체제를 이루는 경우가 많이 있습니다.

한 자 자 격 시 험 3 급

다 함　　일으킬 흥　　부릴 차　　부릴 사

함흥차사

함흥(咸興)으로 보낸 차사(差使)'란 뜻으로, 심부름을 가서 오지 않거나 늦게 온 사람을 이르는 말

　　한 번 간 뒤 소식이 없거나, 돌아오지 않는 사람을 일컬어 '함흥차사(咸興差使)' 라 합니다. 함흥이라는 지방에 차사(왕이 중요한 임무를 위하여 특별히 차출하여 파견하는 관리)로 갔다는 이야기인데 조선을 건국한 태조 이성계에서 유래한 고사성어입니다.

　　조선 태조 이성계에게는 8명의 아들이 있었습니다. 이성계는 계비의 아들인 방석을 자신의 후계자로 삼고자 세자로 책봉하였습니다. 그러자 정비 소생인 방원이 불만을 품고 왕자의 난을 일으켜 방번과 방석을 죽였습니다. 방원은 그의 스승이며 개국 공신인 정도전 역시 죽이고 방과를 세자로 앉혔다가, 2년 뒤 방원 스스로 왕위에 올라 태종이 되었습니다.

　　왕자들이 두 번이나 끔찍한 살육전을 벌이자 이성계는 크게 분노하여 방원과 인연을 끊고 옥새를 가지고 고향인 함흥으로 돌아갔습니다. 이에 방원은 아버지로부터 정식으로 인정받지 못하여 마음으로 크게 걱정하다가, 함흥으로 차사를 보내어 태조 대왕을 한양으로 다시 모셔 오기로 했습니다.

　　방원은 곧 차사를 뽑아 함흥으로 보냈으나 함흥에 간 차사는 돌아오지 않았습니다. 이는 왕자의 난을 일으킨 방원에게 울분을 느낀 태조 이성계가 함흥에 온 차사를 죽이거나 잡아 가두고 보내지 않았기 때문이었습니다. 후에 방원은 아버지 이성계와 친분이 깊었던 사람들을 다시 차사로 하여 함흥으로 보냈지만 아버지를 모셔오지는 못했습니다.

　　그러던 것이 1402년 12월, 무학대사를 함흥으로 보내어 간청하자, 이성계는 비로소 한양으로 돌아왔고 아들 방원에게 옥새를 물려주었다고 합니다.

　　이런 일이 있은 뒤부터 함흥에 갔던 차사들이 돌아오지 않았던 것처럼, 한번 간 뒤 소식도 없고 돌아오지 않는 사람들을 가리켜 '함흥차사(咸興差使)' 라는 말을 쓰게 되었습니다.

5. 나와 우리

고사성어와 한자성어

알아두면 유익한 한자성어

鷄卵有骨
닭 계 / 알 란 / 있을 유 / 뼈 골

계란유골
'계란에 뼈가 있다'는 뜻으로, 운이 나쁜 사람은 모처럼 좋은 기회가 와도 일이 잘 안풀린다는 뜻

金字塔
쇠 금 / 글자 자 / 탑 탑

금자탑
'금(金) 모양으로 생긴 탑'이라는 뜻으로, 본래는 '피라미드'를 가리킨 말이었는데 요즘에는 주로 '후세에까지 빛날 훌륭한 업적'을 뜻함

老馬之智
늙을 로 / 말 마 / 이조시 지 / 지혜 지

노마지지
'늙은 말의 지혜'라는 뜻으로, ①아무리 하찮은 것일지라도 저마다 장기(長技)나 장점을 지니고 있음 ②경험을 쌓은 사람이 갖춘 지혜를 이름

得意揚揚
얻을 득 / 뜻 의 / 날릴 양 / 날릴 양

득의양양
'뜻을 얻어 기분이 썩 좋다.'는 말로, 뜻한 바를 이루어 우쭐거리며 뽐내는 모양을 이름

한자자격시험 3급

목불식정
目不識丁
눈 목 / 아니 불 / 알 식 / 고무래 정

"(아주 간단한 글자인) '丁' 자를 보고도 (그것이 '고무래' 인 줄을) 알지 못한다는 뜻.'으로, 까막눈임을 이르는 말"

배은망덕
背恩忘德
등질 배 / 은혜 은 / 잊을 망 / 덕 덕

'입은 은덕을 잊어버리고 배신한다.' 는 뜻으로, 은혜를 모르는 경우를 이름

빙자옥질
氷姿玉質
얼음 빙 / 맵시 자 / 구슬 옥 / 바탕 질

'얼음같이 맑고 고운 모습과 옥같은 자질' 이라는 뜻으로, 매화를 상징하는 말

빙탄지간
氷炭之間
얼음 빙 / 숯 탄 / 어조사 지 / 사이 간

'얼음과 숯불 사이' 라는 뜻으로, 얼음과 숯불처럼 그 성질이 상반되어 서로 조화를 이루어 함께 할 수 없는 경우를 말함

한자자격시험 3급

臨機應變
임할 **임** / 틀 **기** / 응할 **응** / 변할 **변**

임기응변
'어떤 경우에 임하여서도 변화에 응한다.'는 뜻으로, 그때 그때의 사정을 보아 알맞고 적당하게 일을 처리함을 이름

張三李四
베풀 **장** / 석 **삼** / 오얏 **리** / 넉 **사**

장삼이사
'장씨 집의 셋째 아들과 이씨 집의 넷째 아들'이라는 뜻으로, 평범한 보통 사람을 이름. 필부필부(匹夫匹婦), 갑남을녀(甲男乙女)

朝令暮改
아침 **조** / 명령할 **령** / 저물 **모** / 고칠 **개**

조령모개
'아침에 명령한 것을 저녁에 다시 바꾼다.'는 뜻으로, 명령을 내린 것이 일관성 없이 자주 바뀌어 종잡을 수가 없음을 뜻함

天高馬肥
하늘 **천** / 높을 **고** / 말 **마** / 살찔 **비**

천고마비
'하늘은 높고 말은 살찐다.'는 뜻으로, 하늘이 맑고 모든 것이 풍성함을 이르는 말

단원 마무리 연습문제

♣ 다음 ( )안에 공통으로 들어갈 한자를 〈보기〉에서 골라 쓰세요.(1~8)

보기
拳 耐 擔 妄 睦 儀 裝 側

1. ( )鬪, 鐵( )
2. ( )言, 老( )
3. ( )當, 負( )
4. ( )面, ( )近
5. ( )禮, ( )式
6. 親( ), 和( )
7. 端( ), 包( )
8. 忍( ), ( )久性

♣ 다음 〈보기〉의 한자를 조합하여 설명에 맞는 한자어를 쓰세요. (9~15)

보기
秩 澤 範 久 悠 唱 圍
價 齊 序 株 當 惠 妥

9. 아득하게 오램
   ( )

10. 주식이나 주권의 가격
    ( )

11. 테두리가 정하여진 구역
    ( )

12. 일의 이치로 보아 옳음
    ( )

13. 은혜와 덕택을 아울러 이르는 말
    ( )

14. 같은 가락을 두 사람 이상이 동시에 노래함
    ( )

15. 혼란 없이 순조롭게 이루어지게 하는 사물의 순서나 차례
    ( )

♣ 다음 문장의 ( )안에 들어갈 한자어가 바르게 쓰인 것을 고르세요. (16~19)

16. 부모님은 나에게 ( )를 아끼지 않는다.
    ① 倦怠 ② 激勵 ③ 懶怠 ④ 美貌

17. 그에게는 ( )한 딸이 있다.
    ① 趣味 ② 忽然 ③ 瓜年 ④ 週末

18. 그 차에는 치명적인 ( )이 있다.
    ① 謙遜 ② 愼重 ③ 中庸 ④ 缺陷

19. 그 아파트 주민들은 이웃 간에 ( )한 정을 나눈다.
    ① 掛圖 ② 敦篤 ③ 舞踊 ④ 冒險

♣ 다음에 주어진 설명이 뜻하는 한자어를 고르세요. (20~23)

20. 솜씨나 재주 따위가 재치 있게 약삭빠르고 묘함
    ① 巧妙 ② 琴瑟 ③ 姙娠 ④ 暫時

21. 어렵게 여겨 꺼림
    ① 翌日 ② 忌憚 ③ 胎氣 ④ 地獄

22. 엎어져 넘어지거나 넘어뜨림
    ① 棟梁 ② 老翁 ③ 顚倒 ④ 鍼灸

23. 주로 예식에 사용되는 색이 있는 밀초
    ① 智慧 ② 沒入 ③ 螢雪 ④ 華燭

♣ 다음 지시에 적합한 한자를 〈보기〉에서 골라 써 보세요. (24~30)

보기

逃　優　俊　貫　貢　郵　緣

24. 恭와(과) 소리가 같은 것?
    (　　　　　　)

25. 宴와(과) 소리가 같은 것?
    (　　　　　　)

26. 愚와(과) 소리가 같은 것?
    (　　　　　　)

27. 劣와(과) 반대의 뜻을 가진 것?
    (　　　　　　)

28. 傑와(과) 의미가 유사한 것?
    (　　　　　　)

29. 通와(과) 의미가 유사한 것?
    (　　　　　　)

30. 避와(과) 의미가 유사한 것?
    (　　　　　　)

♣ 다음 한자의 뜻과 음을 쓰세요. (31~34)

31. 條　(　　　　　　)

32. 超　(　　　　　　)

33. 奇　(　　　　　　)

34. 鹿　(　　　　　　)

♣ 다음 한자어의 독음을 쓰세요. (35~40)

35. 額面　(　　　　　　)

36. 吐露　(　　　　　　)

37. 障壁　(　　　　　　)

38. 娘子　(　　　　　　)

39. 生栗　(　　　　　　)

40. 倒置　(　　　　　　)

정답

1. 拳	2. 妄	3. 擔	4. 側
5. 儀	6. 睦	7. 裝	8. 耐
9. 悠久	10. 株價	11. 範圍	12. 妥當
13. 惠澤	14. 齊唱	15. 秩序	16. ②
17. ③	18. ④	19. ②	20. ①
21. ②	22. ③	23. ④	24. 貢
25. 緣	26. 郵	27. 優	28. 俊
29. 貫	30. 逃	31. 조목 조	32. 넘을 초
33. 기이할 기	34. 사슴 록	35. 액면	36. 토로
37. 장벽	38. 낭자	39. 생률	40. 도치

6 연습문제 및 최근 기출문제

한자실력급수 자격시험 3급 연습문제 <1>

객관식 (1~30번)

※ [　]안의 한자와 음(소리)이 같은 한자는?

1. [盲] ①銘 ②血 ③盟 ④宣

2. [丈] ①村 ②倉 ③夫 ④裝

3. [距] ①拒 ②苟 ③辛 ④介

4. [庶] ①衆 ②甘 ③署 ④次

5. [慣] ①項 ②管 ③遺 ④貢

※ [　]안의 한자와 뜻이 비슷하거나 같은 한자는?

6. [盜] ①茶 ②餓 ③賊 ④慾

7. [濯] ①淡 ②沿 ③減 ④洗

※ [　]안의 한자와 뜻이 반대되거나 상대되는 한자는?

8. [取] ①普 ②捨 ③得 ④最

9. [易] ①難 ②交 ③傷 ④亂

※ <보기>의 단어들과 가장 관련이 깊은 한자는?

10. <보기> 공납 부역 세금

    ①租 ②輸 ③祥 ④索

11. <보기> 오각형 삼각형 다각형

    ①郵 ②額 ③述 ④樣

12. <보기> 결혼 혼례 신부

    ①粉 ②龍 ③姻 ④司

※ [　] 안의 단어를 한자로 알맞게 쓴 것은?

13. 경찰을 [사칭]한 남자가 구속되었다.

    ①詐稱 ②斯稱 ③使稱 ④私稱

14. 잠들기 전에 가벼운 체조를 하면 [숙면]을 취할 수 있다.

    ①宿眠 ②熟面 ③宿面 ④熟眠

15. 사령관의 [지휘]아래 모든 병사들은 만반의 태세를 갖추었다.

    ①止揮 ②指揮 ③持揮 ④支揮

※ 주어진 뜻에 알맞은 한자어는?

16. 남을 속여 넘김.

　　① 巧妙　② 欺瞞　③ 赦免　④ 懲罰

17. 90도보다는 크고 180도보다는 작은 각.

　　① 鈍角　② 根幹　③ 狀況　④ 抄錄

18. 한의학에서 침과 뜸을 아울러 이르는 말.

　　① 奢侈　② 天賦　③ 鍼灸　④ 狡猾

19. 있는 힘을 다하여 절절하고 애타게 부르짖음.

　　① 隔差　② 絕叫　③ 覆蓋　④ 店鋪

20. 몇몇 기업이 어떤 상품 시장의 대부분을 지배하는 상태.

　　① 蒸散　② 雇傭　③ 分析　④ 寡占

21. 연극이나 영화 따위에 등장하는 인물로 분장하여 연기를 하는 사람.

　　① 俳優　② 排斥　③ 賠償　④ 咽喉

22. 힘줄과 살을 통틀어 이르는 말. 동물의 운동을 맡은 기관.

　　① 枯死　② 膾炙　③ 筋肉　④ 混濁

23. 현실적인 기초나 가능성이 없는 헛된 생각이나 공상.

　　① 魂魄　② 許諾　③ 含蓄　④ 幻想

24. 이십팔수의 둘째 별자리에 있는 별들.

　　① 亢星　② 旱魃　③ 抛棄　④ 平衡

25. 동굴 속에서 삶. 또는 그런 동굴.

　　① 特殊　② 把握　③ 耽溺　④ 穴居

※ [　] 안에 들어갈 한자어로 알맞은 것은?

26. 국경일에는 국기를 [　]해야 한다.

　　① 琴瑟　② 揭揚　③ 埋藏　④ 勅書

27. 진정한 학자는 무력에 [　]하지 않는다.

　　① 昇華　② 濃度　③ 透明　④ 屈伏

28. 소아과 [　]은 병원 주차장과 연결되어 있다.

　　① 諫言　② 搜査　③ 病棟　④ 塵土

29. 그는 어머니를 보는 [　], 참았던 눈물을 터뜨렸다.

　　① 瞬間　② 生殖　③ 厭世　④ 瑕疵

30. 성적이 우수한 학생은 학교장의 [　]을/를 받을 수 있다.

　　① 推薦　② 膽囊　③ 捕虜　④ 哀悼

한자실력급수 자격시험 3급 연습문제 <1>

주관식 (1~70번)

※ 한자의 훈과 음을 쓰시오.

주1. 娘 (   )

주2. 峰 (   )

주3. 胃 (   )

주4. 帶 (   )

주5. 訂 (   )

주6. 映 (   )

주7. 斤 (   )

주8. 贊 (   )

주9. 範 (   )

주10. 糧 (   )

※ 훈과 음에 맞는 한자를 <보기>에서 찾아 쓰시오.

| <보기> | 悠 鬪 薄 劍 塔 岸 壁 超 被 池 |

주11. 엷을   박 (   )

주12. 넘을   초 (   )

주13. 언덕   안 (   )

주14. 싸울   투 (   )

주15. 못   지 (   )

※ 한자어의 독음을 쓰시오.

주16. 爆彈 (   )

주17. 戀慕 (   )

주18. 容恕 (   )

주19. 畿湖 (   )

주20. 逃避 (   )

주21. 激情 (   )

- 222 -

주22. 巡察　(　　　　　)

주23. 朝廷　(　　　　　)

주24. 胸像　(　　　　　)

주25. 總督　(　　　　　)

주26. 驛前　(　　　　　)

주27. 故障　(　　　　　)

주28. 貫通　(　　　　　)

주29. 危險　(　　　　　)

주30. 債務　(　　　　　)

주31. 昌慶宮　(　　　　　)

주32. 於此彼　(　　　　　)

※ <보기>의 뜻을 참고하여 ○안에 공통으로 들어갈 한자를 쓰시오.

주33. (1) ○母　(2) ○婦　(　　　　　)

<보기>	(1) 아버지의 누이를 이르거나 부르는 말. (2) 시어머니와 며느리를 아울러 이르는 말.

주34. (1) ○當　(2) ○協　(　　　　　)

<보기>	(1) 일의 이치로 보아 옳음. (2) 어떤 일을 서로 양보하여 협의함.

주35. (1) 儉○　(2) 元○　(　　　　　)

<보기>	(1) 사치하지 않고 꾸밈없이 수수함. (2) 집합을 이루는 낱낱의 요소 또는 모든 물질을 구성하는 기본적 요소.

※ ○안에 공통으로 들어갈 한자를 <보기>에서 찾아 쓰시오.

<보기>	季　覺　付　奔　條　繁

주36. 貸○　結○　送○　(　　　　　)

주37. ○悟　感○　味○　(　　　　　)

주38. ○目　約○　法○　(　　　　　)

※ 문장에서 잘못 쓴 한자를 바르게 고쳐 쓰시오. (단, 음이 같은 한자로 고칠 것)

주39. 바른 自勢로 앉아서 책을 읽었다.

(　　　→　　　)

주40. 우리글에 대한 애정과 自富心을 가지자.

(　　　→　　　)

한자실력급수 자격시험 3급 연습문제 <1>

※ [ ]안의 단어를 한자로 쓰시오.

주41. 약수터 옆 [**정자**]에서 땀을 식혔다.
( )

주42. 노을 진 [**강변**]을 따라 산책을 했다.
( )

주43. 절박한 위기에서도 [**저력**]을 발휘하였다.
( )

주44. 배아세포를 이용한 임상 [**실험**]이 한창이다.
( )

주45. 남의 일에 지나친 [**간섭**]은 피하는 것이 좋다.
( )

※ [ ]안의 한자어 독음을 쓰시오.

주46. [漏電]을 막는 차단기를 설치했다.
( )

주47. [燃燒]작용은 화학 반응의 일종이다.
( )

주48. 황희 정승은 [淸廉]한 관리로 유명하다.
( )

주49. 항구에는 거대한 [船舶]들이 즐비했다.
( )

주50. 그는 [錯雜]한 표정으로 심경을 고백했다.
( )

주51. 이번 [週末]에 설악산으로 여행을 갈 계획이다.
( )

주52. 한반도에는 많은 섬들이 [附屬]되어 있다.
( )

주53. 혈소판은 혈액을 [凝固]시키는 역할을 한다.
( )

주54. 백제의 [古墳] 발굴이 본격적으로 시작되었다.
( )

주55. 학력을 [僞造]한 유명인들이 질타의 대상이 되었다.
( )

주56. 공적인 말에 [蛇足]을 붙이면 대화의 질이 낮아진다.
( )

주57. 그는 가까운 세력들과 [謀議]하여 지위 탈환을 꾀했다.
( )

주58. 그 농장에서는 [家畜]의 분뇨를 주원료로 하는 친환경 비료를 사용한다.
(　　　　)

주59. 공적인 자리에서는 사투리보다 [標準語]를 사용해야 한다.　(　　　　)

주60. 국가는 그의 독립 투쟁의 정신을 기리며, 보훈 [勳章]을 내렸다. (　　　　)

주61. 오늘 촬영한 내용은 [編輯] 후에 다음 달에 방송될 예정이다.　(　　　　)

주62. 오늘 과학 시간에는 개구리 [解剖]를 하겠습니다.　(　　　　)

주63. 그는 앞서 달리던 선수와의 [衝突]로 부상을 입었다.　(　　　　)

주64. 차가 막혀서 시간이 [遲滯]되었다.
(　　　　)

주65. 피부 [乾燥]를 막기 위해서는 물을 자주 마셔야 한다.　(　　　　)

※ 한자성어의 설명을 읽고 ○안에 들어갈 한자를 차례대로 쓰시오.

주66. 孟母○○　(　,　)

[맹모단기] 맹자가 학업을 중단하고 돌아왔을 때에, 그 어머니가 짜던 베를 잘라서 학문을 중도에 그만둔 것을 훈계한 일을 이르는 말.

주67. ○上加○　(　,　)

[설상가상] 눈 위에 서리가 덮인다는 뜻으로, 난처한 일이나 불행한 일이 잇따라 일어남을 이르는 말.

주68. ○顔無○　(　,　)

[후안무치] 뻔뻔스러워 부끄러움이 없음.

주69. ○物○知　(　,　)

[격물치지] 실제 사물의 이치를 연구하여 지식을 완전하게 함.

주70. ○地○之　(　,　)

[역지사지] 처지를 바꾸어서 생각하여 봄.

한자실력급수 자격시험 3급 연습문제 <2>

객관식 (1~30번)

※ [ ] 안의 한자와 음(소리)이 같은 한자는?

1. [囚] ① 輸 ② 寅 ③ 恩 ④ 困

2. [研] ① 修 ② 變 ③ 宴 ④ 涯

3. [卜] ① 占 ② 副 ③ 朴 ④ 複

4. [契] ① 械 ② 續 ③ 皆 ④ 亨

5. [貢] ① 覺 ② 恭 ③ 兼 ④ 弘

※ [ ] 안의 한자와 뜻이 비슷하거나 같은 한자는?

6. [考] ① 誌 ② 熊 ③ 終 ④ 慮

7. [避] ① 早 ② 逃 ③ 鬪 ④ 拓

※ [ ] 안의 한자와 뜻이 반대되거나 상대되는 한자는?

8. [昏] ① 冠 ② 咸 ③ 明 ④ 陳

9. [慶] ① 弔 ② 測 ③ 哲 ④ 恥

※ <보기>의 단어들과 가장 관련이 깊은 한자는?

10. <보기> 재판 법원 판사

① 濟 ② 周 ③ 憲 ④ 裕

11. <보기> 멀미 복통 감기

① 珍 ② 資 ③ 獎 ④ 症

12. <보기> 뜨개질 그물 섬유

① 照 ② 組 ③ 租 ④ 籍

※ [ ] 안의 단어를 한자로 알맞게 쓴 것은?

13. 불화가 끊이지 않던 그 부부는 결국 [파경]에 이르고 말았다.

① 波鏡 ② 波境 ③ 破鏡 ④ 破境

14. 그는 지난 [추억]을 떠올리며 미소를 지었다.

① 推憶 ② 追億 ③ 推億 ④ 追憶

15. 그 기업체의 [주식]이 증권 거래소에 상장되었다.

① 株式 ② 株植 ③ 柱植 ④ 柱式

※ 주어진 뜻에 알맞은 한자어는?

16. 식어서 차게 됨. 또는 식혀서 차게 함.

　　① 坑道　② 氾濫　③ 冷却　④ 潛水

17. 물질이 액체 속에서 균일하게 녹아 용액이 만들어지는 일. 또는 용액을 만드는 일.

　　① 結晶　② 分裂　③ 贈與　④ 溶解

18. 물건을 늘어놓고 파는 곳.

　　① 交換　② 奢侈　③ 店鋪　④ 尖端

19. 따돌리거나 거부하여 밀어 내침.

　　① 排斥　② 寬容　③ 斜陽　④ 智慧

20. 임명이나 발령을 받아 근무할 곳으로 감.

　　① 朗誦　② 超越　③ 書札　④ 赴任

21. 변경이나 군사 요지에 주둔한 군대의 군량을 마련하기 위하여 설치한 토지.

　　① 輔國　② 屯田　③ 調製　④ 缺陷

22. 더 높은 단계로 발전하는 것을 비유적으로 이르는 말.

　　① 跳躍　② 謙遜　③ 頃刻　④ 啓蒙

23. 그릇되어 이치에 맞지 않는 일.

　　① 膠着　② 郊外　③ 誤謬　④ 掛圖

24. 몹시 괴롭히거나 가혹하게 대우함. 또는 그런 대우.

　　① 虐待　② 巧妙　③ 飢餓　④ 忌憚

25. 공경하면서 두려워함.

　　① 急騰　② 祈禱　③ 畏敬　④ 鬼神

※ [　] 안에 들어갈 한자어로 알맞은 것은?

26. 하수구에서 심한 [　]이/가 났다.

　　① 嚆矢　② 冥府　③ 惡臭　④ 鬱蒼

27. 시상식이 끝난 후 [　]한 다과회가 열렸다.

　　① 簡單　② 陋名　③ 殉葬　④ 堆積

28. 다양한 의견을 [　]하여 정책을 결정하였다.

　　① 垂簾　② 埋藏　③ 倭亂　④ 收斂

29. 신상품에 [　]이/가 발견되어 전량 수거에 들어갔다

　　① 姙娠　② 瑕疵　③ 民譚　④ 苗木

30. 정부는 학계에 [　]을 구해 환경보호구역을 정하였다.

　　① 諮問　② 憐憫　③ 幣帛　④ 鍛鍊

한자실력급수 자격시험 3급 연습문제 <2>

주관식 (1~70번)

※ 한자의 훈과 음을 쓰시오.

주1. 克 (   )

주2. 肥 (   )

주3. 繁 (   )

주4. 額 (   )

주5. 礎 (   )

주6. 援 (   )

주7. 侵 (   )

주8. 輪 (   )

주9. 爆 (   )

주10. 儀 (   )

※ 훈과 음에 맞는 한자를 <보기>에서 찾아 쓰시오.

<보기>	構 奇 整 佛 辱 低 畫 寄 拂 劃

주11. 떨칠   불 (   )

주12. 욕될   욕 (   )

주13. 부칠   기 (   )

주14. 그을   획 (   )

주15. 가지런할 정 (   )

※ 한자어의 독음을 쓰시오.

주16. 巖壁 (   )

주17. 盲腸 (   )

주18. 架設 (   )

주19. 吉祥 (   )

주20. 忍耐 (   )

주21. 背泳 (   )

- 228 -

주22. 俊傑　(　　　　　)

주23. 雜種　(　　　　　)

주24. 便覽　(　　　　　)

주25. 形狀　(　　　　　)

주26. 恒常　(　　　　　)

주27. 特派員　(　　　　　)

주28. 絃樂器　(　　　　　)

주29. 和睦　(　　　　　)

주30. 講壇　(　　　　　)

주31. 悔改　(　　　　　)

주32. 固執　(　　　　　)

※ 〈보기〉의 뜻을 참고하여 ○안에 공통으로 들어갈 한자를 쓰시오.

주33. (1) ○散　(2) 距○　(　　　　　)

〈보기〉	(1) 헤어져 흩어짐. (2) 두 개의 물건이나 장소 따위가 공간적으로 떨어진 길이.

주34. (1) ○勉　(2) 出○　(　　　　　)

〈보기〉	(1) 부지런히 일하며 힘씀. (2) 일터로 근무하러 나가거나 나옴.

주35. (1) 家○　(2) 體○　(　　　　　)

〈보기〉	(1) 대대로 이어 내려온 한집안의 계통. (2) 일정한 원리에 따라서 낱낱의 부분이 짜임새 있게 조직되어 통일된 전체.

※ ○안에 공통으로 들어갈 한자를 〈보기〉에서 찾아 쓰시오.

〈보기〉	齊　博　想　紀　倒　晚

주36. ○置　○産　打○　(　　　　　)

주37. ○學　○士　○愛　(　　　　　)

주38. 世○　○念　○元　(　　　　　)

※ 문장에서 잘못 쓴 한자를 바르게 고쳐 쓰시오. (단, 음이 같은 한자로 고칠 것)

주39. 주말에 가족과 함께 여름 休假를 떠났다.
　　　　　　　　(　　　→　　　)

주40. 사촌 동생은 하나를 가르쳐 주면 열을 알 만큼 總明했다.　(　　　→　　　)

한자실력급수 자격시험 3급 연습문제 <2>

※ [　] 안의 단어를 한자로 쓰시오.

주41. 그 팀은 이번 대회의 강력한 우승 [후보]이다. (　　　)

주42. 비옥한 [토양]에 씨앗을 뿌렸다. (　　　)

주43. 개는 후각이 발달해서 냄새에 [예민]하다. (　　　)

주44. 어린 녀석이 아주 [맹랑]하다. (　　　)

주45. 하수도 공사 [관계]로 통행에 불편을 끼쳐 대단히 죄송합니다. (　　　)

※ [　] 안의 한자어 독음을 쓰시오.

주46. 그는 횡령 혐의로 [起訴]되었다. (　　　)

주47. 태극기는 우리나라를 [象徵]한다. (　　　)

주48. 왕족의 [純粹] 혈통을 그대로 이어받은 그가 다음 왕으로 추대되었다. (　　　)

주49. [激勵]와 신뢰는 기적을 낳기도 한다. (　　　)

주50. 수평선 위로 둥근 해가 [燦爛]하게 떠올랐다. (　　　)

주51. 이삿짐을 들여놓기 전에 먼저 [塗褙]를 했다. (　　　)

주52. [鹽酸]은 강한 산성 물질이므로 조심히 다뤄야 한다. (　　　)

주53. [冒險]을 즐기는 그녀는 오지로의 여행을 좋아한다. (　　　)

주54. '[禽獸]회의록'은 우화적 정치소설의 특성을 갖고 있다. (　　　)

주55. 먼 곳으로 여행을 가기 전에 반드시 부모님의 [許諾]을 받아야 한다. (　　　)

주56. 이 회사는 직원들의 건의에 따라 [休憩] 공간을 만들기로 하였다. (　　　)

주57. 절약을 위해 [裏面]지를 사용했다. (　　　)

주58. 그는 여론에 귀를 기울일 줄 아는 [官僚]이다. (   )

주59. 그는 시종일관 [沈默]으로 일관하고 있다. (   )

주60. 경찰은 용의자들의 신원 [把握]을 서둘렀다. (   )

주61. 우리는 외국 기업과 기술 [提携]를 맺기로 하였다. (   )

주62. [睡眠] 부족으로 자꾸만 하품이 쏟아진다. (   )

주63. 천둥소리에 천지가 [震動]하였다. (   )

주64. 그는 정중하게 자기 [紹介]를 하였다. (   )

주65. 그녀는 뼈를 튼튼하게 하기 위하여 철분을 많이 [攝取]하였다. (   )

※ 한자성어의 설명을 읽고 ○안에 들어갈 한자를 차례대로 쓰시오.

주66. 金○○ (,   )

[금자탑] '金'자 모양의 탑이라는 뜻으로, 피라미드를 이르던 말. 또는 길이 후세에 남을 뛰어난 업적을 비유적으로 이르는 말.

주67. ○木○魚 (,   )

[연목구어] 나무에 올라가서 물고기를 구한다는 뜻으로, 도저히 불가능한 일을 굳이 하려 함을 비유적으로 이르는 말.

주68. 東○西○ (,   )

[동분서주] 동쪽으로 뛰고 서쪽으로 뛴다는 뜻으로, 사방으로 이리저리 몹시 바쁘게 돌아다님을 이르는 말.

주69. 快刀○○ (,   )

[쾌도난마] 잘 드는 칼로 마구 헝클어진 삼 가닥을 자른다는 뜻으로, 어지럽게 뒤얽힌 사물을 강력한 힘으로 명쾌하게 처리함을 이르는 말.

주70. ○○爲馬 (,   )

[지록위마] 윗사람을 농락하여 권세를 마음대로 함을 이르는 말 또는 모순된 것을 끝까지 우겨서 남을 속이려는 짓을 비유적으로 이르는 말.

한자실력급수 자격시험 3급 연습문제 <3>

객관식 (1~30번)

※ [   ]안의 한자와 음(소리)이 같은 한자는?

1. [維] ① 秀 ② 愚 ③ 乳 ④ 追

2. [奇] ① 祈 ② 暇 ③ 契 ④ 個

3. [宜] ① 鮮 ② 當 ③ 盲 ④ 疑

4. [批] ① 肥 ② 此 ③ 配 ④ 背

5. [延] ① 訂 ② 緣 ③ 映 ④ 誌

※ [   ]안의 한자와 뜻이 비슷하거나 같은 한자는?

6. [督] ① 雅 ② 監 ③ 援 ④ 裝

7. [械] ① 戒 ② 庫 ③ 輪 ④ 機

※ [   ]안의 한자와 뜻이 반대되거나 상대되는 한자는?

8. [淺] ① 演 ② 淡 ③ 深 ④ 激

9. [攻] ① 守 ② 羅 ③ 銳 ④ 報

※ <보기>의 단어들과 가장 관련이 깊은 한자는?

10. <보기> 편지   등기   속달
    ① 郵   ② 倉   ③ 傾   ④ 拓

11. <보기> 갯벌   서해안   조력발전
    ① 籍   ② 快   ③ 値   ④ 潮

12. <보기> 보리   밀   쌀
    ① 弔   ② 察   ③ 穀   ④ 昏

※ [   ] 안의 단어를 한자로 알맞게 쓴 것은?

13. 이 서류 한 부만 [복사]해 주세요.
    ① 複射   ② 複寫   ③ 復寫   ④ 復射

14. 그는 집안을 [정리]하다가 낡은 사진 한 장을 발견하였다.
    ① 整理   ② 定理   ③ 定利   ④ 整利

15. 그는 불우한 [환경] 속에서도 좌절하지 않고 열심히 살았다.
    ① 丸境   ② 丸景   ③ 環景   ④ 環境

- 232 -

※ 주어진 뜻에 알맞은 한자어는?

16. 제주도 한라산 봉우리에 있는 화구호.

　① 白鹿潭　② 上位圈
　③ 兔鼈歌　④ 太陽曆

17. 아이를 낳음.

　① 坑道　② 分娩　③ 辨別　④ 磁力

18. 남의 잘못을 너그럽게 받아들이거나 용서함.

　① 寬容　② 缺乏　③ 保護　④ 族閥

19. 비참하고 끔찍한 상태나 상황.

　① 疾病　② 碑銘　③ 憎惡　④ 慘狀

20. 힘을 내도록 격려하여 용기를 북돋움.

　① 虐待　② 狂人　③ 鼓吹　④ 赦免

21. 긴장된 상태나 급박한 것을 느슨하게 함.

　① 丘陵　② 撒布　③ 捷徑　④ 緩和

22. 필요 이상의 돈이나 물건을 쓰거나 분수에 지나치게 화려한 생활을 함.

　① 奢侈　② 敍述　③ 祠堂　④ 誹謗

23. 찾아서 조사함.

　① 需要　② 搜査　③ 羞恥　④ 隨筆

24. 승려가 불상을 모시고 불도를 닦으며 교법을 펴는 집.

　① 森林　② 寺刹　③ 誓約　④ 闊葉

25. 힘으로 으르고 협박함.

　① 慰勞　② 紐帶　③ 威脅　④ 幼稚

※ [　] 안에 들어갈 한자어로 알맞은 것은?

26. 이번 체육 행사의 [　]은/는 청소년이다.

　① 主軸　② 金融　③ 受侮　④ 耽溺

27. 속담 속에는 우리 조상들의 [　]이/가 담겨 있다.

　① 來賓　② 脣音　③ 智慧　④ 把握

28. 유아기의 [　]적 안정은 모든 발달의 기본이 된다.

　① 疏外　② 親戚　③ 忌憚　④ 情緖

29. 해녀는 물속으로 [　]하여 들어가 커다란 전복을 땄다.

　① 屈伏　② 潛水　③ 徐行　④ 淸廉

30. 월드컵은 전 세계의 [　]을/를 사랑하는 사람들의 축제이다.

　① 圖鑑　② 弊社　③ 蹴球　④ 年齡

- 233 -

한자실력급수 자격시험 3급 연습문제 <3>

주관식 (1~70번)

※ 한자의 훈과 음을 쓰시오.

주1. 銅 (　　　　)

주2. 菌 (　　　　)

주3. 龍 (　　　　)

주4. 帳 (　　　　)

주5. 秩 (　　　　)

주6. 貿 (　　　　)

주7. 捕 (　　　　)

주8. 梅 (　　　　)

주9. 浸 (　　　　)

주10. 芳 (　　　　)

※ 훈과 음에 맞는 한자를 <보기>에서 찾아 쓰시오.

<보기>	悔 倍 係 介 皆 輩 格 征 會 索

주11. 낄　　개 (　　　　)

주12. 무리　배 (　　　　)

주13. 찾을　색 (　　　　)

주14. 뉘우칠　회 (　　　　)

주15. 칠　　정 (　　　　)

※ 한자어의 독음을 쓰시오.

주16. 販賣 (　　　　)

주17. 侵略 (　　　　)

주18. 周邊 (　　　　)

주19. 評判 (　　　　)

주20. 疲困 (　　　　)

주21. 享樂 (　　　　)

- 234 -

주22. 混雜　(　　　　　)

주23. 從量制　(　　　　　)

주24. 逸遊　(　　　　　)

주25. 雄辯　(　　　　　)

주26. 債務　(　　　　　)

주27. 關聯　(　　　　　)

주28. 畿湖　(　　　　　)

주29. 返納　(　　　　　)

주30. 洗濯　(　　　　　)

주31. 抵抗　(　　　　　)

주32. 咸池　(　　　　　)

※ 〈보기〉의 뜻을 참고하여 ○안에 공통으로 들어갈 한자를 쓰시오.

주33. (1) ○本　(2) ○料　(　　　　　)

〈보기〉	(1) 장사나 사업 따위의 기본이 되는 돈. (2) 연구나 조사 따위의 바탕이 되는 재료.

주34. (1) ○術　(2) 長○　(　　　　　)

〈보기〉	(1) 칼을 가지고 싸우는 기술. (2) 예전에, 허리에 차던 긴 칼.

주35. (1) ○任　(2) ○員　(　　　　　)

〈보기〉	(1) 어떤 일을 책임 지워 맡김. (2) 선거나 임명에 의하여 지명되어 단체의 특정 사항을 처리할 것을 위임받은 사람.

※ ○안에 공통으로 들어갈 한자를 〈보기〉에서 찾아 쓰시오.

〈보기〉	版　鬪　織　講　架　揮

주36. ○造　○物　組○　(　　　　　)

주37. ○爭　暗○　決○　(　　　　　)

주38. ○設　○橋　十字○　(　　　　　)

※ 문장에서 잘못 쓴 한자를 바르게 고쳐 쓰시오. (단, 음이 같은 한자로 고칠 것)

주39. 새로운 原告를 집필하였다.

(　　　→　　　)

주40. 政付 부처의 기관명이 변경되었다.

(　　　→　　　)

한자실력급수 자격시험 3급 연습문제 <3>

※ [　] 안의 단어를 한자로 쓰시오.

주41. 회사에 [이력서]를 제출하였다.
(　　　　　)

주42. 아이들은 역할 놀이를 통해 [창의력]을 기른다. (　　　　　)

주43. 유명 상표를 [도용]하면 처벌받는다.
(　　　　　)

주44. 이달 [중순]부터 봄방학이 시작되었다.
(　　　　　)

주45. [기상이변]으로 인한 피해가 늘고 있다.
(　　　　　)

※ [　] 안의 한자어 독음을 쓰시오.

주46. 드라이아이스는 상온에서 액체를 거치지 않고 바로 기체로 [昇華]한다.
(　　　　　)

주47. 정부는 국민의 [輿論]을 수렴하기 위해 설문조사를 실시했다. (　　　　　)

주48. 그는 끔찍했던 전쟁을 [回顧]하며 눈물을 흘렸다. (　　　　　)

주49. 이 [特殊] 살인 사건은 매우 빨리 해결되었다. (　　　　　)

주50. 그 집 형제들은 유난히 우애가 [敦篤]했다. (　　　　　)

주51. 그의 작품에서는 늘 인간의 [誕生]과 죽음을 다루고 있다. (　　　　　)

주52. [酷寒]에 강행군을 하다 보니 동상자가 속출하고 있다. (　　　　　)

주53. 올림픽 [凱旋]을 축하하기 위해서 많은 시민들이 모여들었다. (　　　　　)

주54. 올바른 답을 [空欄]에 적어 넣으시오.
(　　　　　)

주55. [濃度]가 진할수록 밀도는 올라간다.
(　　　　　)

주56. 그가 던진 한마디 말에는 여러 의미가 [含蓄]되어 있다. (　　　　　)

주57. 원유 가격이 [急騰]했다.
(   )

주58. [稱讚]은 고래도 춤추게 한다.
(   )

주59. 기업의 최종 목표는 [利潤] 추구이다.
(   )

주60. 그 둘의 실력은 [優劣]을 가리기 힘들다.
(   )

주61. 우리는 모두의 평화와 [安寧]을 기원했다.
(   )

주62. 지난 두 달 간의 협상이 [膠着]상태에 빠졌다.
(   )

주63. 주말에 우리 가족은 대중탕에서 [沐浴]을 했다.
(   )

주64. 그녀는 모든 인터뷰를 사양해 취재진들과 [摩擦]을 빚었다.
(   )

주65. 구석기 시대에는 [狩獵]과 채집을 통해 식량을 조달했다.
(   )

※ 한자성어의 설명을 읽고 ○안에 들어갈 한자를 차례대로 쓰시오.

주66. 萬事○○　　　　(　　,　　)

[만사형통] 모든 것이 뜻대로 잘됨.

주67. ○手無○　　　　(　　,　　)

[속수무책] 손을 묶은 것처럼 어찌할 도리가 없어 꼼짝 못 함.

주68. 信○必○　　　　(　　,　　)

[신상필벌] 공이 있는 자에게는 반드시 상을 주고, 죄가 있는 사람에게는 반드시 벌을 준다는 뜻으로, 상과 벌을 공정하고 엄중하게 하는 일을 이르는 말.

주69. ○生○義　　　　(　　,　　)

[사생취의] 목숨을 버리고 의를 좇는다는 뜻으로, 목숨을 버릴지언정 옳은 일을 함을 이르는 말.

주70. 近○者○　　　　(　　,　　)

[근묵자흑] 먹을 가까이하는 사람은 검어진다는 뜻으로, 나쁜 사람과 가까이 지내면 나쁜 버릇에 물들기 쉬움을 비유적으로 이르는 말.

한자실력급수 자격시험 3급 연습문제 〈4〉

객관식 (1~30번)

※ [ ] 안의 한자와 음(소리)이 같은 한자는?

1. [紀] ① 捨 ② 而 ③ 企 ④ 改

2. [妨] ① 某 ② 旗 ③ 旅 ④ 邦

3. [祥] ① 樣 ② 償 ③ 義 ④ 吉

4. [券] ① 承 ② 倒 ③ 泰 ④ 拳

5. [帳] ① 障 ② 唱 ③ 糧 ④ 整

※ [ ] 안의 한자와 뜻이 비슷하거나 같은 한자는?

6. [救] ① 臨 ② 慕 ③ 濟 ④ 聯

7. [評] ① 批 ② 慮 ③ 督 ④ 貫

※ [ ] 안의 한자와 뜻이 반대되거나 상대되는 한자는?

8. [勝] ① 雅 ② 負 ③ 擔 ④ 銳

9. [賣] ① 販 ② 卵 ③ 胞 ④ 買

※ 〈보기〉의 단어들과 가장 관련이 깊은 한자는?

10. 〈보기〉 벼 농촌 곡식

    ① 演 ② 畓 ③ 鹿 ④ 峰

11. 〈보기〉 나루터 노 사공

    ① 帶 ② 般 ③ 管 ④ 舟

12. 〈보기〉 점쟁이 사주팔자 관상

    ① 嶺 ② 吐 ③ 占 ④ 腦

※ [ ] 안의 단어를 한자로 알맞게 쓴 것은?

13. 안경을 낀 채 바라보는 것은 모두 렌즈에 의해 만들어진 [허상]이다.

    ① 虛像 ② 虛商 ③ 許商 ④ 許像

14. 그들은 적의 [침공]에 결사 항전했다.

    ① 浸供 ② 浸攻 ③ 侵攻 ④ 侵供

15. 그는 너무 화가 나서 도저히 [진정]할 수 없었다.

    ① 進政 ② 鎭靜 ③ 進靜 ④ 鎭政

- 238 -

※ 주어진 뜻에 알맞은 한자어는?

16. 깊이 파고들거나 빠짐.

　① 模倣　② 沒入　③ 運搬　④ 華燭

17. 사람의 죽음을 슬퍼함.

　① 哀悼　② 膽囊　③ 捕虜　④ 虐待

18. 말이나 행동으로 실없이 놀림.

　① 戲弄　② 祿俸　③ 愼重　④ 罷市

19. 예로부터 민간에 전하여 내려오는 이야기.

　① 緊張　② 搜査　③ 稱讚　④ 民譚

20. 업신여기거나 하찮게 여겨 깔봄.

　① 摩擦　② 倭亂　③ 蔑視　④ 穴居

21. 여러 사람의 입에서 입으로 옮겨지는 말.

　① 幻想　② 令孃　③ 巷說　④ 塗褙

22. 곡식이나 채소 따위를 키우기 위하여 논밭에 씨를 뿌림.

　① 簡單　② 播種　③ 匠人　④ 排斥

23. 상대편의 공격을 막음.

　① 鞭撻　② 慘狀　③ 汚染　④ 防禦

24. 있어야 할 것이 없어지거나 모자람.

　① 絶叫　② 蜂蜜　③ 缺乏　④ 僻地

25. 눈 깜빡할 사이. 또는 아주 짧은 시간.

　① 冷却　② 頃刻　③ 檢閱　④ 垂簾

※ [　　] 안에 들어갈 한자어로 알맞은 것은?

26. 여우가 아무리 [　　]해도 훌륭한 사냥꾼을 당할 수 없다.

　① 提携　② 狡猾　③ 撒布　④ 遷都

27. 춘향전은 우리나라 현대 고전문학의 [　　]이다.

　① 白眉　② 懶怠　③ 誓約　④ 醜聞

28. 친구들 사이의 [　　]을/를 해결하기 위하여 노력했다.

　① 急騰　② 所謂　③ 葛藤　④ 趣味

29. 수술 전에는 반드시 [　　]자의 서명이 필요하다.

　① 保護　② 禽獸　③ 騷音　④ 勅書

30. 옷감의 정전기 방지를 위해 [　　]유연제를 사용했다.

　① 分裂　② 貢獻　③ 憎惡　④ 纖維

한자실력급수 자격시험 3급 연습문제 <4>

주관식 (1~70번)

※ 한자의 훈과 음을 쓰시오.

주1. 硬 (　　　　)

주2. 岸 (　　　　)

주3. 延 (　　　　)

주4. 愚 (　　　　)

주5. 祈 (　　　　)

주6. 照 (　　　　)

주7. 姪 (　　　　)

주8. 擇 (　　　　)

주9. 謹 (　　　　)

주10. 衛 (　　　　)

※ 훈과 음에 맞는 한자를 <보기>에서 찾아 쓰시오.

<보기> 香 恥 了 新 取 刷 料 髮 響 印

주11. 마칠　료 (　　　　)

주12. 터럭　발 (　　　　)

주13. 인쇄할　쇄 (　　　　)

주14. 소리　향 (　　　　)

주15. 부끄러울　치 (　　　　)

※ 한자어의 독음을 쓰시오.

주16. 殘忍 (　　　　)

주17. 側近 (　　　　)

주18. 詐欺 (　　　　)

주19. 餘裕 (　　　　)

주20. 苟且 (　　　　)

주21. 貞潔 (　　　　)

주22. 弘報　(　　　　　)

주23. 干拓　(　　　　　)

주24. 蓮根　(　　　　　)

주25. 庶務　(　　　　　)

주26. 憲法　(　　　　　)

주27. 寄與　(　　　　　)

주28. 包裝　(　　　　　)

주29. 係員　(　　　　　)

주30. 條理　(　　　　　)

주31. 劃期的　(　　　　　)

주32. 遠距離　(　　　　　)

※ 〈보기〉의 뜻을 참고하여 ○안에 공통으로 들어갈 한자를 쓰시오.

주33. ⑴ ○品　⑵ ○貴　(　　　　　)

〈보기〉	⑴ 진귀한 물품. ⑵ 보배롭고 보기 드물게 귀함.

주34. ⑴ ○母　⑵ 大○夫　(　　　　　)

〈보기〉	⑴ 아내의 어머니를 이르는 말. ⑵ 건장하고 씩씩한 사내.

주35. ⑴ 省○　⑵ 大○　(　　　　　)

〈보기〉	⑴ 전체에서 일부를 줄이거나 뺌. ⑵ 대강의 줄거리.

※ ○안에 공통으로 들어갈 한자를 〈보기〉에서 찾아 쓰시오.

〈보기〉	被　亞　頌　鋼　濯　歎

주36. 感○　恨○　悔○　(　　　　　)

주37. ○鐵　○板　製○　(　　　　　)

주38. ○害　○告　○殺　(　　　　　)

※ 문장에서 잘못 쓴 한자를 바르게 고쳐 쓰시오. (단, 음이 같은 한자로 고칠 것)

주39. 그는 승리를 場談하였다.

(　　　→　　　)

주40. 그녀는 觀行대로 일을 처리하였다.

(　　　→　　　)

한자실력급수 자격시험 3급 연습문제 <4>

※ [ ]안의 단어를 한자로 쓰시오.

주41. 사당에서 [제사]를 지냈다.
(　　　　)

주42. [계단] 난간에 기대어 섰다.
(　　　　)

주43. 각 [항목]을 요약하여 분류표를 작성했다.
(　　　　)

주44. 연안 해안국과 [동맹] 관계를 맺었다.
(　　　　)

주45. [찬성]과 반대로 의견이 나누었다.
(　　　　)

※ [ ]안의 한자어 독음을 쓰시오.

주46. [歪曲]된 역사를 바로 잡아야 한다.
(　　　　)

주47. 논문의 색인과 [抄錄]을 훑어보았다.
(　　　　)

주48. 그는 [暫時]도 참지 못하고 안절부절하였다. (　　　　)

주49. 선생님께서 [添削]지도를 해주셨다.
(　　　　)

주50. 체력을 [鍛鍊]하기 위해 아침마다 운동을 한다. (　　　　)

주51. 이제부터 시작이니 다같이 [奮發]하자.
(　　　　)

주52. 일반적으로 [氣壓]이 낮아지면 날씨가 흐려진다. (　　　　)

주53. 공정선거를 통해 정치적 부패와 [墮落]을 막아야 한다. (　　　　)

주54. 해수욕장 옆에는 [鬱蒼]한 해송 숲이 자리하고 있다. (　　　　)

주55. 마을회관에서 희생자들의 합동 [永訣]식이 열렸다. (　　　　)

주56. 봄부터 시작된 [旱魃]로 올해는 풍년을 기대하기 힘들 것 같다. (　　　　)

주57. 강물에 떠내려 온 토사가 하구에 [堆積]되어 평야가 만들어졌다. (　　　　)

주58. 고향을 그리워하는 실향민들에게 [憐憫]이 느껴진다. (   )

주59. 변경 사항이 생기면 해당 [官廳]에 신고해주시기 바랍니다. (   )

주60. 이 지역에는 풍부한 천연가스가 [埋藏]되어 있다. (   )

주61. [搖籃]을 흔들어 주자 아기는 곧 잠이 들었다. (   )

주62. 흥부의 삼간 [茅屋]에 커다란 박들이 얹혀 있다. (   )

주63. [診療] 시간은 오전 아홉 시부터 오후 여섯 시까지입니다. (   )

주64. 그는 자신이 가장 똑똑하다는 [傲慢]에 빠져 주위의 충고를 듣지 않았다. (   )

주65. 판서를 하는 것보다는 [掛圖]를 활용하는 것이 시각적으로 효과가 있다. (   )

※ 한자성어의 설명을 읽고 ○안에 들어갈 한자를 차례대로 쓰시오.

주66. ○上空○   (,   )

[탁상공론] 현실성이 없는 허황한 이론이나 논의.

주67. ○興○使   (,   )

[함흥차사] 심부름을 가서 오지 아니하거나 늦게 온 사람을 이르는 말.

주68. 千○一○   (,   )

[천편일률] 여러 시문의 격조가 모두 비슷하여 개별적 특성이 없음.

주69. ○○之計   (,   )

[고식지계] 우선 당장 편한 것만을 택하는 꾀나 방법. 한때의 안정을 얻기 위하여 임시로 둘러맞추어 처리하거나 이리저리 주선하여 꾸며 내는 계책을 이름.

주70. 輕○○動   (,   )

[경거망동] 경솔하여 생각 없이 망령되게 행동함. 또는 그런 행동.

한자실력급수 자격시험 3급 연습문제 <5>

객관식 (1~30번)

※ [　] 안의 한자와 음(소리)이 같은 한자는?

1. [胞]　① 補　② 浦　③ 肥　④ 腹

2. [抗]　① 更　② 慶　③ 康　④ 港

3. [刊]　① 條　② 姦　③ 祈　④ 健

4. [硬]　① 篇　② 司　③ 鏡　④ 履

5. [環]　① 丸　② 景　③ 院　④ 哀

※ [　] 안의 한자와 뜻이 비슷하거나 같은 한자는?

6. [範]　① 傑　② 謹　③ 腦　④ 模

7. [頌]　① 稱　② 恭　③ 昌　④ 竹

※ [　] 안의 한자와 뜻이 반대되거나 상대되는 한자는?

8. [防]　① 索　② 巡　③ 攻　④ 係

9. [貴]　① 淺　② 賤　③ 富　④ 珍

※ <보기>의 단어들과 가장 관련이 깊은 한자는?

10. <보기>　꿀꿀　삼겹살　토실토실

　　① 熟　② 宴　③ 肺　④ 豚

11. <보기>　숙주　도라지　시금치

　　① 芳　② 蔬　③ 梅　④ 茶

12. <보기>　바이러스　포자　독

　　① 薄　② 菜　③ 菌　④ 壁

※ [　] 안의 단어를 한자로 알맞게 쓴 것은?

13. [아연]판은 일반 철판보다 녹이 슬지 않는 습성이 있다.

　　① 亞鉛　② 兒鉛　③ 兒延　④ 亞延

14. 그날의 [치욕]은 두고두고 잊지 못할 것이다.

　　① 値辱　② 値浴　③ 恥浴　④ 恥辱

15. 법을 어기는 사람은 [가차]없이 처벌해야 한다.

　　① 價借　② 價次　③ 假借　④ 假次

- 244 -

※ 주어진 뜻에 알맞은 한자어는?

16. 마음이 시달려서 괴로워함. 또는 그런 괴로움.

    ① 簡單 ② 災殃 ③ 衝突 ④ 煩惱

17. 사람의 죽음을 알림. 또는 그런 글.

    ① 調劑 ② 訃告 ③ 附錄 ④ 封建

18. 공기 가운데 수증기가 들어 있는 정도.

    ① 崩壞 ② 僻地 ③ 濕度 ④ 憎惡

19. 조상의 신주(神主)를 모셔 놓은 집.

    ① 祠堂 ② 官廳 ③ 振幅 ④ 蜂蜜

20. 학문이나 덕행 따위를 닦음을 비유적으로 이르는 말.

    ① 矯正 ② 揷畫 ③ 燦爛 ④ 琢磨

21. 신부가 처음으로 시부모를 뵐 때 큰절을 하고 올리는 물건.

    ① 閨房 ② 幣帛 ③ 飽和 ④ 叢書

22. 사람의 몸에 있으면서 몸을 거느리고 정신을 다스리는 비물질적인 것.

    ① 贈與 ② 塵土 ③ 魂魄 ④ 宗廟

23. 체면이나 명예를 손상함.

    ① 毁損 ② 咽喉 ③ 莊園 ④ 族閥

24. 추잡하고 좋지 못한 소문.

    ① 紐帶 ② 醜聞 ③ 夭折 ④ 役割

25. 어떤 사물이나 현상에 대한 일반적인 지식.

    ① 金融 ② 抽出 ③ 旋回 ④ 槪念

※ [   ] 안에 들어갈 한자어로 알맞은 것은?

26. 그는 일심에서 패소한 뒤에 항소를 [   ]했다.

    ① 診療 ② 對酌 ③ 拋棄 ④ 憐憫

27. 작은 성과에 자만자족하여 [   ]해서는 안 된다.

    ① 純粹 ② 把握 ③ 缺乏 ④ 懶怠

28. 어머니는 고등학교에서 [   ]을 잡으신지 20년이 되셨다.

    ① 敎鞭 ② 淚腺 ③ 隨筆 ④ 沈默

29. 신체적인 불편보다는 정신적인 [   ]가 더 큰 문제가 될 수 있다.

    ① 頓悟 ② 令孃 ③ 障碍 ④ 解夢

30. 수십 년 전에 [   ]되었던 청계천이 복원공사를 통해 다시금 그 모습을 드러냈다.

    ① 脈絡 ② 覆蓋 ③ 搖籃 ④ 分析

한자실력급수 자격시험 3급 연습문제 <5>

주관식 (1~70번)

※ 한자의 훈과 음을 쓰시오.

주1. 蓮　(　　　　)

주2. 孔　(　　　　)

주3. 欺　(　　　　)

주4. 紛　(　　　　)

주5. 裕　(　　　　)

주6. 餓　(　　　　)

주7. 殘　(　　　　)

주8. 籍　(　　　　)

주9. 濟　(　　　　)

주10. 激　(　　　　)

※ 훈과 음에 맞는 한자를 <보기>에서 찾아 쓰시오.

<보기>	募 梨 某 具 側 離 視 測 苟 祀

주11. 아무　　모　(　　　　)

주12. 진실로　구　(　　　　)

주13. 배　　　리　(　　　　)

주14. 제사　　사　(　　　　)

주15. 헤아릴　측　(　　　　)

※ 한자어의 독음을 쓰시오.

주16. 姿態　(　　　　)

주17. 證券　(　　　　)

주18. 麻衣　(　　　　)

주19. 鹿角　(　　　　)

주20. 姪婦　(　　　　)

주21. 講師　(　　　　)

주22. 便宜　　（　　　　　）

주23. 印刷　　（　　　　　）

주24. 選擇　　（　　　　　）

주25. 田畓　　（　　　　　）

주26. 聯邦　　（　　　　　）

주27. 郵票　　（　　　　　）

주28. 黨論　　（　　　　　）

주29. 俊秀　　（　　　　　）

주30. 批判　　（　　　　　）

주31. 西海岸　（　　　　　）

주32. 交響樂　（　　　　　）

※ 〈보기〉의 뜻을 참고하여 ○안에 공통으로 들어갈 한자를 쓰시오.

주33. (1) ○邊　(2) ○圍　　（　　　　）

〈보기〉	(1) 어떤 대상의 둘레. (2) 어떤 곳의 바깥 둘레.

주34. (1) ○職　(2) ○用　　（　　　　）

〈보기〉	(1) 자기의 본디 직무 외에 다른 직무를 겸함. 또는 그 직무. (2) 한 가지를 여러 가지 목적으로 씀.

주35. (1) ○性　(2) ○草　　（　　　　）

〈보기〉	(1) 독이 있는 성분. (2) 독이 들어 있는 풀.

※ ○안에 공통으로 들어갈 한자를 〈보기〉에서 찾아 쓰시오.

〈보기〉	供　公　鎭　紀　塔　詐

주36. 佛○　鐵○　多寶○　（　　　　）

주37. ○火　○痛　○靜　　（　　　　）

주38. 提○　○給　○養米　（　　　　）

※ 문장에서 잘못 쓴 한자를 바르게 고쳐 쓰시오. (단, 음이 같은 한자로 고칠 것)

주39. 일본은 온천 資原이 풍부한 나라이다.
　　　　　　　（　　　→　　　）

주40. 매년 황사 피해가 증가되는 經向을 보이고 있다.　（　　　→　　　）

한자실력급수 자격시험 3급 연습문제 <5>

※ [　] 안의 단어를 한자로 쓰시오.

주41. 그 배우는 특히 내면 [연기]에 능하다는 평가를 받는다. (　　　)

주42. 그는 자신의 [결백]을 주장하였다. (　　　)

주43. 입학 [담당] 선생님께 상담을 받았다. (　　　)

주44. 명상을 통해 마음의 평화를 [유지]한다. (　　　)

주45. 운동회에서 우리 반이 [우승]을 차지했다. (　　　)

※ [　] 안의 한자어 독음을 쓰시오.

주46. 이차[函數]의 해를 구하여라. (　　　)

주47. 유명 교수를 [招聘]하여 강연회를 열었다. (　　　)

주48. '과유불급'은 [中庸]의 덕을 강조한 성어이다. (　　　)

주49. [生殖]세포는 일정한 주기를 가지고 분열을 한다. (　　　)

주50. 인터넷 쇼핑몰에 [翌日] 배송제도가 도입되었다. (　　　)

주51. 지구를 중심으로 도는 달의 [軌道]를 그려보아라. (　　　)

주52. 사이비 종교는 무지[蒙昧]한 백성들을 현혹시킨다. (　　　)

주53. 새 정부는 정책의 [透明]성을 지키겠다고 선언했다. (　　　)

주54. 고추는 임진[倭亂] 때 일본을 통해 우리나라로 들어왔다. (　　　)

주55. 때로는 자신의 생각을 [忌憚]없이 말할 수 있는 용기가 필요하다. (　　　)

주56. 그가 [巧妙]한 술수로 너를 현혹시킬 수도 있으니 조심해라. (　　　)

주57. 고개를 돌려보니 [忽然] 그대가 보이네. (　　　)

주58. 술과 노름에 [耽溺]한 끝에 그는 패가망신하고 말았다. (   )

주59. 독립에 크게 [貢獻]한 이에게 훈장이 수여되었다. (   )

주60. [弊社]에 귀한 정보를 보내 주시니 고맙기 그지없습니다. (   )

주61. 그의 [誘惑]이 내 결심을 여지없이 흔들어 놓았다. (   )

주62. 그런 [稀少] 상품들은 점점 가격이 오를 것이다. (   )

주63. 며느리는 [胎氣]가 있어 병원에 갔다. (   )

주64. 두 사람의 만남은 국경을 [超越]한 사랑으로 유명해졌다. (   )

주65. 그 책은 사전 [檢閱]을 통과하지 못해서 출판이 취소되었다. (   )

※ 한자성어의 설명을 읽고 ○ 안에 들어갈 한자를 차례대로 쓰시오.

주66. ○立無○　(　,　)

[고립무원] 고립되어 구원을 받을 데가 없음.

주67. ○行逆○　(　,　)

[도행역시] 차례나 순서를 바꾸어서 행함.

주68. ○○聲勢　(　,　)

[허장성세] 실속은 없으면서 큰소리치거나 허세를 부림.

주69. 群○○象　(　,　)

[군맹평상] 맹인 여럿이 코끼리를 만진다는 뜻으로, 사물을 좁은 소견과 주관으로 잘못 판단함을 이르는 말.

주70. ○骨○忘　(　,　)

[각골난망] 남에게 입은 은혜가 뼈에 새길 만큼 커서 잊히지 아니함.

한자실력급수 자격시험 3급 기출문제 <1>

객관식 (1~30번)

※ [   ]안의 한자와 음이 같은 한자는?
1. [畿] ① 斯 ② 氣 ③ 濯 ④ 訟
2. [拳] ① 祀 ② 胃 ③ 踐 ④ 勸
3. [映] ① 系 ② 負 ③ 營 ④ 兼
4. [愚] ① 宇 ② 慣 ③ 雅 ④ 傑
5. [港] ① 妾 ② 澤 ③ 恒 ④ 頌

※ [   ]안의 한자와 뜻이 비슷하거나 같은 한자는?
6. [危] ① 耐 ② 宣 ③ 裝 ④ 險
7. [終] ① 歎 ② 了 ③ 陣 ④ 態

※ [   ]안의 한자와 뜻이 반대되거나 상대되는 한자는?
8. [出] ① 缺 ② 姦 ③ 吐 ④ 響
9. [昏] ① 抗 ② 明 ③ 腹 ④ 堤

※ <보기>의 단어들과 가장 관련이 깊은 한자는?

10. <보기> 기타 가야금 바이올린
    ① 絃 ② 辯 ③ 爆 ④ 債

11. <보기> 눈 코 입
    ① 抵 ② 刷 ③ 鎭 ④ 顔

12. <보기> 면도 요리 무기
    ① 供 ② 悔 ③ 劍 ④ 離

※ [   ] 안의 단어를 한자로 알맞게 쓴 것은?
13. 금융기관 관계자를 [사칭]한 전화에 속지 않도록 주의해야한다.
    ① 感覺 ② 肥滿 ③ 養豚 ④ 詐稱
14. 인접한 세 나라가 경제[동맹]을 맺었다.
    ① 干涉 ② 復刊 ③ 同盟 ④ 祈願
15. 신춘문예 단편소설 부문에 [응모]했다.
    ① 應募 ② 株價 ③ 苟且 ④ 奔走

※ 주어진 뜻에 알맞은 한자어는?
16. 오줌을 방광으로부터 몸 밖으로 배출하기 위한 관.
    ① 膾炙 ② 尿道 ③ 勳章 ④ 振幅
17. 덮개를 덮음.
    ① 根據 ② 縮尺 ③ 淫亂 ④ 覆蓋
18. 참선을 통한 내적 관찰과 자기 성찰에 의하여 깨달음을 추구하는 불교 종파.
    ① 稀少 ② 禪宗 ③ 趣味 ④ 洞窟
19. 몇몇 기업이 어떤 상품 시장의 대부분을 지배하는 상태.
    ① 寡占 ② 推薦 ③ 虐待 ④ 音韻
20. 녹인 쇠붙이를 거푸집에 부어 물건을 만듦.
    ① 粒子 ② 發掘 ③ 檢閱 ④ 鑄造
21. 도시에서 멀리 떨어져 있어 교통 등이 불편하고 문화의 혜택이 적은 외진 곳.
    ① 僻地 ② 纖維 ③ 飽和 ④ 覇權
22. 필요한 부분만을 뽑아서 적음. 또는 그런 기록.
    ① 萌芽 ② 拉致 ③ 抄錄 ④ 週末
23. 사람이나 사물을 다른 사람이나 사물로 대신함.
    ① 宮殿 ② 交替 ③ 堆積 ④ 運搬
24. 자기가 마땅히 하여야 할 맡은 바 직책이나 임무.
    ① 役割 ② 醜聞 ③ 巧妙 ④ 勅書
25. 보름달이 된 때부터 다음 보름달이 될 때까지의 시간.
    ① 匿名性 ② 上位圈 ③ 朔望月 ④ 偏西風

※ [   ] 안에 들어갈 한자어로 알맞은 것은?
26. "참석해주신 [   ] 여러분께 감사드립니다."
    ① 滅亡 ② 誓約 ③ 來賓 ④ 斜陽
27. [   ]이란 생물이 같은 종류의 생물을 새로이 만들어내는 것을 말한다.
    ① 生殖 ② 信託 ③ 戱弄 ④ 淸廉
28. 이 추리소설은 독특한 [   ]방식과 반전 결말로 유명하다.
    ① 播種 ② 混濁 ③ 天賦 ④ 敍述
29. 인생은 종종 마라톤에 [   ]된다.
    ① 相互 ② 比喩 ③ 辭典 ④ 旋回

30. 국소성 [　] 때문에 손에 유난히 땀이 많은 사람은 악수를 꺼려하기도 한다.
  ①似而非　②博物館　③白鹿潭　④多汗症

주관식 (주1~주70번)

※ 한자의 훈과 음을 쓰시오.
주1. 舟 (　　　)
주2. 刻 (　　　)
주3. 池 (　　　)
주4. 妨 (　　　)
주5. 粉 (　　　)
주6. 張 (　　　)
주7. 恭 (　　　)
주8. 憲 (　　　)
주9. 樣 (　　　)
주10. 黨 (　　　)

※ 훈과 음에 맞는 한자를 〈보기〉에서 찾아 쓰시오.

〈보기〉	亞 吏 斤 企 孔 付 攻 紀 較 契

주11. 도끼　근 (　　　)
주12. 아전　리 (　　　)
주13. 부칠　부 (　　　)
주14. 칠　공 (　　　)
주15. 버금　아 (　　　)

※ 한자어의 독음을 쓰시오.
주16. 支柱 (　　　)
주17. 介入 (　　　)
주18. 麥酒 (　　　)
주19. 高額 (　　　)
주20. 細菌 (　　　)
주21. 繁昌 (　　　)
주22. 環境 (　　　)
주23. 基礎 (　　　)
주24. 殘香 (　　　)
주25. 彈丸 (　　　)
주26. 包圍 (　　　)
주27. 想像 (　　　)
주28. 突破 (　　　)
주29. 返納 (　　　)
주30. 調理 (　　　)

주31. 弘報 (　　　)
주32. 分水嶺 (　　　)

※ 〈보기〉의 뜻을 참고하여 ○안에 공통으로 들어갈 한자를 쓰시오.

주33. (1) 神○　(2) ○異　(　　　)

〈보기〉	(1) 믿을 수 없을 정도로 색다르고 놀라움. (2) 기묘하고 이상함.

주34. (1) 圓○　(2) ○邊　(　　　)

〈보기〉	(1) 원의 둘레. (2) 어떤 대상의 둘레.

주35. (1) 新○　(2) ○利　(　　　)

〈보기〉	(1) 어떤 분야에서 새로 나타나서 만만찮은 실력이나 기세를 보임. (2) 끝이 뾰족하거나 날카로움.

※ ○안에 공통으로 들어갈 한자를 〈보기〉에서 찾아 쓰시오.

〈보기〉	侵　補　胞　臨　衛　貸

주36. ○星　防○　○生 (　　　)
주37. ○時　君○　降○ (　　　)
주38. ○償　候○　○完 (　　　)

※ 문장에서 잘못 쓴 한자를 바르게 고쳐 쓰시오. (단, 음이 같은 한자로 고칠 것)

주39. 初過 근무와 임금 체불로 고통 받는 노동자들에 대한 처우 개선이 필요하다.
(　　→　　)

주40. 인간도 자연의 일부라는 사실을 命心해야 한다. (　　→　　)

※ [　]안의 단어를 한자로 쓰시오.

주41. 사찰의 음식은 자극적이지 않고 [담백]한 편이다. (　　　)
주42. 교도관의 감시가 잠시 소홀해진 틈을 타 탈옥했던 [죄수]가 되잡혔다. (　　　)
주43. 전라남도 담양은 조선 중기에 [정자]를 중심으로 한 가사 문학의 산실로 유명하다. (　　　)
주44. 총회에 참석할 수 없어 의결권을 [위임]했다. (　　　)
주45. [흉측]한 범죄를 저지르고 다니던 악당이 결국 체포되었다. (　　　)

※ [　] 안의 한자어 독음을 쓰시오.

주46. [核]은 세포의 생명 활동에 가장 중요한 요소이다. （　　）

주47. [民譚]은 전설이나 신화와 달리 구체적인 장소나 시간 등이 제시되지 않는 경우가 많다. （　　）

주48. 두 사람이 오랜만에 마주앉아 [對酌]하면서 회포를 풀었다. （　　）

주49. 그의 학문 세계는 [伯父]로부터 많은 영향을 받았다. （　　）

주50. [陶工]이 경건한 마음으로 도자기를 구워 냈다. （　　）

주51. [家畜] 배설물의 무단 방류는 하천 수질 오염의 원인 중 하나이다. （　　）

주52. [雷電]은 한여름에 기층이 불안정할 때 자주 나타난다. （　　）

주53. 한밤중 전조등을 끄고 달리는, [所謂] '스텔스 차량'은 사고위험이 높다. （　　）

주54. 노사가 [賃金] 문제를 대화로 원만하게 타결했다. （　　）

주55. 날씨가 갑자기 추워지면 영상의 온도에도 [凍死] 사고가 발생할 수 있다. （　　）

주56. 붉은 팥죽은 액운을 물리치고 [安寧]을 기원하며 먹는 음식이다. （　　）

주57. [埋藏] 자원은 곧 국가의 경제력과 직결되기도 한다. （　　）

주58. 그의 성공 [裏面]에는 오랜 기간 이어져 온 노력이 있었다. （　　）

주59. 소나무 그늘 아래서 두 [老翁]이 바둑을 두고 있었다. （　　）

주60. 오늘의 승리로 우리 팀은 선두권과의 점수 [隔差]를 좁혔다. （　　）

주61. 아이들은 어른들의 행동을 [模倣]하며 학습하고 성장한다. （　　）

주62. 연말시상식에서 여러 [俳優]들이 인상 깊은 수상 소감을 남겼다. （　　）

주63. 최근 이념이나 세대, 지역 외에도 남녀 간의 [葛藤]이 사회적 문제로 대두되고 있다. （　　）

주64. [瞬間]이 모여서 인생이 된다. （　　）

주65. 효모가 [葡萄糖]을 알콜과 이산화탄소로 바꾸면 술이 된다. （　　）

※ 한자성어의 설명을 읽고 ○ 안에 들어갈 한자를 차례대로 쓰시오.

주66. 窮 ○ 之 ○ （　, 　）

[궁여지책] 궁한 나머지 생각해보다가 마지못하여 짜낸 계책.

주67. 不 ○ ○ 問 （　, 　）

[불치하문] 자기보다 아랫사람에게 묻는 것을 부끄럽게 여기지 아니함.

주68. ○ ○ 玉 質 （　, 　）

[빙자옥질] 얼음같이 맑고 투명한 자태와 옥같이 아름다운 바탕이라는 뜻으로, '매화'의 별칭.

주69. 惡 戰 ○ ○ （　, 　）

[악전고투] 매우 어려운 조건을 무릅쓰고 힘을 다하여 고생스럽게 싸움.

주70. ○ 行 逆 ○ （　, 　）

[도행역시] 거꾸로 시행한다는 뜻으로, 도리를 따르지 않고 무리하게 일을 처리하거나 상식에 어긋나게 행동함을 이름.

- 수고하셨습니다 -

한자실력급수 자격시험 3급 기출문제 〈2〉

객관식 (1~30번)

※ [　]안의 한자와 음이 같은 한자는?

1. [囚] ① 究 ② 看 ③ 拜 ④ 輸
2. [延] ① 凡 ② 沿 ③ 乃 ④ 版
3. [裝] ① 貢 ② 癸 ③ 丈 ④ 圍
4. [寄] ① 祈 ② 悲 ③ 論 ④ 尊
5. [卜] ① 骨 ② 俊 ③ 達 ④ 複

※ [　]안의 한자와 뜻이 비슷하거나 같은 한자는?

6. [督] ① 斗 ② 企 ③ 監 ④ 節
7. [濯] ① 戌 ② 洗 ③ 陸 ④ 邊

※ [　]안의 한자와 뜻이 반대되거나 상대되는 한자는?

8. [離] ① 暴 ② 偉 ③ 境 ④ 合
9. [弔] ① 慶 ② 滿 ③ 銘 ④ 述

※ 〈보기〉의 단어들과 가장 관련이 깊은 한자는?

10. 〈보기〉 결혼　주례　부부
    ① 奴 ② 妄 ③ 姻 ④ 妨

11. 〈보기〉 전기톱　자동차　냉장고
    ① 條 ② 械 ③ 鏡 ④ 鐘

12. 〈보기〉 그물　스웨터　뜨개질
    ① 紛 ② 緣 ③ 組 ④ 維

※ [　]안의 단어를 한자로 알맞게 쓴 것은?

13. 우리는 섬세하고 [우아]한 그녀의 노래에 감탄할 수밖에 없었다.
    ① 優雅 ② 肥滿 ③ 養豚 ④ 詐稱

14. 나는 공부하기 전에 주변을 [정리]하는 습관이 있다.
    ① 整利 ② 定理 ③ 定利 ④ 整理

15. 나중에 [후회]가 남지 않도록 지금 이 순간 최선을 다하자.
    ① 後回 ② 後悔 ③ 後會 ④ 後外

※ 주어진 뜻에 알맞은 한자어는?

16. 남의 잘못 따위를 너그럽게 받아들이거나 용서함.
    ① 寬容 ② 傀儡 ③ 叢書 ④ 永訣

17. 있는 힘을 다하여 절절하고 애타게 부르짖음.
    ① 美貌 ② 廢鑛 ③ 絶叫 ④ 誇張

18. 아이를 낳음.
    ① 墮落 ② 分娩 ③ 脂肪 ④ 尖端

19. 물건을 늘어놓고 파는 곳.
    ① 罷市 ② 需要 ③ 裏面 ④ 店鋪

20. 남을 속여 넘김.
    ① 欺瞞 ② 苦悶 ③ 騷音 ④ 煩惱

21. 몹시 괴롭히거나 가혹하게 대우함.
    ① 幼稚 ② 診療 ③ 障碍 ④ 虐待

22. 식어서 차게 됨.
    ① 冷却 ② 絞首 ③ 蒸散 ④ 忽然

23. 따돌리거나 거부하여 밀어 내침.
    ① 相互 ② 臺本 ③ 排斥 ④ 恐慌

24. 긴장된 상태나 급박한 것을 느슨하게 함.
    ① 滄海 ② 緩和 ③ 錯雜 ④ 搖籃

25. 임명이나 발령을 받아 근무할 곳으로 감.
    ① 惡臭 ② 軌道 ③ 犧牲 ④ 赴任

※ [　] 안에 들어갈 한자어로 알맞은 것은?

26. 국경일에는 국기를 [　]해야 한다.
    ① 稻作 ② 招聘 ③ 揭揚 ④ 睡眠

27. 다양한 의견을 폭넓게 [　]하여 정책을 결정해야한다.
    ① 收斂 ② 誓約 ③ 遵法 ④ 酷寒

28. 정부는 환경보호구역을 정하기 위해 여러 전문가들에게 [　]을 구하였다.
    ① 匠人 ② 諮問 ③ 未畢 ④ 埋藏

29. '[　]이 금이라면 웅변은 은이다.'
    ① 三綱 ② 振動 ③ 縮尺 ④ 沈默

30. 신축 [　]은 병원 주차장과 연결되어 있다.
    ① 屯田 ② 森林 ③ 病棟 ④ 老翁

주관식 (주1~주70번)

※ 한자의 훈과 음을 쓰시오.

주1. 銅 (　　　　)
주2. 範 (　　　　)
주3. 肥 (　　　　)
주4. 享 (　　　　)
주5. 傾 (　　　　)
주6. 援 (　　　　)
주7. 耐 (　　　　)
주8. 帶 (　　　　)
주9. 誌 (　　　　)
주10. 秩 (　　　　)

※ 훈과 음에 맞는 한자를 〈보기〉에서 찾아 쓰시오.

〈보기〉	涉 肺 輩 鎭 堤 超 盟 裕 債 署

주11. 빚　　채 (　　　　)
주12. 무리　배 (　　　　)
주13. 맹세　맹 (　　　　)
주14. 넘을　초 (　　　　)
주15. 건널　섭 (　　　　)

※ 한자어의 독음을 쓰시오.

주16. 激情 (　　　)
주17. 追慕 (　　　)
주18. 避暑 (　　　)
주19. 補償 (　　　)
주20. 背泳 (　　　)
주21. 爆彈 (　　　)
주22. 構築 (　　　)
주23. 畿湖 (　　　)
주24. 諸般 (　　　)
주25. 巡察 (　　　)
주26. 側近 (　　　)
주27. 咸池 (　　　)
주28. 停刊 (　　　)
주29. 朝廷 (　　　)
주30. 盲腸 (　　　)
주31. 索引 (　　　)
주32. 貫通 (　　　)

※ 〈보기〉의 뜻을 참고하여 ○안에 공통으로 들어갈 한자를 쓰시오.

주33. (1) 體○　(2) 家○　(　　　)

〈보기〉	(1) 일정한 원리에 따라서 낱낱의 부분이 짜임새 있게 조직되어 통일된 전체. (2) 대대로 이어 내려온 한 집안의 계통.

주34. (1) ○居　(2) 獨○　(　　　)

〈보기〉	(1) 어떤 장소를 차지하여 삶. (2) 독차지함.

주35. (1) ○當　(2) ○協　(　　　)

〈보기〉	(1) 일의 이치로 보아 옳음. (2) 어떤 일을 서로 양보하여 협의함.

※ ○안에 공통으로 들어갈 한자를 〈보기〉에서 찾아 쓰시오.

〈보기〉	辯 覺 敏 架 輪 倒

주36. ○産　打○　○置　(　　　)
주37. 感○　○悟　味○　(　　　)
주38. ○設　高○　○橋　(　　　)

※ 문장에서 잘못 쓴 한자를 바르게 고쳐 쓰시오. (단, 음이 같은 한자로 고칠 것)

주39. 바른 資勢로 앉아서 책을 읽었다.
　　　　　　(　　　→　　　)
주40. 그녀는 새로운 原考의 집필에 들어갔다.
　　　　　　(　　　→　　　)

※ [　]안의 단어를 한자로 쓰시오.

주41. 그는 [약관]의 나이에 장수로서 큰 업적을 남겼다.　　　　　　(　　　)
주42. 타인의 창작물을 무단으로 [도용]해서는 안 된다.　　　　　　(　　　)
주43. 이달 [중순]부터 장미 축제가 열릴 예정이다.　　　　　　(　　　)
주44. 일어서서 걷기만 해도 [경직]되어 있던 척추 근육이 움직이고 척추가 재정렬되는 효과가 있다.　　(　　　)
주45. 그는 극적인 결승골을 넣으며 공격수로서의 [저력]을 과시했다.　(　　　)

※ [　　] 안의 한자어 독음을 쓰시오.

주46. 그녀는 오지로 떠나는 여행과 [冒險]을 즐겼다. (　　　　)

주47. 안전을 위해 [漏電]을 막아줄 차단기를 설치했다. (　　　　)

주48. 이삿짐을 들여놓기 전에 먼저 [塗褙]를 했다. (　　　　)

주49. [燃燒]와 산화는 모두 물질과 산소가 결합하는 반응이다. (　　　　)

주50. 경주에는 신라시대 [古墳]이 아주 많이 남아있다. (　　　　)

주51. 대한민국 헌법 제46조는 국회의원에게 [淸廉]의 의무가 있음을 명시하고 있다. (　　　　)

주52. 그는 횡령 혐의로 [起訴]되었다. (　　　　)

주53. 항구에는 거대한 [船舶]들이 즐비했다. (　　　　)

주54. 부모님께 여행 계획을 자세히 설명을 드리고 나서 가도 좋다는 [許諾]을 받았다. (　　　　)

주55. 검찰이 해당 사건에 대해 본격적인 [搜査]에 착수했다. (　　　　)

주56. 우리 가족은 주말 아침마다 대중탕에 가서 [沐浴]을 한다. (　　　　)

주57. 한반도에는 많은 [附屬] 도서가 있다. (　　　　)

주58. 대나무는 곧은 지조를 [象徵]한다. (　　　　)

주59. 그의 문장은 이미 훌륭해서 더 이상의 첨언은 [蛇足]이 될 뿐이다. (　　　　)

주60. 혈소판은 혈액을 [凝固]시키는 역할을 한다. (　　　　)

주61. 일부 유명인들이 학력을 [僞造]한 사실이 밝혀져 질타를 받았다. (　　　　)

주62. 그는 동료들과 함께 빼앗긴 지역의 탈환을 [謀議]하였다. (　　　　)

주63. 우리나라의 아름다운 자연 경관에 대해 '[錦繡]강산'이라 부르기도 한다. (　　　　)

주64. 구석기 시대에는 [狩獵]과 채집을 통해 식량을 조달했다. (　　　　)

주65. '[稱讚]은 고래도 춤추게 한다.' (　　　　)

※ 한자성어의 설명을 읽고 ○ 안에 들어갈 한자를 차례대로 쓰시오.

주66. ○ 生 ○ 義　　　(　　,　　)

[사생취의] 목숨을 버릴지언정 옳은 일을 함을 이르는 말.

주67. 厚 ○ 無 ○　　　(　　,　　)

[후안무치] 뻔뻔스러워 부끄러움이 없음.

주68. 快 刀 ○ ○　　　(　　,　　)

[쾌도난마] 어지럽게 뒤얽힌 사물이나 일을 강력한 힘으로 명쾌하게 처리함을 이르는 말.

주69. 東 ○ 西 ○　　　(　　,　　)

[동분서주] 사방으로 이리저리 몹시 바쁘게 돌아다님을 이르는 말.

주70. ○ 母 斷 ○　　　(　　,　　)

[맹모단기] 맹자가 학업을 중단하고 돌아왔을 때에, 어머니가 짜던 베를 잘라서 학문을 중도에 그만둔 것을 훈계한 일을 이르는 말.

- 수고하셨습니다 -

한자실력급수 자격시험 3급 기출문제 〈3〉

객관식 (1~30번)

※ [　] 안의 한자와 음이 같은 한자는?
1. [賊] ① 省 ② 係 ③ 績 ④ 貿
2. [刊] ① 姦 ② 條 ③ 健 ④ 機
3. [齊] ① 座 ② 歲 ③ 堤 ④ 對
4. [祥] ① 償 ② 壤 ③ 帳 ④ 創
5. [珍] ① 忍 ② 申 ③ 報 ④ 鎭

※ [　] 안의 한자와 뜻이 비슷하거나 같은 한자는?
6. [稱] ① 松 ② 送 ③ 頌 ④ 訟
7. [蔬] ① 莫 ② 菜 ③ 落 ④ 薄

※ [　] 안의 한자와 뜻이 반대되거나 상대되는 한자는?
8. [攻] ① 防 ② 巡 ③ 環 ④ 賤
9. [負] ① 整 ② 姑 ③ 浮 ④ 勝

※ 〈보기〉의 단어들과 가장 관련이 깊은 한자는?

10. | 〈보기〉 | 벼 | 관개 | 모내기 |

　① 吐　② 畓　③ 嶺　④ 船

11. | 〈보기〉 | 버섯 | 전갈 | 살모사 |

　① 充　② 骨　③ 毒　④ 留

12. | 〈보기〉 | 작설 | 국화 | 대추 |

　① 若　② 茂　③ 茶　④ 菌

※ [　] 안의 단어를 한자로 알맞게 쓴 것은?
13. 최근 들어 평균 초혼 연령이 높아지고 있는 [경향]을 보이고 있다.
　① 傾向　② 京向　③ 慶向　④ 景向
14. 이 화장품은 가격 대비 효과가 [우수]하기로 정평이 나 있다.
　① 遇秀　② 優秀　③ 郵秀　④ 愚秀
15. 올해 우리 회사는 신입 사원 [모집] 계획이 없다.
　① 暮集　② 慕集　③ 某集　④ 募集

※ 주어진 뜻에 알맞은 한자어는?
16. 재료를 새기거나 깎아서 입체 형상을 만듦.
　① 塗褙　② 要塞　③ 彫刻　④ 結晶
17. 사람의 죽음을 슬퍼함.
　① 惡魔　② 哀悼　③ 殉葬　④ 誓約
18. 신부가 처음으로 시부모를 뵐 때 올리는 물건.
　① 幣帛　② 四肢　③ 諫言　④ 閨房
19. 현장에 가서 직접 보고 조사함.
　① 象徵　② 古墳　③ 垈地　④ 踏査
20. 말이나 행동으로 실없이 놀림.
　① 寡占　② 所謂　③ 戲弄　④ 忌憚
21. 서로 맞부딪치거나 맞섬.
　① 衝突　② 巧妙　③ 漏電　④ 伴侶
22. 도읍을 옮김.
　① 宮闕　② 遷都　③ 保護　④ 附屬
23. 업신여기거나 하찮게 여겨 깔봄.
　① 氾濫　② 騷音　③ 蔑視　④ 媒體
24. 모욕을 받음.
　① 斜陽　② 埋藏　③ 冒險　④ 受侮
25. 옥이나 돌 따위를 쪼고 갊.
　① 沙漠　② 排斥　③ 沐浴　④ 琢磨

※ [　] 안에 들어갈 한자어로 알맞은 것은?
26. 그동안 모아온 쿠폰을 경품과 [　]하였다.
　① 交換　② 微分　③ 徐行　④ 狩獵
27. 비타민 A의 [　] 증상으로는 야맹증이 대표적이다.
　① 誇張　② 啓蒙　③ 缺乏　④ 鑛物
28. 피아노 연주를 통해 주인공의 복잡한 심리를 보여주는 장면은 이 영화의 [　](이)다.
　① 名譽　② 錦繡　③ 起訴　④ 白眉
29. 어린이 [　]식품 조리 판매 업소에 대한 위생 점검이 실시되었다.
　① 障碍　② 嗜好　③ 頓悟　④ 坑道
30. 40년간 [　]을/를 잡았던 한 교사의 퇴임식에 많은 제자와 동료들이 참석했다.
　① 簡單　② 敎鞭　③ 跳躍　④ 滅亡

주관식 (주1~주70번)

※ 한자의 훈과 음을 쓰시오.

주1. 紛 (　　　　　)
주2. 硬 (　　　　　)
주3. 餓 (　　　　　)
주4. 祈 (　　　　　)
주5. 殘 (　　　　　)
주6. 姪 (　　　　　)
주7. 拂 (　　　　　)
주8. 督 (　　　　　)
주9. 欺 (　　　　　)
주10. 照 (　　　　　)

※ 훈과 음에 맞는 한자를 〈보기〉에서 찾아 쓰시오.

〈보기〉	了 紀 陣 陳 刷 苟 蓮 籍 麻 奬

주11. 삼　　마 (　　　　　)
주12. 진실로　구 (　　　　　)
주13. 마칠　료 (　　　　　)
주14. 인쇄할　쇄 (　　　　　)
주15. 권면할　장 (　　　　　)

※ 한자어의 독음을 쓰시오.

주16. 證券 (　　　　)
주17. 構圖 (　　　　)
주18. 羽化 (　　　　)
주19. 沿邊 (　　　　)
주20. 雅量 (　　　　)
주21. 芳香 (　　　　)
주22. 族譜 (　　　　)
주23. 孔孟 (　　　　)
주24. 細胞 (　　　　)
주25. 雜穀 (　　　　)
주26. 評判 (　　　　)
주27. 聽講 (　　　　)
주28. 介潔 (　　　　)
주29. 企劃 (　　　　)
주30. 出航 (　　　　)
주31. 金字塔 (　　　　)
주32. 梨花酒 (　　　　)

※ 〈보기〉의 뜻을 참고하여 ○안에 공통으로 들어갈 한자를 쓰시오.

주33. (1) 探○　(2) ○引　(　　　　)

〈보기〉	(1) 감추어진 사실을 알아내기 위해 여러 가지로 살펴 조사함. (2) 책속의 항목이나 낱말을 빨리 찾을 수 있게 만든 목록.

주34. (1) ○用　(2) ○事　(　　　　)

〈보기〉	(1) 하나를 여러 가지 목적으로 사용함. (2) 어떤 일을 하면서 다른 일도 아울러 함.

주35. (1) ○範　(2) ○樣　(　　　　)

〈보기〉	(1) 본받아 배울만한 대상. (2) 겉으로 나타나는 생김새나 모습.

※ ○안에 공통으로 들어갈 한자를 〈보기〉에서 찾아 쓰시오.

〈보기〉	供　備　貢　置　歡　歎

주36. 設○　○重　處○ (　　　　)
주37. ○給　提○　○養 (　　　　)
주38. 感○　恨○　○息 (　　　　)

※ 문장에서 잘못 쓴 한자를 바르게 고쳐 쓰시오. (단, 음이 같은 한자로 고칠 것)

주39. 지금 版賣되고 있는 제품의 수익금 일부는 매달 자선단체에 기부됩니다.
(　　　→　　　)

주40. 희토류는 21세기 최고의 전략 姿源 중 하나로 꼽힌다. (　　　→　　　)

※ [ ]안의 단어를 한자로 쓰시오.

주41. 그녀는 회사 물품의 재고 관리를 [담당]하고 있다. (　　　　　)

주42. [제사]를 위한 상차림은 정성과 공경의 마음을 담는 것이 우선이다. (　　　　)

주43. 물은 생명을 [유지]하는데 중요한 요소 중 하나이다. (　　　　)

주44. [보통] 선거란 재산, 신분, 성별, 교육 등으로 인해 선거권에 제한을 두지 않는 원칙이다. (　　　　)

주45. 부실채권의 증가는 국가 [경제]에 큰 위협이 될 수 있다. (　　　　)

※ [   ]안의 한자어 독음을 쓰시오.

주46. 역사에 대한 무관심도 [歪曲]만큼이나 심각한 문제이다. (   )

주47. 가족들이 모여 새 생명의 [誕生]을/를 축복해주었다. (   )

주48. 꼭짓점의 좌표를 가지고 이차[函數]의 식을 구해보았다. (   )

주49. 작업은 막바지에 접어들었지만, 다시 시작하는 마음으로 [奮發]하였다. (   )

주50. 금일 오후에 주문하신 상품은 [翌日] 발송됩니다. (   )

주51. 친구와 배낭여행을 다녀온 후 사이가 더 [敦篤]해졌다. (   )

주52. 성장기 청소년에게는 고른 영양 [攝取]이/가 매우 중요하다. (   )

주53. 해안가에는 [鬱蒼]한 방풍림이 조성되어 있었다. (   )

주54. 중동 지역에서 내전이 발발하자 원유의 가격이 [急騰]하였다. (   )

주55. 그녀는 마음이 불편해서 [暫時]도 가만히 있지 못했다. (   )

주56. 우리나라 기업의 회계 [透明]성이 여전히 부족한 실정이다. (   )

주57. 이 장비는 사용자의 요청에 따라 [特殊] 제작된 것이다. (   )

주58. [氣壓]이/가 낮아지면 관절 내부의 압력 균형이 깨져서 통증을 느낄 수 있다. (   )

주59. 임진년과 정유년의 [倭亂](으)로 인해 조선의 온 국토가 황폐화 되었다. (   )

주60. [濃度]이/가 높아질수록 밀도도 높아진다. (   )

주61. 조선시대에 [奢侈]을/를 금지하는 법이 있었다고 한다. (   )

주62. 어린 시절을 [回顧]해보았다. (   )

주63. 집중력이 필요한 경기 중에는 작은 [震動] 소리도 방해가 될 수 있다. (   )

주64. 체력을 [鍛鍊]하기 위해 매일 꾸준히 줄넘기를 해왔다. (   )

주65. 하구에 토사가 [堆積]되어 평야가 만들어졌다. (   )

※ 한자성어의 설명을 읽고 ○ 안에 들어갈 한자를 차례대로 쓰시오.

주66. 孤 ○ 無 ○   (,   )

[고립무원] 고립되어 구원을 받을 데가 없음.

주67. ○ 木 ○ 魚   (,   )

[연목구어] 불가능한 일을 억지로 하려고 함.

주68. 指 ○ 爲 ○   (,   )

[지록위마] 윗사람을 농락하여 권세를 마음대로 함.

주69. ○ 學 ○ 識   (,   )

[박학다식] 학식이 넓고 아는 것이 많음.

주70. ○ 興 ○ 使   (,   )

[함흥차사] 심부름을 가서 오지 아니하거나 늦게 오는 사람.

- 수고하셨습니다 -

모범 답안

연습문제<1> 답안

[객관식]

1	③	6	③	11	④	16	②	21	①	26	②
2	④	7	④	12	③	17	①	22	③	27	④
3	①	8	②	13	①	18	③	23	④	28	③
4	③	9	①	14	④	19	④	24	①	29	①
5	②	10	①	15	②	20	④	25	④	30	①

[주관식]

1	아가씨 낭	25	총독	49	선박
2	봉우리 봉	26	역전	50	착잡
3	밥통 위	27	고장	51	주말
4	띠 대	28	관통	52	부속
5	바로잡을 정	29	위험	53	응고
6	비칠 영	30	채무	54	고분
7	도끼 근	31	창경궁	55	위조
8	도울 찬	32	어차피	56	사족
9	법 범	33	姑	57	모의
10	양식 량	34	妥	58	가축
11	薄	35	素	59	표준어
12	超	36	付	60	훈장
13	岸	37	覺	61	편집
14	鬪	38	條	62	해부
15	池	39	自→姿	63	충돌
16	폭탄	40	富→負	64	지체
17	연모	41	亭子	65	건조
18	용서	42	江邊	66	斷, 機
19	기호	43	底力	67	雪, 霜
20	도피	44	實驗	68	厚, 恥
21	격정	45	干涉	69	格, 致
22	순찰	46	누전	70	易, 思
23	조정	47	연소		
24	흉상	48	청렴		

연습문제<2> 답안

[객관식]

1	①	6	④	11	④	16	③	21	②	26	③
2	③	7	②	12	②	17	④	22	①	27	①
3	④	8	③	13	③	18	③	23	③	28	④
4	①	9	②	14	④	19	①	24	①	29	②
5	②	10	④	15	①	20	④	25	③	30	①

[주관식]

1	이길 극	25	형상	49	격려
2	살찔 비	26	항상	50	찬란
3	번성할 번	27	특파원	51	도배
4	이마 액	28	현악기	52	염산
5	주춧돌 초	29	화목	53	모험
6	도울 원	30	강단	54	금수
7	침노할 침	31	회개	55	허락
8	바퀴 륜	32	고집	56	휴게
9	터질 폭	33	離	57	이면
10	거동 의	34	勤	58	관료
11	拂	35	系	59	침묵
12	辱	36	倒	60	피악
13	寄	37	博	61	제휴
14	劃	38	紀	62	수면
15	整	39	假→暇	63	진동
16	암벽	40	總→聰	64	소개
17	맹장	41	候補	65	섭취
18	가설	42	土壤	66	字, 塔
19	길상	43	銳敏	67	緣, 求
20	인내	44	孟浪	68	奔, 走
21	배영	45	關係	69	亂, 麻
22	준걸	46	기소	70	指, 鹿
23	잡종	47	상징		
24	편람	48	순수		

모범 답안

연습문제<3> 답안

[객관식]

1	③	6	②	11	④	16	①	21	④	26	①
2	①	7	④	12	③	17	②	22	①	27	③
3	④	8	③	13	②	18	①	23	②	28	④
4	①	9	①	14	①	19	④	24	①	29	②
5	②	10	①	15	④	20	③	25	③	30	③

[주관식]

#	답	#	답	#	답
1	구리 동	25	웅변	49	특수
2	버섯 균	26	채무	50	돈독
3	용 룡	27	관련	51	탄생
4	휘장 장	28	기호	52	혹한
5	차례 질	29	반납	53	개선
6	무역할 무	30	세탁	54	공란
7	잡을 포	31	저항	55	농도
8	매화 매	32	함지	56	함축
9	적실 침	33	資	57	급등
10	꽃다울 방	34	劍	58	칭찬
11	介	35	委	59	이윤
12	輩	36	織	60	우열
13	索	37	鬪	61	안녕
14	悔	38	架	62	교착
15	征	39	告→稿	63	목욕
16	판매	40	付→府	64	마찰
17	침략	41	履歷書	65	수렵
18	주변	42	創意力	66	亨, 通
19	평판	43	盜用	67	束, 策
20	피곤	44	中旬	68	賞, 罰
21	향락	45	氣象異變	69	捨, 取
22	혼잡	46	승화	70	墨, 黑
23	종량제	47	여론		
24	일유	48	회고		

연습문제<4> 답안

[객관식]

1	③	6	③	11	④	16	②	21	③	26	②
2	④	7	①	12	③	17	①	22	②	27	①
3	②	8	②	13	①	18	①	23	④	28	③
4	④	9	④	14	②	19	④	24	③	29	①
5	①	10	②	15	②	20	③	25	②	30	④

[주관식]

#	답	#	답	#	답
1	굳을 경	25	서무	49	첨삭
2	언덕 안	26	헌법	50	단련
3	끌 연	27	기여	51	분발
4	어리석을 우	28	포장	52	기압
5	빌 기	29	계원	53	타락
6	비칠 조	30	조리	54	울창
7	조카 질	31	획기적	55	영결
8	가릴 택	32	원거리	56	한발
9	삼갈 근	33	珍	57	퇴적
10	지킬 위	34	丈	58	연민
11	了	35	略	59	관청
12	髮	36	歎	60	매장
13	刷	37	鋼	61	요람
14	響	38	被	62	모옥
15	恥	39	場→壯	63	진료
16	잔인	40	觀→慣	64	오만
17	측근	41	祭祀	65	괘도
18	사기	42	階段	66	卓, 論
19	여유	43	項目	67	咸, 差
20	구차	44	同盟	68	篇, 律
21	정결	45	贊成	69	姑, 息
22	홍보	46	왜곡	70	攀, 妄
23	간척	47	초록		
24	연근	48	잠시		

연습문제<5> 답안

[객관식]

1	②	6	④	11	②	16	④	21	②	26	③
2	④	7	①	12	③	17	②	22	③	27	④
3	②	8	③	13	①	18	③	23	①	28	①
4	③	9	②	14	③	19	①	24	②	29	③
5	①	10	④	15	③	20	④	25	④	30	②

[주관식]

1	연꽃 련	25	전답	49	생식
2	구멍 공	26	연방	50	익일
3	속일 기	27	우표	51	궤도
4	어지러울 분	28	당론	52	몽매
5	넉넉할 유	29	준수	53	투명
6	주릴 아	30	비판	54	왜란
7	남을 잔	31	서해안	55	기탄
8	문서 적	32	교향악	56	교묘
9	건널 제	33	周	57	홀연
10	부딪칠 격	34	兼	58	탐닉
11	某	35	毒	59	공헌
12	苟	36	塔	60	폐사
13	梨	37	鎭	61	유혹
14	祀	38	供	62	희소
15	測	39	原→源	63	태기
16	자태	40	經→傾	64	초월
17	증권	41	演技	65	검열
18	마의	42	潔白	66	孤, 援
19	녹각	43	擔當	67	倒, 施
20	질부	44	維持	68	虛, 張
21	강사	45	優勝	69	盲, 評
22	편의	46	함수	70	刻, 難
23	인쇄	47	초빙		
24	선택	48	중용		

모범 답안

기출문제<1> 답안

[객관식]

1	②	6	④	11	④	16	②	21	①	26	③
2	④	7	②	12	③	17	④	22	③	27	①
3	③	8	①	13	④	18	②	23	②	28	④
4	①	9	②	14	②	19	①	24	①	29	②
5	③	10	①	15	①	20	①	25	③	30	④

[주관식]

1	배 주	25	탄환	49	백부
2	새길 각	26	포위	50	도공
3	못 지	27	상상	51	가축
4	방해할 방	28	돌파	52	뇌전
5	가루 분	29	반납	53	소위
6	베풀 장	30	조리	54	임금
7	공손할 공	31	홍보	55	동사
8	법 헌	32	분수령	56	안녕
9	모양 양	33	奇	57	매장
10	무리 당	34	周	58	이면
11	斤	35	銳	59	노옹
12	吏	36	衛	60	격차
13	付	37	臨	61	모방
14	攻	38	補	62	배우
15	亞	39	初→超	63	갈등
16	지주	40	命→銘	64	순간
17	개입	41	淡白	65	포도당
18	맥주	42	罪囚	66	餘, 策
19	고액	43	亭子	67	恥, 下
20	세균	44	委任	68	氷, 姿
21	번창	45	凶測/兇測	69	苦, 鬪
22	환경	46	핵	70	倒, 施
23	기초	47	민담		
24	잔향	48	대작		

기출문제<2> 답안

[객관식]

1	④	6	③	11	②	16	①	21	④	26	③
2	②	7	②	12	③	17	③	22	①	27	①
3	③	8	④	13	①	18	②	23	③	28	②
4	①	9	①	14	①	19	④	24	②	29	④
5	④	10	③	15	②	20	①	25	④	30	③

[주관식]

1	구리 동	25	순찰	49	연소
2	법 범	26	측근	50	고분
3	살찔 비	27	함지	51	청렴
4	누릴 향	28	정간	52	기소
5	기울 경	29	조정	53	선박
6	도울 원	30	맹장	54	허락
7	견딜 내	31	색인	55	수사
8	띠 대	32	관통	56	목욕
9	기록할 지	33	系	57	부속
10	차례 질	34	占	58	상징
11	債	35	妥	59	사족
12	輩	36	倒	60	응고
13	盟	37	覺	61	위조
14	超	38	架	62	모의
15	涉	39	資→姿	63	금수
16	격정	40	考→稿	64	수렵
17	추모	41	弱冠	65	칭찬
18	피서	42	盜用	66	捨, 取
19	보상	43	中旬	67	顔, 恥
20	배영	44	硬直	68	亂, 麻
21	폭탄	45	底力	69	奔, 走
22	구축	46	모험	70	孟, 機
23	기호	47	누전		
24	제반	48	도배		

기출문제<3> 답안

[객관식]

1	③	6	③	11	③	16	③	21	①	26	①
2	①	7	②	12	③	17	②	22	②	27	③
3	③	8	①	13	①	18	①	23	③	28	④
4	①	9	④	14	②	19	④	24	④	29	②
5	④	10	②	15	④	20	③	25	④	30	②

[주관식]

1	어지러울 분	25	잡곡	49	분발
2	굳을 경	26	평판	50	익일
3	주릴 아	27	청강	51	돈독
4	빌 기	28	개결	52	섭취
5	남을 잔	29	기획	53	울창
6	조카 질	30	출항	54	급등
7	떨칠 불	31	금자탑	55	잠시
8	감독할 독	32	이화주	56	투명
9	속일 기	33	索	57	특수
10	비칠 조	34	兼	58	기압
11	麻	35	模	59	왜란
12	苟	36	置	60	농도
13	了	37	供	61	사치
14	刷	38	歎	62	회고
15	獎	39	版→販	63	진동
16	증권	40	姿→資	64	단련
17	구도	41	擔當	65	퇴적
18	우화	42	祭祀	66	立, 援
19	연변	43	維持	67	緣, 求
20	아량	44	普通	68	鹿, 馬
21	방향	45	經濟	69	博, 多
22	족보	46	왜곡	70	咸, 差
23	공맹	47	탄생		
24	세포	48	함수		

3급 선정한자 색인

暇	겨를	가	30	券	문서	권	68	慮	생각	려	69
架	시렁	가	68	拳	주먹	권	184	戀	사모할	련	69
覺	깨달을	각	106	菌	버섯	균	31	蓮	연꽃	련	69
刻	새길	각	106	克	이길	극	184	聯	잇닿을	련	32
姦	간사할	간	106	斤	도끼	근	31	嶺	고개	령	185
刊	책펴낼	간	68	謹	삼갈	근	107	鹿	사슴	록	185
講	익힐	강	68	幾	경기	기	107	了	마칠	료	69
介	낄	개	106	奇	기이할	기	184	龍	용	룡	186
距	떨어질	거	30	企	꾀할	기	146	輪	바퀴	륜	108
拒	막을	거	30	機	베틀	기	31	栗	밤	률	186
傑	뛰어날	걸	184	紀	벼리	기	146	離	떠날	리	147
劍	칼	검	30	寄	부칠	기	184	履	밟을	리	147
激	부딪칠	격	30	祈	빌	기	147	梨	배	리	186
缺	이지러질	결	30	欺	속일	기	107	吏	아전	리	147
兼	겸할	겸	106	娘	아가씨	낭	185	臨	임할	림	69
硬	굳을	경	146	耐	견딜	내	185	麻	삼	마	186
傾	기울	경	30	奴	종	노	147	妄	망령될	망	186
械	기계	계	30	腦	뇌	뇌	31	梅	매화	매	69
係	맬	계	106	茶	차	다	185	盲	눈멀	맹	186
契	맺을	계	106	淡	맑을	담	68	孟	맏	맹	108
系	이어맬	계	146	擔	멜	담	185	盟	맹세	맹	108
姑	시어미	고	106	畓	논	답	31	銘	새길	명	186
稿	원고	고	68	黨	무리	당	147	募	모을	모	108
恭	공손	공	184	帶	띠	대	147	模	법	모	108
孔	구멍	공	146	貸	빌릴	대	107	慕	사모할	모	69
貢	바칠	공	184	倒	넘어질	도	185	某	아무	모	70
供	이바지할	공	146	逃	달아날	도	185	睦	화목할	목	186
攻	칠	공	146	盜	도둑	도	107	貿	무역할	무	108
冠	갓	관	146	督	감독할	독	69	敏	재빠를	민	108
貫	꿸	관	184	毒	독	독	31	博	넓을	박	148
管	대롱	관	31	豚	돼지	돈	31	薄	엷을	박	32
慣	버릇	관	107	突	갑자기	돌	107	返	돌아올	반	70
較	견줄	교	68	銅	구리	동	32	般	일반	반	108
構	얽을	구	107	亂	어지러울	란	147	髮	터럭	발	32
苟	진실로	구	68	糧	양식	량	32	芳	꽃다울	방	70

邦	나라	방	148	恕	용서할	서	109	優	넉넉할	우	188
妨	방해할	방	109	宣	베풀	선	72	愚	어리석을	우	188
輩	무리	배	32	涉	건널	섭	72	郵	우편	우	188
繁	번성할	번	32	蔬	나물	소	33	援	도울	원	110
範	법	범	70	頌	기릴	송	187	委	맡길	위	110
壁	벽	벽	70	訟	송사할	송	72	胃	밥통	위	34
邊	가	변	109	刷	인쇄할	쇄	72	圍	에울	위	188
辯	말잘할	변	70	囚	가둘	수	149	衛	지킬	위	34
補	기울	보	70	輸	보낼	수	110	裕	넉넉할	유	110
普	넓을	보	70	熟	익을	숙	33	悠	멀	유	188
譜	족보	보	148	巡	순행할	순	33	維	벼리	유	188
複	겹칠	복	71	旬	열흘	순	72	儀	거동	의	188
腹	배	복	32	述	지을	술	73	宜	마땅	의	73
卜	점	복	148	雅	바를	아	73	疑	의심	의	74
峰	봉우리	봉	71	亞	버금	아	73	姻	혼인할	인	110
府	관청	부	148	餓	주릴	아	33	逸	편안	일	110
付	부칠	부	71	岸	언덕	안	187	姿	맵시	자	188
負	질	부	148	涯	물가	애	33	資	재물	자	110
粉	가루	분	33	額	이마	액	187	殘	남을	잔	189
奔	달릴	분	109	樣	모양	양	73	雜	섞일	잡	34
紛	어지러울	분	109	壤	흙	양	187	獎	권면할	장	111
拂	떨칠	불	33	役	부릴	역	149	裝	꾸밀	장	189
批	비평할	비	71	驛	역마	역	110	障	막을	장	189
肥	살찔	비	109	延	끌	연	149	張	베풀	장	111
司	맡을	사	148	鉛	납	연	33	丈	어른	장	189
捨	버릴	사	109	沿	물따라내려갈	연	73	帳	휘장	장	149
詐	속일	사	71	緣	인연	연	187	抵	거스를	저	111
斯	이	사	71	宴	잔치	연	187	底	밑	저	149
祀	제사	사	148	演	펼	연	34	績	길쌈	적	149
償	갚을	상	71	映	비칠	영	73	賊	도둑	적	111
祥	상서로울	상	71	泳	헤엄칠	영	187	籍	문서	적	74
像	형상	상	72	銳	날카로울	예	34	占	점칠	점	149
索	찾을	색	72	辱	욕될	욕	149	整	가지런할	정	74
署	관청	서	109	慾	욕심	욕	187	訂	바로잡을	정	74
庶	여러	서	72	羽	깃	우	73	亭	정자	정	189

3급 선정한자 색인

廷	조정	정	111	賤	천할	천	151	避	피할	피	152
征	칠	정	34	哲	밝을	철	151	咸	다	함	191
齊	가지런할	제	189	妾	첩	첩	112	抗	겨룰	항	153
濟	건널	제	150	超	넘을	초	190	項	목	항	36
提	끌	제	111	礎	주춧돌	초	35	航	배	항	36
堤	둑	제	189	聰	귀밝을	총	151	港	항구	항	36
照	비칠	조	34	築	쌓을	축	151	享	누릴	향	153
條	조목	조	189	側	곁	측	190	響	소리	향	75
弔	조상할	조	150	測	헤아릴	측	151	憲	법	헌	113
租	조세	조	111	値	값	치	112	險	험할	험	36
潮	조수	조	34	置	둘	치	151	絃	줄	현	36
組	짤	조	74	恥	부끄러울	치	190	亨	형통할	형	153
座	자리	좌	111	浸	적실	침	35	昏	저물	혼	113
株	그루	주	190	侵	침노할	침	152	弘	클	홍	75
柱	기둥	주	150	稱	일컬을	칭	74	確	굳을	확	113
周	두루	주	150	妥	평온할	타	190	環	고리	환	37
舟	배	주	190	濯	씻을	탁	35	丸	알	환	37
俊	준걸	준	112	歎	탄식할	탄	152	悔	뉘우칠	회	153
症	증세	증	190	彈	탄알	탄	35	劃	그을	획	37
誌	기록할	지	74	塔	탑	탑	152	揮	휘두를	휘	37
池	못	지	35	態	모양	태	35				
織	짤	직	35	擇	가릴	택	75				
陳	늘어놓을	진	150	澤	못	택	191				
珍	보배	진	150	吐	토할	토	191				
鎭	진압할	진	150	鬪	싸울	투	152				
陣	진칠	진	150	派	물갈래	파	35				
姪	조카	질	112	版	판목	판	36				
秩	차례	질	190	販	팔	판	191				
差	어긋날	차	74	評	평론할	평	75				
贊	도울	찬	112	肺	허파	폐	36				
倉	곳집	창	151	浦	물가	포	113				
債	빚	채	112	捕	잡을	포	152				
策	꾀	책	112	胞	태보	포	36				
拓	넓힐	척	112	爆	터질	폭	152				
踐	밟을	천	151	被	입을	피	152				

3급 교과서한자어 색인

가축	家畜	38	괴뢰	傀儡	155	기탄	忌憚	195
간단	簡單	76	교묘	巧妙	193	기호	嗜好	156
간언	諫言	76	교수	絞首	115	긴장	緊張	118
갈등	葛藤	114	교외	郊外	115	나태	懶怠	195
개념	槪念	76	교정	矯正	116	납치	拉致	118
개선	凱旋	154	교착	膠着	77	낭송	朗誦	78
개탄	慨歎	154	교체	交替	116	내빈	來賓	118
갱도	坑道	154	교편	敎鞭	116	냉각	冷却	39
건조	乾燥	38	교환	交換	116	노예	奴隷	156
검열	檢閱	76	교활	狡猾	194	노옹	老翁	196
게양	揭揚	154	구릉	丘陵	155	녹봉	祿俸	156
격려	激勵	192	구사	驅使	77	농도	濃度	40
격차	隔差	114	구속	拘束	116	뇌전	雷電	40
결정	結晶	38	굴복	屈伏	155	누각	樓閣	157
결핍	缺乏	114	궁궐	宮闕	156	누명	陋名	79
결함	缺陷	192	궁전	宮殿	156	누선	淚腺	40
겸손	謙遜	192	권태	倦怠	194	누전	漏電	40
경각	頃刻	192	궤도	軌道	39	다한증	多汗症	40
계몽	啓蒙	76	귀신	鬼神	78	단군	檀君	157
고민	苦悶	77	규방	閨房	78	단련	鍛鍊	118
고분	古墳	154	근간	根幹	117	담낭	膽囊	41
고사	枯死	38	근거	根據	78	답사	踏査	157
고용	雇傭	114	근린	近鄰	117	대본	臺本	79
고취	鼓吹	77	근육	筋肉	39	대작	對酌	196
공격	攻擊	155	금수	禽獸	39	대지	垈地	119
공란	空欄	155	금수	錦繡	194	도감	圖鑑	79
공헌	貢獻	192	금슬	琴瑟	194	도공	陶工	157
공황	恐慌	114	금융	金融	117	도배	塗褙	119
과년	瓜年	193	급등	急騰	117	도약	跳躍	119
과장	誇張	77	긍정	肯定	78	도작	稻作	157
과점	寡占	115	긍지	矜持	194	도하	渡河	79
관료	官僚	115	기도	祈禱	195	돈독	敦篤	196
관용	寬容	193	기로	岐路	195	돈오	頓悟	158
관청	官廳	115	기만	欺瞞	195	동굴	洞窟	41
광물	鑛物	38	기소	起訴	117	동량	棟梁	196
광인	狂人	193	기아	飢餓	118	동사	凍死	119
괘도	掛圖	193	기압	氣壓	39	둔각	鈍角	41

- 267 -

3급 교과서한자어 색인

둔전	屯田	158	방어	防禦	159	사막	沙漠	162
마찰	摩擦	41	배상	賠償	120	사면	赦免	121
막	幕	79	배우	俳優	82	사양	斜陽	122
만	灣	158	배척	排斥	160	사이비	似而非	122
매장	埋藏	158	백록담	白鹿潭	160	사전	辭典	84
매체	媒體	119	백미	白眉	82	사족	蛇足	84
맥락	脈絡	80	백부	伯父	160	사지	四肢	43
맹수	猛獸	41	번뇌	煩惱	82	사찰	寺刹	162
맹아	萌芽	42	번역	飜譯	82	사치	奢侈	198
면역	免疫	42	범람	氾濫	160	삭망월	朔望月	44
면직	綿織	120	벽지	僻地	160	산악	山岳	163
멸망	滅亡	158	변별	辨別	82	살포	撒布	122
멸시	蔑視	196	병동	病棟	121	삼강	三綱	163
명부	冥府	197	병렬	竝列	42	삼림	森林	44
명사	名詞	80	보국	輔國	161	삽화	挿畫	84
명예	名譽	120	보호	保護	42	상위권	上位圈	122
모방	模倣	80	복개	覆蓋	43	상징	象徵	84
모순	矛盾	80	복지	福祉	121	상호	相互	122
모옥	茅屋	159	봉건	封建	161	상황	狀況	85
모의	謀議	80	봉밀	蜂蜜	161	생식	生殖	44
모험	冒險	197	부고	訃告	83	서술	敍述	85
목욕	沐浴	197	부록	附錄	83	서약	誓約	85
몰입	沒入	197	부속	附屬	161	서찰	書札	85
몽매	蒙昧	81	부임	赴任	161	서한	書翰	85
묘목	苗木	159	분만	分娩	121	서행	徐行	123
묘사	描寫	81	분발	奮發	162	선박	船舶	123
무영	無影	81	분석	分析	83	선종	禪宗	163
무용	舞踊	197	분열	分裂	121	선회	旋回	123
미모	美貌	198	붕괴	崩壞	162	섬유	纖維	123
미분	微分	42	비강	鼻腔	43	섭취	攝取	44
미신	迷信	120	비명	碑銘	83	소개	紹介	86
미필	未畢	120	비방	誹謗	198	소외	疏外	198
민담	民譚	81	비속어	卑俗語	83	소원	疏遠	86
박물관	博物館	159	비유	比喻	84	소위	所謂	86
반려	伴侶	198	비율	比率	43	소음	騷音	44
발굴	發掘	159	빈도	頻度	43	수렴	垂簾	163
발췌	拔萃	81	사당	祠堂	162	수렴	收斂	45

- 268 -

수렵	狩獵	163	오만	傲慢	201	임금	賃金	126
수뢰	受賂	123	오염	汚染	46	임신	姙娠	202
수면	睡眠	199	옥토	沃土	164	입자	粒子	48
수모	受侮	199	완화	緩和	201	자괴	自愧	203
수사	搜査	124	왜곡	歪曲	88	자력	磁力	48
수요	需要	124	왜란	倭亂	164	자문	諮問	127
수치	羞恥	199	외경	畏敬	201	잠수	潛水	203
수필	隨筆	86	요도	尿道	46	잠시	暫時	203
순간	瞬間	199	요람	搖籃	125	장애	障碍	166
순수	純粹	86	요새	要塞	164	장원	莊園	166
순음	脣音	87	요절	夭折	201	장인	匠人	166
순장	殉葬	164	요통	腰痛	47	재앙	災殃	166
습도	濕度	45	용해	溶解	47	재판	裁判	127
승화	昇華	45	우열	優劣	125	전도	顚倒	203
신뢰	信賴	124	우익	右翼	165	절규	絕叫	203
신중	愼重	199	우화	寓話	88	점포	店鋪	127
신탁	信託	124	운반	運搬	125	정서	情緒	89
심의	審議	87	울창	鬱蒼	165	제휴	提携	127
악마	惡魔	87	월식	月蝕	47	조각	彫刻	166
악취	惡臭	45	위도	緯度	165	조제	調劑	48
안녕	安寧	124	위로	慰勞	201	족벌	族閥	167
애도	哀悼	200	위조	僞造	126	졸고	拙稿	89
액운	厄運	164	위협	威脅	126	종묘	宗廟	167
여론	輿論	125	유대	紐帶	202	종횡	縱橫	167
여정	旅程	87	유적	遺蹟	165	주말	週末	204
역할	役割	87	유치	幼稚	202	주조	鑄造	48
연령	年齡	45	유혹	誘惑	202	주축	主軸	167
연민	憐憫	200	윤곽	輪廓	47	준법	遵法	127
연소	燃燒	46	융성	隆盛	165	중용	中庸	204
염산	鹽酸	46	음란	淫亂	88	증산	蒸散	49
염세	厭世	200	음운	音韻	89	증여	贈與	128
영결	永訣	200	응고	凝固	47	증오	憎惡	204
영양	令孃	200	이면	裏面	89	지방	脂肪	49
영하	零下	46	이윤	利潤	126	지옥	地獄	204
영혼	靈魂	88	익명성	匿名性	126	지진	地震	49
예금	預金	125	익일	翌日	202	지체	遲滯	128
오류	誤謬	88	인후	咽喉	48	지혜	智慧	204

3급 교과서한자어 색인

진동	振動	49	침구	鍼灸	206	항성	亢星	53
진료	診療	49	침묵	沈默	206	해몽	解夢	92
진토	塵土	50	칭찬	稱讚	206	해부	解剖	53
진폭	振幅	50	타락	墮落	206	핵	核	54
질병	疾病	50	탁마	琢磨	206	허락	許諾	207
질식	窒息	50	탄생	誕生	169	혈거	穴居	170
징벌	懲罰	128	탈취	奪取	129	형설	螢雪	207
착잡	錯雜	205	탐닉	耽溺	130	호란	胡亂	170
찬란	燦爛	167	탐욕	貪慾	207	혹한	酷寒	54
참상	慘狀	128	태기	胎氣	207	혼백	魂魄	171
창공	蒼空	50	태양력	太陽曆	51	혼탁	混濁	131
창해	滄海	168	태풍	颱風	51	홀연	忽然	207
천도	遷都	168	토별가	兔鼈歌	91	홍수	洪水	54
천부	天賦	168	퇴적	堆積	52	화촉	華燭	208
첨단	尖端	128	투명	透明	52	확대	擴大	54
첨삭	添削	89	특수	特殊	130	환곡	還穀	171
첩경	捷徑	51	파시	罷市	169	환상	幻想	92
청렴	淸廉	205	파악	把握	91	활엽	闊葉	171
체결	締結	129	파종	播種	52	회고	回顧	92
체증	遞增	129	패권	覇權	169	회자	膾炙	208
초록	抄錄	90	편서풍	偏西風	170	획득	獲得	131
초빙	招聘	90	편집	編輯	91	효시	嚆矢	93
초상	肖像	90	평형	平衡	52	훈장	勳章	131
초월	超越	168	폐광	廢鑛	130	훼손	毁損	132
총서	叢書	90	폐백	幣帛	170	휴게	休憩	171
추문	醜聞	90	폐사	弊社	130	희곡	戲曲	93
추세	趨勢	129	포기	抛棄	130	희롱	戲弄	132
추천	推薦	91	포도당	葡萄糖	52	희생	犧牲	208
추출	抽出	51	포로	捕虜	170	희소	稀少	132
축구	蹴球	205	포화	飽和	53			
축척	縮尺	168	표준어	標準語	91			
충돌	衝突	129	하자	瑕疵	131			
취기	醉氣	205	학대	虐待	131			
취미	趣味	205	한발	旱魃	53			
취사	炊事	51	함수	函數	53			
칙서	勅書	169	함축	含蓄	92			
친척	親戚	169	항설	巷說	92			

국가공인 한자자격시험 답안지

주관 : (사)한자교육진흥회
시행 : 한국한자실력평가원

사범, 1~3급 응시자용

※ 응시자는 채점란의 ○표에 표기하지 마시오.

문항	주관식 답안란	초검	재검
주31		○	○
주32		○	○
주33		○	○
주34		○	○
주35		○	○
주36		○	○
주37		○	○
주38		○	○
주39		○	○
주40		○	○
주41		○	○
주42		○	○
주43		○	○
주44		○	○
주45		○	○

문항	주관식 답안란	초검	재검
주46		○	○
주47		○	○
주48		○	○
주49		○	○
주50		○	○
주51		○	○
주52		○	○
주53		○	○
주54		○	○
주55		○	○
주56		○	○
주57		○	○
주58		○	○
주59		○	○
주60		○	○

문항	주관식 답안란	초검	재검
주61		○	○
주62		○	○
주63		○	○
주64		○	○
주65		○	○
주66		○	○
주67		○	○
주68		○	○
주69		○	○
주70		○	○
주71	사범, 1급 답안란 (2, 3급은 작성불가)	○	○
주72		○	○
주73		○	○
주74		○	○

문항	사범, 1급 답안란 (2, 3급은 작성불가)	초검	재검
주75		○	○
주76		○	○
주77		○	○
주78		○	○
주79		○	○
주80		○	○
주81		○	○
주82		○	○
주83		○	○
주84		○	○
주85		○	○
주86		○	○
주87		○	○
주88		○	○
주89		○	○

문항	사범, 1급 답안란 (2, 3급은 작성불가)	초검	재검
주90		○	○
주91		○	○
주92		○	○
주93		○	○
주94		○	○
주95		○	○
주96		○	○
주97		○	○
주98		○	○
주99		○	○
주100		○	○
사범미점수 (응시자 표기금지)	① ①②③④⑤⑥⑦⑧⑨ ①②③④⑤⑥⑦⑧⑨		

1 2